U0935654

研究状态下工作

晓　山⊙著

党建读物出版社

目 录 MULU

一、县域经济

二、区划体制改革

三、区域经济

四、招商引资

五、扶贫与“三农”工作

六、组织人事工作

七、干部教育培训

一、县域经济

对加快县域经济的理性思考

县域经济，是指以县为单位的区域经济。它是整个国民经济的基础层次。发展县域经济是富民的重要途径，是富县的关键，是富省的依托。目前，“发展县域经济、促进江西振兴”的共识，已经变成积极主动的共为。各地正在形成自我加压、你追我赶的可喜局面。面对这一热火朝天的喜人形势，笔者感到，有必要持既积极又冷静的科学态度，对加快县域经济发展作点理性的思考。

一、加快县域经济发展，必须学会从天、地、人三个角度观察问题，切实做到从实际出发

孟子说过：“天时不如地利，地利不如人和。”强调要从天、地、人三个角度来看问题。发展县域经济是个系统工程，各县的情况千差万别，如果从这三个角度来观察和处理好发展县域经济的相关问题，将能避免县域经济发展的大起大落，从而有力地推动县域经济的健康发展和繁荣。所谓“天”，即为“天道”，是指经济规律。要搞好县域经济，必须研究和掌握市场经

济发展规律。倘若不懂市场经济规律，不研究市场经济规律，便不可能制定出正确的经济发展方略，也不可能做到立足本县谈发展，跳出本县看本县，也就无法确定好自己的位置，扬长避短、科学合理地规划经济布局，从而发挥自己特有的长处、竞争优势和潜在能力。更危险的是，还可能出现重大的经济决策失误。市场经济的运行是以市场为空间，以相互交织的货币流通与商品流通为轨迹，以生产要素、中间产品和最终产品等多种实物形态为载体的增值型价值循环。很明显，县域经济的运行效率与效益已不再取决于域内生产的自给自足的程度，而越来越取决于其价值循环的规模与速度，以及循环半径的大小。因而在发展县域经济过程中，应充分考虑到：目前我国经济模型在市场已经开始发育的情况下，县域经济的发展已经由县域经济循环受制于资源转向受制于需求，由域内自给型转向域内规模型，由域内封闭型转向域外开放型。这就使得县域经济的发展决策必须从市场发展的角度来审视，尤其是上项目时首先必须考虑大环境的影响，必须考虑经济规律的影响，思路要围着市场转，最主要的是及时把握国家的产业政策和市场情况变化，不能盲目跟“风”跑。现在有不少地方准备上一些“夕阳产业”，接受外地或外国的淘汰产业，这就违背了市场发展的规律，其后果是令人担忧的。所以说，从经济角度看，发展县域经济，一定要懂“天道”，要明白“天道不可违”。所谓“地”，即为地缘，即指县情，包括地理环境、历史状况、文化素质、经济基础、气候条件、资源条件、交通条件、市场发育程度等。这也是县域经济发展中必须认真研究的小环境。本县的小环境有什么特点，如何发挥这些特点，是审视地利的重点。各县有各自的特点，也有各自的优势。地利的优势往往是别人难以取代的。因而应当立足本县的产业优势，并通过对优势的培植、延伸、创新、生成高品位的特色经济，才能有所作为。否则，脱离本县实际，人云亦云，亦步亦趋将难有所为。所谓“人”，即为民情，是指本县干部群众的心态情绪和投入经济建设的积极性。发展县域经济，人是最重要的，以人为本是上策、根本之策。应当从本县的文化板块分析入手，对影响自身发展的深层次问题有一个清醒的认识，并采取切实可行的措施加以解决。与此同时，县级班子要勤政廉政善政，同唱一台戏，共念一本经；要认真推行依法治县的方略，营造一个良好的发展环境，真正确立“以人为本”的思想。如果一个县，领导清正、管理有方，“人和”也就不难了。广大干部群众投入经济建设的积极性高涨起来了，办法就自然多起来，困难也容易克服，发展后劲也就会不断增强。

二、加快县域经济发展，必须着力提高知识在经济中的含量

目前，仍有不少同志认为知识经济是生产力发展到一定水平高度的经济形态，县域生产力水平相对较低，知识经济距我们太遥远，是可望不可即的事。因而在确立县域经济发展的方略中，在实施的各项政策中，未能主动思考应对措施。其实，知识经济是不可回避的现实，对此谁认识得早，谁就占据了主

动。县，是宏观与微观、上层与基层的衔接点，是城市与乡村的结合部，是相对独立的一个经济单元。但是县的文化层次相对较低，知识密集度也较低。这并不等于县域经济就不能走知识经济发展的道路，更不等于知识经济不能在县一级落脚。走向知识经济阶段是一个渐进的过程，大有文章可做。要多在基础性工作上下功夫，而不要在速度上盲目攀比。应当高度重视教育，增大对教育的投入，扩大教育的覆盖面，努力提高教育质量，既为高等学府输送高素质的人才，又为当地经济发展培养一批实用人才，从而提高知识对经济发展的贡献率；应当注重科技成果的引进和推广，不断把最新成果应用到生产实践中去，从而提高经济的科技含量，逐步实现向知识经济的跨越；应当不断改造提高传统产业，大力发展高新技术产业，要从量的扩大为主转向质的提高为主，从外延扩展为主转向内涵发展为主，从投资拉动为主转向全面依靠科技进步；应当注重培养和引进人才，实施“能人带动”战略，不断推动知识创新、技术创新，以谋求有效益的、高速度的发展。

三、加快县域经济的发展，必须既要重视工业经济，又要坚持各产业协调发展，要高度重视农业

据了解，许多县在发展县域经济过程中，都是运用重点突破战略，着力主攻工业。按理说，抓住突出发展县域经济的有利时机，通过扩充总量、盘活存量、加大有效资产重组力度，把发展工业的着力点放在巩固提高和扩大增量上来，使工业经济成为本

县的主体经济的做法是无可非议的。但它不能涵盖，也不能代替一切。恰恰相反，工业经济在国民经济总量中所占的比重越高，农业的基础地位就越重要；工业经济越发达，第三产业的作用越明显。因而，加快县域经济的发展一定要统筹安排，必须认真按照市场经济发展规律，正确处理好三个产业之间的关系，切实做到稳定一产，提高二产，强化三产。农业的领导力量不能弱，物质投入不能少，社会化服务队伍不能散，农业的条线机构不能“断奶”，应切实按照“优质、高产、高效”的目标，加快农业现代化建设。要因地制宜发展第三产业，做到多方位开拓、多层次开发、多成分发展、多形式搞活，使三产真正成为地方经济的重要一翼。当前，无论是工业还是农业，都面临着一个市场问题。农业连年增产，农产品日益丰富，但部分农产品出现了卖难，农民增收困难。工业也是这样，主要工业产品买方市场的形成，使部分国有工业企业的产品销路发生了问题，生产经营陷入困境。这是我省县域经济发展中面临的非常现实而又迫切需要加以解决的问题。要牢牢把握两者之间的统一关系，跳出农业看农业，跳出工业看工业，运用开放的思维，重新审视工农业相关度及协调的问题，努力实现“工业农业连锁发展，两道难题一起求解”。在发展县域经济的过程中，要扎扎实实地抓工业的技术改造，抓产品质量；坚定不移地扩大开放，搞好招商引资；大刀阔斧地调整农业的产业结构，优化工农业的生产要素；老老实实地融入市场，规范竞争。这样，才能使经济运行质量有保证，县域经济的发展才是真正的加快。与此同时，要以可持续发展战略为指导，建立经济、社会、生态一体化综合决策机制，在制定重大经济、社会发展决策时，充分考虑县域资源、环境的可持续性，重视生态可持续能力的发展，从而使县域经济能够持续、快速、健康地发展。

（《老区建设》1999 年第 12 期）

关于山区小县县域经济发展的战略思考

县域经济是以县城为中心、集镇为纽带、乡村经济为基础的区域经济，它在国民经济发展中具有举足轻重的作用。宁冈县地处湘赣边界罗霄山脉中段，属典型的山区小县，本文试结合其特点就山区小县县域经济发展的战略问题作一探讨。

一、山区小县的特点

素有“八山半水一分田，半分道路和庄园”之称的宁冈县，新中国成立后特别是党的十一届三中全会以来，县域经济和社会事业有了明显发展。但受山区小县下列自身特点的影响，至今县域经济发展步子不快，被列为国家级贫困县。一是区域的边缘性，使其交通落后，信息相对闭塞；二是人口少，耕地面积有限，经济总量小；三是现代科技生产水平低、生产手段落后，尤其是劳动者的商品意识差；四是农业的产业链短，农副产品加工业不发达；五是公共基础设施落后，难以吸引外来投资，扩充经济总量难度较大。

二、山区小县的经济发展战略取向

山区小县的特殊性决定其县域经济发展战略同其他类型县份

的差异性。为此，山区小县必须始终坚持发展才是硬道理的原则，切实按照“小县大开放、小县大县城、小县大产业”的思路，着力实施以下四大战略，努力提高经济增长的质量和效益，加快县域经济持续快速发展。

第一，实行不平衡发展战略，突出发展县城经济。要重视发挥县城经济的“龙头作用”和“带动效应”，实行不平衡发展战略，突出加快县城经济的发展，为山区小县县域经济形成强有力的“增长极”。发展山区小县县域经济，主要走实现劳动力转移和乡村城镇化两条路子。一是走以发展县城经济为重点，带动中心集镇促进劳动力转移的路子。要通过实施“引农造城”“以地造城”等多项政策措施，经过几年的努力，使全县总人口的分布实现县城、集镇、农村各占1/3，县城外延不断拓展，规模不断扩大，为山区资源的流通集散、加工增值提供基地，为山区劳动力的转移和信息的汇集提供场所，为大中城市对山区的辐射和牵引提供“桥梁”，努力使县城经济成为全县工业产值和财政收入的主要来源，使县城成为全县的经济中心、文化中心和信息中心。二是走以发展县城经济为依托，带动农村集镇实现城镇化目标的路子。针对当前山区小县实现城镇化缺乏强有力的经济支撑点的实际，要坚持“小城镇、大战略”发展方略，把加快城镇建设与突出发展县城经济有机地结合起来，加快县城经济的发展，使县城经济在促进乡村城镇化、城乡一体化的过程中真正起到“龙头经济”的牵动作用，成为县域经济的“龙头”和支柱。

第二，运用重点突破战略，着力主攻工业。山区小县必须把发展工业与农业这两道难题一起解决，实施以发展工业带动农业、以工兴农、重点突破的县域经济发展战略。当务之急尤其要抓住突出发展县城经济的有利时机，通过扩充总量、盘活存量、加大有效资产重组力度，把发展工业的着力点放在巩固提高和扩大增量上来。一方面，要通过“三改一加强”，努力提高企业有效开工率，使现有工业企业稳固发展；另一方面，要通过招商引资以及扩大城区、增加就业机会等多种渠道，改造一批有发展潜力、后劲大的工业项目，新上一批科技含量高、附加值高的精、深加工工业项目，设法形成中小企业群，扩张工业增量。总之，山区小县要加大主攻工业力度，大力发展工业，在产业方向上，要坚持以市场为导向，以自身资源为基础；在经营机制上，要坚持产权清晰、责权明确；在筹资渠道上，要以银行贷款为主转到集体、社会、个人多方筹资相结合；在布局上，要由分散布点到集中连片开发，并与小城镇建设结合起来；在发展目标上，要从单纯追求产值、数量引导到提高质量与效益上来；在管理上，要重视引导技术、人才，并注重新产品、名牌产品的开发。

第三，坚持以特色型战略求效益，大力发展特色经济。山区小县要加快发展步伐，关键一点就是要坚持以特色型战略求效益、谋发展。要立足本地资源优势，通过优势的培植、延伸、创新，构筑特色产业链，把县域经济打造成特色经济。以宁冈县为例，要走出自身的特色经济之路，必须从加快推进农业产业化经营和加快旅游业的发展入手，在发展特色农业和具有地方特色的旅游业上求突破。在发展特色农业上，一是主攻产业化经营。结合山区土壤、气候等有利的自然条件，加大“两草一竹”（席草、菌草、毛竹）的生产投入，有计划、有步骤地推进“两草一竹”

产业化经营，使其在县域经济发展中成为“龙头”产业。二是主攻多种经营。要大力发展“三李一叶”（芙蓉李、柰李、水黄李、茶叶）绿色食品和“三木一藤”（杜仲、厚朴、黄柏、绞股蓝）森林药材，重点开发高科技含量、高附加值的特色产品、拳头产品。当前尤其要继续壮大县内杜仲、厚朴、黄柏药材生产基地，使其真正发挥出京九沿线最大的“三木”药材生产基地的生产效益。在发展旅游业上，把宁冈建成一个融革命胜迹和自然美景为一体、服务于全国的爱国主义传统教育示范基地和具有鲜明地方特色的“历史文化旅游山城”。

第四，实施可持续发展战略，增强经济发展后劲。山区小县经济后劲乏力，根本原因在于经济发展的软硬环境未得到优化。为增强山区小县县域经济的发展后劲，必须坚持实施可持续发展战略，使县域经济发展充满生机、活力。其一，要加快基础设施建设，改善硬环境；其二，要努力提高人口素质，优化软环境；其三，要加大生态环境保护力度，实现经济可持续发展。

（《井冈山报》1999 年 4 月 5 日）

新形势下县级政府怎样抓经济

县是我国经济、社会和行政管理的基本单元和基本地域。县域稳定和发展，对国家的长治久安有着十分重要的作用。古人云：郡县治，天下安。加快县域经济发展，不仅关系到当地经济振兴，而且关系到全省、全国经济发展的大局。要使县域经济有一个突破性的发展，当务之急要解决的一个根本性问题就是要进一步明确：在社会主义市场条件下，县级政府到底应该怎样抓经济？

不可否认，目前仍有不少县级政府尚未摆脱计划经济体制下所形成的运作方式，导致既有“越位”又有“缺位”。如，政府未走出替代企业组织产供销和模拟市场的误区，对企业干涉过多，所扮演的是大经理，而不是政府的角色；宏观调控机制不健全，未采取有效的经济调控手段来遏制经济粗放型增长的势头，严重影响了经济增长方式从粗放型向集约型顺利转变，影响了地方经济可持续发展，等等。总之，存在着该政府做的事情不去做，或者是做得不够好，而不必做的事情却偏偏要去做的怪现象。

那么，政府在经济发展中起什么样的作用？应当做什么？不应当做什么？笔者认为，在社会主义经济条件下，县级政府的经济职能同中央政府、省、市级政府一样，是充当市场经济“规则的制定者和裁判员”的角色。主要应当认真做好这样几项工作。

第一，实施宏观经济管理，对国家经济调控政策理应不折不扣执行。经济调控涉及全局和局部、中央和地方利益的重新分配。应当看到，如果中央和省级缺乏必要的集中决策和宏观指导，由各县市各自为政，自成一体，就难以实现合理布局的要求，也谈不上“两个根本性转变”的顺利进行。因此，在执行国家调控政策时，必须强调中央的权威，必须强调地方政府要与中央保持一致，不允许对中央政策或束之高阁、或阳奉阴违、或层层变通。同时要根据国家宏观调控政策，从本县实际出发，创造性地开展工作，充分发挥宏观调控政策的效应。

第二，正确认识和把握政府与市场的关系，促进经济发展。在市场经济条件下，市场对资源配置起基础作用，政府与市场作为经济调节方式是一对矛盾，既相互对立，又相辅相成。要根据社会经济发展和客观经济条件的变化不断调整二者的关系，合理定位市场中的政府角色，变原来的“万能政府”为“适度政府”，使政府既不超脱于经济生活之中，也不是处在无所不能的地位。政府角色应由原来的所有者、经营者、决策者转变为宏观经济的管理者和调控者，有效竞争的市场环境的营造者和保护者、市场失灵的纠正者和收入分配的调节者。使市场导向同政府自觉设定的利益关系有机结合起来，使政府在尊重价值规律的前提下，运用价格、税收、信贷等经济手段适度地调节市场，激励各经济主体自觉依照政府的宏观管理要求行事。尤其是要还权于企业，科学规范政府与企业的关系，政府管理经济由“指标型”

转变为“服务型”；按公有制实现形式多样化的要求界定政府职能，实现政资分开、政企分开；要打破部门所有条块分割的局面，将政府的行政管理职能和生产管理职能分开，从搞好产权制度改革，确立企业的市场主体地位着手合并、精简机构，建立国有资产管理新体制，全面取消企业的行政主管部门，有效地实现政企分开。

第三，规范政务管理，创造良好的经济发展环境。经济环境状况如何是县级经济能否健康发展的前提。在这方面，县级政府有许多事可做，比如培育多元化的市场主体，构建完善的市场体系，实行产业导向，消除地区经济封锁，监督市场运行，维护平等竞争，调节社会分配，建立社会保障体系，保护自然资源和生态平衡，扶持本地龙头企业、特色经济。目前，特别应注意抓好两件事。一是努力改革、完善政府机构和体制，优化政府行为。必须随着经济体制改革的深入发展，及时进行政府机构和政治体制改革，包括改善和完善政府的组织机构、决策机制、运作机制、监督机制等，要提高政务的透明度，使政府的干预行动受到更有效的控制和监督，从法律、制度和机制上防止政府工作人员把权力作为资本参与市场的交换过程，保证政府调控行为和经济政策的超脱性和公正性，从而切实优化政府行为。二是规范政务管理，改善投资环境。要自觉地运用经济手段、法律手段和必要的行政手段管理经济。特别是要运用好财政、税收政策，引导和吸引民间投资。应当对政务管理工作中的许可、审批、登记、收费、认证、裁决、处罚、强制及办事程序、办事效率和投资服务等方面的行为作出较为全面的规范。

第四，强化社会管理职能，搞好基础设施建设，大力促进社会事业发展。认真执行各项社会福利、社会保险、环境保护的法规与条例，健全管理体制。要以可持续发展战略为指导，建立经济、社会、生态一体化综合决策机制。在制定重大经济、社会发展决策时，充分考虑县域资源、环境的可持续性，重视生态可持续能力建设。坚持“经济建设、城乡建设与生态建设同步规划、同步实施、同步发展”的方针。大力发展科技、文化、教育、卫生事业，搞好计划生育，提高国民的整体素质。要花大力气，搞好与企业、个人的发展和与社会经济生活密切相关的基础设施建设，如交通、水利、电力、城建等，从而增强发展后劲。在基础设施建设过程中，应科学论证，量力而行，注重投资结构合理性，严把质量关。

第五，制定一个切合实际的县级经济发展战略，提高县域经济运行质量。首先，要根据本县范围内的自然资源和社会经济条件，以及本县所属较大区域以至全面经济发展战略中的地位和作用，对其在一个较长时期内的经济发展所要达到的主要目标和实现这些目标进行谋划。有了发展战略，才能有条不紊地大规模地开展经济建设，才能取得较好的社会效益。其次，要遵循市场经济规律，着力提高县域经济的运行质量。一要找准突破口，保持连续性，以改革促进展。二要注重扩大经济规模。根据本县的经济优势与市场要求，选择和培植具有支撑力和牵动力的支柱产业，依靠资源优势建立经济优势。三要构建适应市场经济的思维方式，找出切合市场经济规律的思想方法和工作方式。当前遇到了许多过去从来没有遇到过的艰巨课题。诸如，如何继续调整和完善所有制结构，进一步解放和发展生产力；如何深化国有企业改革，使之真正走出困境；如何加强农业基础地位，实现农业产业化；如何优化经济结构，促进经济增长，扩大就业；如何尽快建立和完善社会保障制度，切实保障承受力差的阶层；如何有效地实施科教兴国战略和可持续发展战略，等等。面对这些问题，都应以市场经济的观念去思考、去解决、去总结新经验，创造新办法。

（《农村发展论丛》1999 年第 22 期）

推动县域经济的可持续发展

所谓可持续发展，是指既满足当代人需要，又不对后代人满足其需要的能力构成危害的发展。党的十五大把实施可持续发展作为我国经济社会发展的一项重要战略，标志着我国在经济发展问题上的又一次觉醒。毫无疑问，县域经济是我国国民经济的重要组成部分。如果没有县域经济的持续发展，就没有整个国民经济的持续发展。因此，县域经济的持续发展关系到整个国民经济的持续发展，实现县域经济持续发展是我国经济社会发展的必然选择。

一、县域经济实施可持续发展战略是自身发展的需要

我们必须清醒地看到，改革开放以来，县域经济获得持续的高速增长，已日益成为国民经济的重要支撑点和“增长源”。与此同时，我们更应清醒地看到，县域经济的发展也付出了巨大的生态环境代价。主要表现在：

首先，由于粗放式、高耗能、低水平工业发展在县域经济中占主导地位，环境污染不断加重，加上工业“三废”得不到有效处理，还有农药、化肥、农膜的残留，导致土壤肥力下降，水体

恶化。其次，由于长期采取掠夺式开发、粗放型经营，使水土流失日趋严重，土地沙漠化、盐碱化速度不断加快，生态环境遭到不同程度的破坏。再次，由于人口基数大、增长快，给经济发展、生态环境造成了极大的压力，人地矛盾日趋突出。尤其是县域高素质人力资源的短缺，使不少地方只能凭靠山吃山、靠水吃水的天然优势维持短暂的繁荣，可持续发展的后劲十分有限。最后，由于县域政府经济管理职能转变缓慢，存在报喜不报忧的政府评价观，致使一些地方政府对原生环境问题（各种自然灾害对人类生存和社会生产的破坏性影响）和次生环境问题（由于人类活动所引起的对空气、水、土、食物的污染，以及噪音和辐射线对人体的伤害）重视不够，调控不力，不愿多投入，结果不可避免地受到自然规律的惩罚。

上述情况表明，强化污染治理，改善生态环境，合理控制人口，摆脱目前困境，增强自身发展能力，实施县域经济可持续发展战略，已到了非抓不可的地步了。

二、县域经济实施可持续发展战略核心是“发展”

县域可持续发展的理念是强调人类的生存与发展离不开环境，人与自然的关系是相互依存、协调发展的和谐发展。经济发展除数量增长还包括质量、效益的提高，经济发展不能以损害环境为代价，经济发展与社会进步基本同步，经济社会发展的持续性与维持良好的生态环境密切相关，并要求较好地把眼前利益和长远利益、局部利益和全局利益、自身利益和公众利益有机统一起来。很显然，可持续发展战略作为一种发展模式，强调的是发展，“满足当代人需求”是实施可持续发展的必备条件。只是和传统的“发展观”相比，它追求的是一种更科学、更合理的持续发展。尽管近些年来县域经济有较大的发展，但整体水平仍然不高。从各个县的自身需要来看，只有加快县域经济的发展，才能更好地处理改革、发展和稳定的关系，才能更好地贯彻落实党的以经济建设为中心的基本路线，才能解决物质文明建设和精神文明建设过程中遇到的一系列问题。只有当经济增长率达到和保持一定的水平，才有可能不断消除贫困，人民的生活水平才会逐渐提高，并为发展提供必要的能力和条件，支持可持续发展。

总之，发展是硬道理，县域经济的蓬勃发展是县域可持续发展的前提条件。必须保持较快的经济增长速度，并逐步改变发展的质量。这就要求我们要正确处理好以经济建设为中心和把保持生态和发展经济统一起来，要想办法在加快发展和保护生态中找到一个平衡点。既不能走传统的“经济唯一”“增长优先”而不顾生态破坏、环境污染和资源浪费的路子，也不可一味强调，“环境至上”“发展服从生态”，否则也不可能真正实现县域经济的持续发展。要以发展经济促进生态保护，以生态建设保障经济发展，努力走出一条有中国特色的县域经济可持续发展之路。

三、县域经济实施可持续发展战略应采取的基本对策

在发展县域经济过程中，如何把经济快速增长、资源的有效

开发利用和环境保护这三项任务统一起来，使县域经济逐步成为与自然和谐发展，并与资源环境相协调的县域经济发展统一体，是摆在县域经济决策者面前的重大课题。

第一，切实发展壮大县域经济。摆脱贫困，走向富裕，实现小康，是我国经济发展战略的主体目标。因此，可持续发展必须与脱贫致富联系起来。要大力发展市场经济，广开生产经营门路，提高非农产业的规模，转移农村剩余劳动力，提高城乡居民的收入水平，只有消除贫困，使县域内广大群众富裕起来，才能构筑起保护和建设环境的能力。而在当今形势下，县域经济的发展至少应该注意把握好以下几个重点：一是充分认识资源比较优势，走资源资本化开发之路，是县域经济发展的永恒主题；二是努力优化县域经济的所有制结构和企业组织结构，增强经济活力，是县域经济发展的当务之急；三是加快小城镇建设，积极培育块状经济发展，是县域经济发展的重要途径；四是营造良好的发展环境，不断地创办企业，通过调整推进农业产业化，大力发展生态经济，培育新的经济增长点，是县域经济发展的根本。

第二，全面提高人口素质，加强人力资源开发。人作为生产者，最有效的生产能力及创造能力并不取决于人口或劳动力数量，而是取决于人口或劳动力的质量。所以高素质的人才才是县域经济可持续发展的动力源泉和宝贵财富。一是实行优生优育，提高劳动人民的身体素质和大脑结构性能，从而促进智力优秀和体格健壮的个体繁衍，为人口素质的改善和质量的提高创造良好的数量前提。二是大力发展教育事业，把发展教育始终放在县域经济的首要地位。要建立有效的教育投入机制，加强基础教育，发展成人教育和职业教育，完善农村教育体系，扩大教育覆盖面。只有这样，才能造就县域经济可持续发展所需要的训练有素的劳动力以及高层次的科技人才和管理人才，否则县域经济可持续发展将后劲不足。

第三，加强环境整治和保护。环境保护是县域经济可持续发展的物质基础，要树立“环境也是宝贵资源”的观念，采取有效措施保护环境。一是做好环境保护宣传教育工作，增强环保意识，使公众自觉地参与环境管理和建设。二是组织和协调各方面力量参与环境保护。一方面要防止新污染产生，尽量舍弃“先污染、后治理，先规模、后效益”的生产企业模式；另一方面要对现有的工业污染进行限期治理。三是增加造林面积和治理水土流失的投资比重，大力植树种草。四是推行清洁生产，促进环境与经济协调持续发展。清洁生产的核心内容为“节能、降耗、减亏、增效”。它包括：清洁的能源、原料，少废或无废的清洁生产过程，清洁的产品。最终将实现合理利用资源，减缓资源的耗竭，减少废料与污染物的生成和排放，促进企业产品生产、消费与环境相容。五是发展环保产业，以高科技为先导，确定龙头企业实现环保产业规模化。

第四，坚持资源开发与节约并举，依靠科技进步转变增长方式。资源是人类生存发展的重要条件，也是生态环境的基础。保护和合理开发自然资源，实现资源永续利用，对造福人类、改善生态环境、实现县域经济持续发展具有重要意义。一是逐步建立资源有偿使用制度。资源作为一个重要的生产要素，市场经济赋予了其巨大的经济价值。只有进入市场，才能实现优化配置，又可达到节约使用能源的目的。二是要大力发展生态经济。要在兼顾经济、社会、生态三个前提下，通过组织农业生态、工业生态和环境保护工程，努力实现生态产业化，从而实现县域内各种资源和生态要素的优化组合。三是依靠科技进步，转变增长方式。通过走资源节约型、质量效益型、科技先导型的发展路子，使粗放型经济增长方式向集约型经济增长方式转变，从根本上解决高投入、高消耗、低效益问题，以达到社会经济、资源与环境的持续协调发展。

（《老区建设》2000 年第 8 期）

发展县域经济大有可为

县域经济的提出，是行政编制的需要，是财政体制的需要，是客观实际的需要，是改革实践的需要。县域经济是多部门的综合体；是在一定空间进行的，包括社会再生产的全过程，牵涉生产、分配、交换、消费等各环节，又与各部门、各地区的经济活动交织在一起，形成多层次立体交叉的三维结构。它不是各部分经济活动的简单汇总，而是各组成要素有机结合的整体。

县域经济属于中观经济，从宏观经济看，全国或全省的经济条件和经济管理手段比县域经济齐备，县域经济总量分析包含的范围小，只是一种更小范围的区域经济；从微观经济看，县域经济不是一个独立的经济法人，而是县行政区划内微观经济活动量的总和。从条块关系看，县域经济是宏观经济与微观经济的结合部，是发展市场经济的一个重要中间环节。县不是一个“细胞”，而是一个具有超细胞功能的“细胞集合体”。从县域经济的范围、规模来看，县域经济是一种典型的区域经济，其构成包括第一、第二、第三产业；与行业经济相比，县域经济是较为完整和相对独立的经济体系，是国民经济块状结构的基本单元。具体地说，所谓县域经济，是指以我国的行政县为区域范围，以一级独立财政为标志，以县域、镇、乡、村各层次的经济元素间的联系和比例关系为基本结构，通过双向反馈的人力流、资金流、物质流、信息流而显示出整体功能的经济系统。从其特性看，县域经济具有区域性、行政性、独立性、开放性、市场性、特色性等鲜明特征。

县是我国经济、社会和行政管理的基本单元和基本地域。加快县域经济发展，不仅关系到当地经济振兴，而且关系到全省、全国经济发展的大局。江西省工业基础薄弱，具有较强辐射和带动功能的中心城市不多，仅仅依靠中心城市和龙头工业企业来带动全省经济发展是远远不够的，必须把更多的注意力集中到发展县域经济上来。与此同时，我省的县域经济在全省经济构成中占有重要份额。85%以上的人口、95%以上的国土面积、2/3的轻工业原料和工业品市场、70%的工业增长份额、超过60%的国内生产总值和74.4%的财政收入都在县这一块。但总体水平均不高，与浙江省相比，浙江66个县（市）中，财政亿元以上的有47个，占72%；我省只有33个，占37%。浙江的县域经济发展速度快，“板块”规模大，最主要的是个体私营经济发展快，工业份额高，商贸繁荣活跃；而我省县域经济的结构特征是传统农业比重高，工业份额低，市场发育差，商贸不发达。我们应当看到，差距就是潜力，我省县域经济的发展大有希望。

希望就在于明确奋斗目标及找准关键因素；就在于积小胜为大胜的不懈努力之中。今后要切实把扩大总量、优化结构、提高效益、提高整体水平作为各县的奋斗目标。关键因素有五个：一是要有一个坚强有力的领导班子；二是要有一个顺应市场趋势、适合县域特点的发展思路；三是要以人为本，培育壮大一支敢拼搏、善管理、廉洁奉公的管理经营队伍和一大批技术熟练的城乡劳动者；四是要创造一个优良的投资和经营的软环境；五是要围绕建立一个稳固、平衡、强大的县级财政来展开工作。

在发展县域经济过程中应当注意避免以下几个误区。

误区之一：增加县域稀缺生产要素（如资金、人才）供给是解决发展问题的关键。根据新古典主义生产函数理论，经济增长由储蓄率及由此转化的投资率决定。但欠发达地区县域资金使用效率低下、人才浪费现象严重，这一事实使通过增加要素供给解决问题的思路不能成立。因此，能否创造出对资金、人才的有效需求，创造出让资金、人才扎根，实现自身价值的环境显得更为重要。

误区之二：产业结构调整到“三、二、一”的格局，则最为理想。县域经济结构的调整，特别是产业结构的调整，当然是一篇大文章。目前，我省县域经济中三大产业结构存在较为明显的问题，第一产业的比重仍然偏高，第二、第三产业的比重偏低，且各产业内部结构不合理问题更为突出。从现实出发，县域产业结构调整应当贯穿“精一强二大三”的发展战略，一般要以主攻工业和加快发展小城镇建设步伐为重点，县政府应把经济发展的重点放在扶持中小企业和非国有企业的发展上面，再以二产、一产发展情况为前提，逐步提高第三产业在国民经济中的比重，否则将是无本之木。至于有不少县盲目提出发展高新技术，显然不可取，县域工业仍然应以传统产业为主，努力推进其技术进步和产业升级。

误区之三：政府把整个县域经济当作一个大企业来进行运

作，就能获得较快发展。这是计划经济思想的当前翻版，这样的做法，已经被实践证明是很难取得成功的。实际上，很多不需要政府做的事，我们的政府也做了很多，当然其中很多事不仅没有做好，而且还造成了很大的负面效应。此外还有一些政府作用的真空，有些应该由政府来管理的事情政府并没有管，造成了一些管理漏洞。其实质是一个“越位”和“不到位”的问题。这就要求我们的政府实现工作重点和工作方式的再一次转移，转移到使用正确的方法领导现代市场经济的建设和发展上来。要转变工作方式，提高工作效率；要改革和调整政府工作机构，构建一个适应现代市场经济的高效精干的政府。政府要从直接管理企业的事务中退出来，从主要依靠行政手段进行管理过渡到主要依靠法律和经济手段进行管理，从直接操作产业项目的事务中脱离出来，过渡到主要建设良好的投资环境和政府服务中来。

误区之四：先发展起来再说，发展了什么问题都好解决。发展是硬道理。发展快，困难就小；发展慢，困难就大；不发展，则更困难。但是，如果在发展经济的同时，却以牺牲环境（包括生态环境和人文环境）为代价是得不偿失的。在发展县域经济过程中，要防止低水平的产业同构，要注意环境保护，要把最具特色和竞争力的以生态农业为主的现代农业、以有机食品为主的食品产业、以生态旅游为主的旅游业培育成为新的支柱产业，从而真正实现经济效益、社会效益、生态效益的协调统一。

（《学习与宣传》2000 年第 6 期）

积极推进生态农业县的建设

所谓生态农业，就是从系统思想出发，按照生态学原理、经济学原理和生态经济学原理，运用现代科学技术成果和现代管理手段以及传统农业的有效经验建立起来，以期获得较高经济效益、生态效益和社会效益的现代化的农业发展模式。实践已经证明，生态农业建设不仅可以使农民增产增收增效益，而且还能有效地改善生态环境、防止水土流失、增强抗御自然灾害的能力，还与国际上第二次绿色革命的理论相呼应，适应全球农产品的贸易和消费的新走势。生态农业是持久振兴农业和全面发展农村经济的根本大计，是对“持续、协调、稳定”发展农业战略的最好体现，是实现农业可持续发展的战略选择。要把建设生态农业作为新战略并使之得到有效的推行，关键在于大力建设生态农业县。

在我国，县域经济从来就是国民经济体系的基础，是在县行政区划长期稳定的基础上逐步形成的一种区域经济。建设生态农业县，能较好解决长期困扰我们的四大矛盾（即掠夺性经营思想、小农业思想、条条各自为政和短期行为），在县一级可以形成合力，把各项工作组装配套、协调发展；能够把发展经济、建设环境和培植资源结合起来，使农业和农村经济建设进入良性循环的轨道；能为发展县域经济、建设生态经济强县创造条件。我们可以肯定，倘若大多数县能成为生态农业县，并进一步成为生态经济强县，那么经济强省、经济强国也就实现了，建设山川秀美的战略目标也就能实现。

推进生态农业县建设是一项系统工程，需要采取有力措施。

第一，要树立新的观念。新形势下，农业要由传统的粗放经营方式向现代集约经营方式转变；农业要由传统的粮食观念向现代食物观念转变，打响绿色品牌，用无公害生产方式，改造传统农业；农业要由传统的仅仅依靠耕地向整个国土资源的开发和利用转变；农业要由传统的农产品加工业向现代食品制造业转变，建立新型的工农关系，促进食品工业和农业共同发展，促使食品工业朝方便化、程序化、功能化、专用化、国际化方向发展；农业要由主要注重物质投入的资源型产业向既重视物质投入更重视智力投入的知识型农业转变。

第二，要用系统工程方法。把我国悠久的有机农业、用养结合、五业互补等传统的农业经验和现代先进的农业技术相结合，充分利用当地的自然和社会资源优势，因地制宜地规划、设计和组织实施。制定一个科学的综合发展规划和年度实施计划。规划要以发展大农业为出发点，按照整体协调原则，使农、林、水、牧、副、渔各业协调互补，促进农业生态系统物质、能量多层次利用和良性循环，从而实现农业的可持续发展。

第三，要落实好生态项目。各县应从自身的历史和现实出发，遵循“先易后难、稳定发展、积极推进”的原则，确立相关项目。一是尽快建立区域性绿色生态屏障。在各支流源头及灾害多发陡坡地段，建设水源涵养林、水土保持林；严禁滥伐森林、毁林开荒、将林地划为农业建设用地，以切实保护好现有森林，从而扩大森林保护区；高标准建设城镇绿化带，引山、水、绿入城，使城镇变得绚丽多姿。二是大力开展农田基本建设。加强中低产田改造和田园化建设，兴修引水工程，整治淤泥严重及病险坑塘、水库，加强渠系配套，改造渗漏严重的简易渠道，扩大灌溉面积，提高保证率。三是加快小水电开发和沼气工程建设，依托这些工程项目，使山水资源合理开发、永续利用，使生态环境得到保护，经济持续发展。四是努力探索生态农业生产化之路。用无公害生产方式，改造传统农业产业，并以国内外市场为导向，名优特产为先导，按照区域化、专业化、产业化的原则，调整农村产业和农业内部结构，建立专业化生产基地。要充分认识到，一草一木都是生态经济资源，都可以形成地区特色，把产品推到国际市场。要注重完善服务体系，确保农业生产资料的供应、技术开发和应用，解决好产品销路问题。五是全面进行农业生态环境污染的治理。实施污染治理工程，提高城镇、工矿的废水、废气、废渣的处理率，今后不应搞污染环境的加工工业企业。

第四，要依靠科技进步，为生态农业发展注入活力。要把继续和发展传统农业技术精华与现代高科技相结合，建立健全高起点、高速度、规范化的生态农业发展机制，推动生态模式。要大力发展农村教育事业，加大宣传力度，提高干部群众的环保意识和科教兴农的自觉性。

第五，要积极筹措资金。一方面，财政安排的支农专项资金、商品粮基地建设、农业综合开发、山区林业综合开发等项目资金要集中捆起来使用，重点用于各类生态农业基地建设和有机产品开发；另一方面，注重吸纳民间资金，做好招商引资工作，形成多元投入的格局。

（《企业经济》2000 年第 4 期）

发展县域经济要“五统一”

面对新形势，要大力发展县域经济，就必须不断解放思想，与时俱进，革故鼎新；就必须运用辩证的思想方法，研究县域经济工作的规律，正确处理几个方面的关系。

一、“做大”与“做强”相统一

搞市场经济，“做大”当然是我们所追求的目标，没有规模效益就不可能有经济效益和社会效益。但是在县域经济运行过程中，需要把握规模“度”的界限，经营规模要与财力、物力相适应，要与管理水平相适应，要与市场需求相适应。关键是“做大”之前先要做实，要量力而行，量“市”而行，积小成大，历久为功。与此同时，在“做大”的过程中，要坚持以特色型战略求效益，以开拓市场争效益，以结构调整创效益，以资本运营出效益，以科技进步促效益，以强化管理增效益。既要“做大”，更要“做强”。

二、“突破”与“连贯”相统一

发展县域经济当然需要找准突破口。但有的县份将“突破”

与“连贯”对立起来，热衷于“突破”，忽视“连贯”，在发展战略和经济布局上、确立支柱产业上，往往朝令夕改，一届班子一个调，一年一个新花样。而县域经济的发展需要连贯，发展战略和经济布局要相对稳定，应当一任接着一任往下干。当发现县域经济发展战略和经济布局有缺陷时，应适时地调整和完善，而不宜推倒重来；当县里的主导产业一时失去市场时，切莫为“良机不遇”而叹息，不妨检查一下产业的竞争优势，进一步做好做足“扬优成势”的文章。

三、“见物”与“见人”相统一

县域经济的发展，是以经济和科技为基础的综合实力的竞争，说到底是人才的竞争。因此，在指导思想上，既要“见物”，更要“见人”。要十分注重确立干部群众的市场经济的观念，才能形成开拓进取的思维方式，找出切合市场经济规律的思想方法和工作方法，才能保证县域经济有一个良好的发展势头；要善于吸引人才、聚集人才、选拔人才、使用人才，实现人才群体的优化组合，充分发挥各类人才在经济发展中的作用。坚持“以人为本”，实现管理对象由物到人的转变，管理方法由强制到引导的转变，是推动县域经济健康、持续、快速发展的必由之路。

四、“强县”与“富民”相统一

就全国而言，现在实施的是“东部抓外向、中部抓强县、西部抓脱贫、全国抓特色”，推动县域经济均衡发展，东中西齐头并进的富县强国、富县富民的总体目标。很显然，发展县域经济的根本目的是在于既“强县”又“富民”，两者不可偏废。县域经济有着丰富的内涵，各县的情况也千差万别，但有一条必须是一致的，不管什么内容，必须集中体现到农民增收、财政增长上来。能否较好地实现农民增收、财政增长，应当成为检验县域经济工作搞得好不好的标准。

五、“眼前”与“长远”相统一

发展县域经济是一项系统工程，要真正驾驭县域经济发展，需要依势而为、拥势而动、乘势而上，做好“势”字文章，才能求得县域经济新一轮的发展与跨越。而造势、聚势是一个量的积累过程，是蓄势待发；成势则是一个质的飞跃，是驾驭县域经济发展的落脚点和归宿。只有重于成势，县域经济才能水到渠成，步入持续发展的快车道。成势之道，关键在于妥善处理好“眼前”与“长远”的关系，在于真抓实干、锲而不舍。在谋划和操作过程中，既要立足当前，更要放眼未来。

（《经济日报》2000 年 1 月 30 日）

重视欠发达地区县域经济的发展

发达地区是指市场经济发展程度较高，工业化的任务基本完成，生产的商品化、社会化、现代化程度较高的地区。欠发达地区是相对于发达地区而言，一般是指人均国民收入、人均财政收入、不同产业间的产值比值等其他指标体系均劣于发达地区的地区。现实说明，欠发达地区县域经济的发展，仍然是我国经济发展最为薄弱的环节。但是，县域经济的发展问题，不单单是个经济问题。我国国情决定了县域经济在我国现实体制中是社会稳定、人心稳定的基础。因此，大力发展欠发达地区县域经济，直接关系到中国实现现代化的进程。目前，由于欠发达地区县域经济发展的严重滞后，致使这些县份财政拮据、就业困难、资源与人才流失严重、城乡居民的收入增长迟缓。欠发达地区的县要摆脱这种状况，缩小与发达地区的差距，实现富县富民，发展以实现城乡居民收入增加、财政增长为目标的县域经济具有极其重要的地位和作用。

一、充分认识制约欠发达地区县域经济发展的主要因素

县域经济在国民经济中是一个基础性十分强的区域经济单

元，它的发展涵盖了人均总产值及国民收入的增加、人民物质文化生活水平的提高、人的全面发展以及社会经济结构和制度改善等多个方面。因而制约欠发达地区县域经济发展的因素也是多方面的，既有历史的、自然的客观原因，又有社会的、经济体制的、人的因素等主观原因。

第一，自然地理条件较差。欠发达地区的县份大多数集中在深山区、石山区、高原地区、荒漠区域里，多数交通不便、流通不畅、信息渠道堵塞、接受大中城市及大中企业的辐射和带动的能力弱小、商品流通的运输成本居高不下、劳动力价格优势得不到很好发挥。

第二，传统低水准的生产经营方式。地域的偏僻，必然致使社会的封闭。这些县份往往停留在“靠山吃山、靠水吃水”的传统生产方式和落后的生产水平上，农业产业化不能形成规模，工业发展水准低下，市场竞争观念淡薄，经济运行过程中忽视市场的功能。

第三，基础设施落后。这些县份大都自筹资金能力差，国家投入也相对较少，交通、通信、电力、水利、城镇建设等基础设施十分落后，成为制约当地经济发展尤其是工业发展的瓶颈。

第四，人才、资金、技术严重匮乏。这些县份的国民文化教育素质较低，人才缺乏且浪费、流失现象较为严重，实用技术的推广和应用的程度不高，创新能力更为缺乏，而人们的观念陈旧，又限制了人的素质的提高。资金来源少，一是靠自身积累难以成气候，二是外部流入少。没有一定的资金，确实很难谈得上发展。

二、欠发达地区县域经济发展过程中应注意解决好的几个问题

21 世纪，欠发达地区县域经济面临着难得的发展机遇。首先，世界范围内知识经济时代的到来，特别是信息革命和生物工程革命为欠发达地区的县份提供了跳跃式发展的条件；其次，我国即将加入 WTO，经济的全球化，为这些县份扩大开放、引进外资提供了更多的机会；再次，随着沿海发达地区工业品市场的饱和以及劳动力、水、电、土地等要素价格的攀升，越来越多的投资者开始重视欠发达地区的市场空间。最后，国家在西部大开发中将加大对中西部欠发达地区基础设施的投资力度，对制约欠发达地区县域经济发展的基础设施，如交通、通信、水利、环保、科学、教育、卫生等将给予重点支持。因此，欠发达地区县域经济选择战略时，要充分利用上述有利条件，从本地的实际出发，明确发展思路，找准自己的发展目标，促进县域经济持续、快速、健康发展。

第一，确立新的追赶战略目标。欠发达地区县份新的追赶战略目标应该由三大战略构成：一是知识发展战略，即利用知识促进发展，这里包括了强化对人的教育、健康和各类知识的投资，努力提高公民获取、吸收、交流各种知识和信息的能力；二是人力资源开发战略，即扩大就业机会，在目前条件下大力发展劳动密集型产业，通过各种有效途径，减少贫困人口；三是可持续发展战略，以改善生态环境为根本，重视生态区域的建设。对资源

的开发利用，不是有什么资源就开发什么资源，而是必须根据国内外市场需求的变化，调整产业结构和产品结构，实现资源的合理配置，促进经济社会与人口资源环境的协调发展。

第二，坚持“有所为与有所不为”“有进有退、以退为主”的原则，主攻工业。欠发达地区的工业多数是弱项，但是这不等于欠发达地区不要发展工业。除了国家兴办的大型工业企业、县一级的重点工业，应以市场为导向，依托本地优势或与大工业相衔接的项目，积极开展技术创新、组织创新、制度创新、优势创新和产品创新，大力推进国企改制、资产重组和产业升级，以产品结构调整为重点，改造传统原材料工业，巩固提高资源型优势产业，培育资源优势新兴产业，推动产业结构的调整和优化。

第三，强化农业的基础地位，突出生态建设与县域特色。应注意综合治理，促进生态措施与工程措施相结合，实现生态效益、经济效益、社会效益的有机统一；应大力发展“高产、优质、高效”农业，发展高附加价值的、以经济作物和林、牧、渔业及其相关的新兴产业，发展名、优、特出口型农业，坚定不移地走农业产业化的发展道路，进一步加强和拓宽县域经济发展的基础，然后在综合开发农业的基础上发展工业，为工业发展提供充足的原材料，积极推行工业农业连锁发展，以农兴工、以工促农。

第四，大力发展非国有经济，培植新的经济增长点。要把个体私营经济作为县域经济的新增长点来抓，按照“三个有利于”的标准，采取鼓励政策，创造宽松环境，强化服务，促其上规模、上水平、上效益。尤其要注重鼓励民营经济加大投入，促使其扩大规模、走集团化发展道路。对现有的乡镇企业进行股份制和股份合作制改造，促进其从单一投资向多元化投资格局转变、从“大而全、小而全”向“专、精、特”的方向转变、从粗放式增长向集约式增长转变、从分散布局向适当集中布局转变、从注重国内市场向开拓国内外两个市场转变。

第五，重视加快城镇化的进程。尽力扩大县城规模，逐渐达到70%以上的财税收入靠县城经济提供。逐渐使县城人口、乡镇人口、村组人口各占1/3。搞好中心圩镇建设，实施以城带乡、城乡整体联动战略，把小城镇规划建设和管理与发展第三产业有机地结合起来，使服务业成为新的经济增长极和增长点。

第六，整治和优化发展环境。除集中财力、争取支持、大力改善基础设施以外，要特别重视软环境建设。一是创造良好的思想政治环境，在干群中牢固树立“发展是硬道理”的思想，靠自身的发展来解决各种矛盾，正确认识和解决好决策行为追求经济效益的最大化和政治风险的最小化的关系。二是优化法制环境，着重解决“执法不公、有法不依、乱收费、乱摊派、乱罚款”的问题。三是优化管理环境，转变政府职能，减少职能部门的“寻租”行为，提高办事效率，增加办事透明度，加大整治力度。四是创造良好的信用环境。市场经济是信用经济，要充分发挥当地传统文化的优势，以诚招商、以诚经商，以诚求发展。

第七，建立一个稳固、平衡、较强的县级财政。搞好财源建设，加强税收征管，完善收入体制，努力使财政收入占国内生产总值的比重提高到20%左右；改革支出管理体制，调整和优化财政支出结构，逐步建立公共财政基本框架；从严治财，大力整顿财政秩序；做好社会保障工作，加快社会保障体系建设。

第八，依法行政、加强管理。要保证上级的政策措施和国家的法律法规真正得以贯彻落实，当务之急是依法行政、强化管理。要以改革的精神，加强企业的科学管理，严格财政管理，整顿市场秩序，形成和健全各方面的科学管理制度和机制，从而依法规范和维护社会主义市场经济秩序。

（《老区建设》2000 年第 3 期）

关于县域经济的理论思考

县域经济的发展状况对一个省的社会经济发展水平具有十分重大的影响。回顾一些发达省份经济发展的历程，我们可以看到：县域经济的快速、持续、健康的发展，是这些发达省份经济一个充满活力的增长点。目前，全国各地对县域经济的发展日益重视，许多县（市）已逐步探索出一条适合自己特点的县域经济发展道路，形成了自己独特的模式。因此，深入地研究探讨县域经济理论问题和现实问题，总结出县域经济发展的规律、方法及模式，对于指导和促进县域经济的发展，乃至推动国民经济上台阶，具有非常深远的意义。本文试对县域经济的涵义与特征、要素与结构及其研究方法作一粗浅探讨。

一、县域经济的涵义与特征

（一）县域经济的涵义

县域经济是指以县为行政区划的这一区域内的经济，它是一个具有区域性、层次性、网络性、开放性等特点的经济系统，是一个功能相对完备和健全的经济系统单元。具体地说，县域经济是指以我国的行政县为区域范围，以一级独立财政为标志，以县城、乡镇、村各层次的经济元素间的联系和比例关系为基本结构，通过双向反馈的人力流、资金流、物质流、信息流而显示出整体功能的经济系统。

县域经济是具有区域特色的国民经济，它有两个显著的特点。其一，就县域经济的复杂内容来讲，它是综合性的经济，因而具有国民经济的一般特征；其二，就县域经济的空间存在来讲，它是区域性的经济，是存在于某个经济区域内的国民经济，因而具有鲜明的区域特征。

谈到县域经济概念时，还必须注意县域经济与区域经济的区别。县域经济和区域经济，它们的共同点都是指一定范围地表空间中的经济区域，而它们的区别在于：区域经济更具有自然融合的经济涵义，它界限比较模糊，往往是跨行政区的自然经济区，经济功能的发挥主要是通过经济发展的内在客观联系；县域经济具有行政区域的涵义，界限比较清楚，经济功能的发挥往往通过行政手段和政策功能作用，并且是在历史传承的基础上有序地展开。

县域经济作为一个区域经济系统，体现了经济系统内在联系的有序整体性。这个整体的构成包括了经济关系结构、产业结构、生产力布局、科技教育、人口流动与城市化等因素。

在县域经济系统中，既包含了全民所有制、集体所有制、个体经济、私营经济与混合所有制经济等各种经济形式，又包含工业、农业、商业、交通运输及金融、保险服务业等多种产业，还包括财政、计划、税务、物价、土地、社会保障、工商行政管理等各种经济管理活动。因此，县域经济是国民经济的缩影，它几乎包括了主要的国民经济部门与经济活动。从这个角度讲，县域经济是构成整个国民经济系统的基础性经济系统单元。

我国国民生产总值（GNP）的50%以上，全国人口的80%以上都处于县域经济的系统中。因此，国民经济的发展不仅要依靠城市发展，更要依靠县域经济的搞活。从全国而言是如此，从一省而言也是如此。

（二）县域经济的特征

县域经济是以县城为轴心、集镇为纽带、乡村经济为基础的区域性经济网络。具体分析，它具有以下特征：

第一，区域性。它包括三层含义。一是经济网络的区域性，说明县域经济是整个国民经济大网络中的小网络，即区域性网络；二是经济运行的区域性，说明县域经济的运行，即社会再生产，包括生产、分配、交换和消费等经济活动，大体上是在县区域范围内进行的；三是经济优势的区域性，即由于历史、地理和自然条件等方面的不同，县域经济一般都形成了自己的经济优势，包括产业部门优势和产品优势等。它可以是种植业、养殖业、加工业和建筑业、建材业，也可以是旅游服务业等。因此，对县域经济区域性应有一个全面的理解，即从经济网络、经济运行、经济优势三个方面来理解。

第二，综合性。由于县域经济是国民经济的基本单元，是国民经济大系统中的小系统或国民经济大网络中的小网络，也具有类似国民经济大系统、大网络的综合性特点。它既包括农业、工业、商业、交通运输业、建筑业、建材业和服务业等产业部门，又包括计划、财政、金融、税务、物价、工商管理等职能部门。

它不仅有生产经营的企业和经济部门，还有经济社会管理机构，是个“小社会”，因而县域经济是经济和社会功能比较齐全，综合各产业各部门乃至社会单位于一身的国民经济小系统、小网络。

第三，层次性。县域经济既然是区域性经济网络，那么这种经济网络必然带有多层次性。县城经济、乡镇经济和村经济是县域经济网络中的三个层次。其中，村经济层次是基础层，即县域经济的基本单元或基础环节；乡镇经济层次是中间层，即介于县城经济和村经济之间的层次；县城经济层次是中心层，即一般而言，它是县经济的中心环节。而且，每一层次经济包括多种经济形式，如县城经济、乡镇经济均包括国有、集体和个体所有制形式，村经济一般包括集体和个体所有制形式，即呈现多元性的特点。所以，县域经济实质上是以县城经济为中心层、乡镇经济为中间层、村经济为基础层的多层次的区域性经济网络。

第四，开放性。县域经济作为一个区域经济系统，亦是一个开放的系统。它通过人力流、资金流、物质流、信息流与外界广泛交流。县域之间存在着差异与梯度，不同地区有不同的发展条件和不同的发展优势，不同县域间的优势互补和经济交流，是县域经济发展的基础。开放性是县域经济持续、高速发展的必要条件，封闭、自守必然会导致县域经济的衰落。沿海发达地区县域经济的异军突起，与它们的开放度高有必然联系，而内陆的老、少、边、穷地区多数位于开放度较低，交通、信息闭塞，人员流动缓慢的山区和边远地区。

二、县域经济的构成要素

县域经济的构成要素是影响与决定县域经济发展趋势的诸要素，它反映县域经济运动的物质构成和物质转换，可分为自然的、社会的和经济的要素。因此，县域的地理位置和自然条件，它的历史发展基础和民族特点，它的各种各样的资源、人口、劳动力以及资金、技术、市场，县域经济的组织结构和管理，等等，都由于直接或间接地影响着县域经济的发展，而无疑地都属于县域经济的发展要素。

根据县域经济发展要素的形态特征和对县域经济发展的作用功能，我们把县域经济发展要素分为四个类型：一是自生性要素，主要有自然资源和历史基础；二是再生性要素，主要有劳动者（包括人口）、资金和技术；三是引导性要素，这种要素主要指市场；四是规范性要素，这种要素主要有组织、管理及其机制。

（一）自生性要素——县域的自然资源和历史基础

县域的自然资源是大自然所赋予的，县域的历史基础是县域经济文化发展的历史凝聚。

县域的地理特征、气候特征、水文特征和土地、生物及矿藏资源等在内的自然资源条件，是县域经济发展的重要因素。这些要素相互关联及其运动规律，对县域经济发展具有重要的影响。其一，它影响着县域产业结构，由于气候、水文和地形地貌的多种差异，县域间农业内部的结构就大为不同；其二，它影响着县域内的生产力发展；其三，它影响着县域社会文化进步。自然资源条件对县域经济的其他要素，比如人口、劳动力、资金的流动和技术的地域推移，对市场的兴衰等，也都起着重要的作用。

县域的经济、文化、技术和社会发展所形成的历史基础，作为一种不可改变的自生性要素，对县域的经济发展也有着深刻的影响。历史形成的社会生产力是县域经济发展的物质技术基础，生产力发展的阶段性和不可超越性特征，要求县域的生产力发展必须是在原有基础上的滚动发展，生产力的历史基础越雄厚，县域经济的发展也就越顺利。

（二）再生性要素——县域人口、资金和技术

人口、资金和技术是县域经济发展的基础要素。这些要素的形态和作用尽管不同，但它们都具有流动和衍生的特征，因而统称为再生性因素。

1. 人作为消费者和劳动者，对县域经济产生多方面的影响。为保证县域经济的健康发展，必须正确处理人口和就业问题。在一定的消费水平条件下，必须严格控制县域人口增长，在一定的劳动生产率条件下，必须实现充分就业。

2. 资金因素对县域经济的影响是十分明显的。就资金因素来讲，县域经济增长是以固定资产的数量及其产出系数、新增投资的数量及其产出系数为基础的增量，而在资金量确定的情况下，为取得投入少产出大的效果，资金投向就十分重要。

3. 技术作为县域经济发展的一个基本要素，主要表现为科学技术成果在生产实践中的应用而发挥出巨大的物质力量。发挥技术要素在县域经济发展中的作用，首先，必须提高平均推广率。由于技术要素的流动性很强，对科技成果的吸收面越宽、推广面越广，对县域经济发展的作用也就越大。其次，必须提高推广的成效率。这就要求从县域经济的客观实际出发，既要对推广项目予以合理的选择，更应以科学的态度扎扎实实地应用。

（三）引导性要素——市场

市场对县域经济的作用和影响，已使之成为县域经济发展的一个不可缺少的要素。市场要素凝聚着供给与需求关系，它以价格符号显示出供给和需求的形象，通过供与需之间的不断反馈，调节县域经济运动。市场要素对县域经济运动的调节作用是无所不包、无时不在的，从而产生出一种力量强大的机制，这种机制伸出了无数的看不见的手，引导着县域经济发展。因此，我们把市场要素称之为县域经济发展的引导性要素。

市场对县域经济发展所产生的多层次、多类型、多方位的引导，使之作为县域经济发展要素的影响作用日益增强，并且最终要反映到县域经济结构的变化上。也就是说，多元的市场结构将引导县域经济结构的发展，市场要素的作用显示了巨大的力量。对此，县域经济的建设者和决策者在任何时候都不可以忽视。

（四）规范性要素——组织、管理

组织和管理作为一种类型的要素，体现着经济运行机制的作用。县域经济是一种多种门类的综合经济，组织与管理作为县域经济的发展要素，已为大众公认。与前述的几类要素不同，组织与管理所呈现的机制对县域经济的发展起着控制、调节和制约的作用，既体现出人对县域经济发展的适应，又体现出县域经济在人的意愿下的发展，这说明组织与管理是从更高层次出发，同时又融于县域经济各个层次、各个环节之中的规范性要素。

县域经济的组织和管理要考虑到三个因素。首先，它是社会生产的地域组织。把县域生产要素引向最合理、最有效益的综合层次。其次，它是县域经济的发展规划和计划。规划和计划是县域经济组织和管理的一种重要形式，合理的规划和科学的计划，能使县域生产要素得以充分利用，不仅可以用相同的投入得到更多的产出，而且能保证县域经济的稳定、持续和健康的发展。最后，它是县域经济运动的调节。县域经济的有序发展，必须有对县域经济运动的有效调节，调节的有效程度，集中体现着组织和管理功能效应。

三、县域经济的结构及其功能

县域经济的结构，是由县域经济和社会再生产各个组成要素及各要素间的构成关系所整合成的多层次的有机整体。它主要包括：经济关系结构、经济产业结构、空间布局结构。

（一）多元化的县域经济的经济关系结构

县域经济的经济关系结构即县域经济中各经济主体间的生产关系结构，是以家庭联产承包责任制为基本形式的县域经济中各生产关系的综合，包括国有经济、合作经济、个体经济、私营经济等。

县域经济的经济关系结构的构建，必须符合以下基本功能：第一，必须有利于调动县域经济中各经济主体发展经济的主动性和积极性，增强各经济主体的活力和生存竞争力；第二，必须有利于消除城乡分割和工农“剪刀差”，加速社会主义统一市场体系的形成；第三，必须有利于广大农民收入较大幅度的增长和农业剩余劳动力的转移；第四，必须有利于加快农业产业化和现代化的进程。

因此，遵循以上原则，根据县域经济的特点，应实行以集体所有制为主体，多种所有制形式并存，多种经济成分相互渗透、相互补充的新型经济关系结构。除了少量的国有企业和国营农场外，大量的应发展集体所有制合作经济和个体经济、私营经济、混合所有制经济。根据我国县域经济基础普遍落后，生产力水平多层次性的状况，可通过发展联产经营、租赁经营、合股经营等多种经营方式，为县域经济发展注入活力。

股份式合作经济和城乡联营经济应是今后农村合作经济的主要形式。当前，不仅各种新经济联合体采取了股份式合作方式，而且一些地区性的合作组织和乡村办企业，也在通过清资折股向股份式合作经济发展。随着商品经济的发展，城乡地域各种限制将逐渐冲破，城乡经济联合将日益发展，这是合作经济合乎规律的发展趋势。

因此，未来的县域经济形式绝不是单一的模式，是国有经济、合作经济、个体经济、私营经济并存的共同体。在这个共同体中，国有经营、家庭经营、联产经营、租赁经营、合股经营等形式构成县域多元化的经济关系结构。

（二）立体型的县域经济产业结构

县域经济在它经历了经济体制改革的阵痛之后，多产业化得到了极大的发展。人们在全方位地探索和创造着发展的机会。如在种植业、林业、牧业、渔业的广义农业产业中找到了发展的机会；在食品加工、纺织品加工、服装加工、木工加工、金属加工等加工业中同样找到了发展的机会；在交通运输、建筑工程、商业、服务业中也找到了发展机会。可见，县域经济产业结构正经历着一场深刻的变革，不仅种植业从单一的粮食转向经济作物上来，而且养殖业、林业、畜牧业也从农业中分离出来。农业内部结构的这种变革，带来了农业外部结构的变革，以至于县域经济中的非农产业项目越来越多，分工越来越细，布局越来越密。这是因为农、林、牧、渔各业中许多产品的生产逐渐由从属部门发展成为独立的部门。在新独立的部门中，又派生了更多的专业，层层扩展，形成了新的非农产业网络。因此，县域经济中的工业在农业商品经济发展的基础上起步了。商品经济的巨大冲击波，也打破了封闭式的格局。市场的诞生，又引出了运输业、商业、服务业的发展。新兴的第二产业、门类庞杂的第三产业的应运而生，表明一个立体式的产业结构已基本形成。它为不断过剩的农村劳动力就业、为县域经济的繁荣开拓了潜力极大的广阔空间。

（三）梯度式的县域经济空间布局结构

县域经济产业结构的立体型发展，异常巨大地丰富了经济活动的内容，极大地扩充着经济活动的空间范围，从而逐渐形成了县城、集镇、乡村三级梯度式的县域经济空间布局结构。以乡村工业的发展为例。乡村工业的区位固然受原料产地、销售市场的制约，然而强烈的规模效益和集聚效益以及外部经济环境效益，使得乡村工业有着集聚于中心城镇的内在趋势。城镇则为乡村工业提供了交通、通信、信息、供电、供水、排水等公共设施环境，提供了厂际之间技术协作和对外联系的便利，同时它也为乡村工业的深层开发，为向城市这一更大规模、更大弹性的市场扩张和渗透建立了梯度基地。

县城是城乡结合的枢纽，是县域经济成长的发动机和传输机。它起着调节城乡之间的物流、人流、信息流和资金流的作用。县城也是县域经济发展的中心，是连接城乡开放型经济网络的关节点。因此，县城的繁荣就成为县域经济成长的重要条件。集镇是城乡连接的中间环节。它是县域经济网络中直接与农村经济连接的最基层结合点。一方面，它以自己的工业、商业、服务业为农村合作经济、家庭经济提供产前、产中、产后服务。另一方面，集镇又以其积聚的资金、技术、人才直接为种植业、养殖业等农业服务。通过县城、集镇到乡村的这种梯度式传递，从而把农村分散的乡村工业、家庭经营、个体经济等囊括在县域经济的整体功能中。

四、县域经济的研究方法

为了研究县域经济发展演变的规律和存在的诸多问题，必须采用科学的研究方法，其常用方法如下：

（一）实证分析与规范研究相结合

县域经济的研究，首先要解决这样两个问题：一是一县的经济发展状况如何；其经济现象的本质是什么；有几种可供选择的政策方案；如果选择了某种方案，将会带来什么后果？二是一县的经济发展目标应该是什么；面临的经济问题应该怎样解决；什么是值得实现的，什么是值得争取的。前者属于实证分析的范畴，后者属于规范研究的范畴。在县域经济问题的研究中，我们采取的主要研究方法，应是实证分析与规范研究相结合的方法。只有通过对县域经济发展的大量客观现象和历史资料的实证分析，揭示其问题的本质，并提出针对性的解决方案，才能提出科学的价值判断和社会经济目标。

（二）共性分析与个性分析相结合

与其他事物一样，县域经济也有其共性和个性。县域经济的共性，是指县域经济的普遍特征；县域经济的个性，是指不同类型的县各自的特殊性。作为县域经济的共性，县域经济有它共同的特性，经济运行发展也有它们的一般规律。这就要求通过抽象的方法，也就是从具体到一般的方法，来分析县域经济的共同特征与经济发展的一般规律。这种分析对县域经济是有普遍意义的。但是，不同的县（市）其自然地理环境、社会经济条件又各有差异，那么其经济特征与经济运行发展的规律也会有差异。如边远山区县与市郊县的产业结构、沿海经济发达县与内地经济不发达县的对外开放，显然有较大的差异。所以，在研究县域经济时，必须根据不同的县情特点，具体分析不同县的个性及经济运行发展的特殊性，着眼于发展特色经济。

（三）静态分析与动态分析相结合

静态分析是对县域经济在某一时点上的状态进行分析，其主要是对现实状况的分析描述；而动态分析是指在县域经济的运动过程中对其进行分析，主要是把握其变化与发展趋势。研究县域经济必须把静态分析与动态分析结合起来。静态分析是动态分析的基点，没有静态分析，动态分析就失去基础。静态分析的主要指标有：县经济构成、县资源量、县产业结构、人均产量、产值、人均财政收入等；动态分析指标有县经济增长率、人口增长率、财政增长率等。在静态分析与动态分析中，特别要强调的是动态分析。因为经济活动，每时每刻都在发展变化。随着经济的发展变化，县域经济会不断地出现新情况、新问题，原有的发展格局与管理体制会产生不相适应，需要进行调整、改革。显然，只有进行动态分析，才能把握县域经济运动的过去与未来，才能掌握其规律与发展趋势。

（四）定量分析与定性分析相结合

县域经济作为一个有机系统，既有它量的表现，也有它质的规定性。研究县域经济既要分析它的量，也要分析它的质。定量分析与定性分析是研究县域经济“量与质”的两种研究方法。定性分析是定量分析的前提和基础，而定量分析只有建立在大量按质的规定性进行归类统计的资料分析基础之上，才能揭示出事物的内在联系及其发展规律。因为定量分析与定性分析各有其特点，定量分析比较精确，但不易反映事物的本质特征；定性分析反映事物的本质特征与方向，但缺乏精确性。而且由于经济研究不同于物理研究，不可测因素较多，有些问题难以进行精确描述。所以，研究县域经济必须把定量分析与定性分析结合起来。如研究县域经济的发展问题，既要定量分析它的发展水平与发展速度，又要定性分析它的发展重点与整体效益。

（《江西社会科学》2000 年第 3 期）

“入世”对县域经济的影响及对策

中国加入 WTO 的主要障碍已经排除，“入世”近期内可望实现。这对我国的经济、社会、人的观念都将产生深刻影响；对县域经济的发展同样具有较大的影响。因而，在发展县域经济的过程中，针对这种影响，如何趋利避害，是件需要认真对待的事情。

一、充分利用有利因素

由于成员组成的多样化，使世贸组织所代表的多边贸易体制具有较强的吸引力。它可以在复杂多变的世界经济贸易中为其成员带来多方面的利益。集中体现在：有利于促进各成员之间的经贸合作；可降低生活成本，有利于改善人民生活水平；有利于使消费者成为真正的“上帝”；有利于提高各成员国人民的实际收入水平；有利于增加就业；有利于提高经济效率、降低成本；有利于平衡其成员不同利益的需要；有利于提高成员国政府管理效率。这些无疑会给我国经济发展带来更多的发展机会和更大的发展动力，县域经济作为全国经济中的一部分，也将迎来十分有利的发展条件。

1. 推动改革开放向纵深发展，促进社会主义市场经济体制进一步完善。加入 WTO，参与全球经济一体化进程，将有力促使县域经济借助国内的进一步开放和国际的进一步竞争，解决改革动力和发展动力不足的问题，加速县域经济发展过程中所遇到的深层次问题解决的步伐，如企业经营机制转换、产业结构调整、干部群众的市场意识及竞争意识的真正增强，等等，客观上会导致“转轨”期的缩短，促使社会主义市场经济体制的进一步完善。

2. 扩大招商引资。随着全球经济一体化，世界范围内的产业结构在不断调整，发达国家以及一些亚洲新兴工业国向外转移劳动密集型产业。我国沿海发达地区承接这一产业趋势，劳动密集型产业高速发展，并逐步向内地扩展。产业的转移必然伴随着资产和技术的转移。此外，“入世”后，外商的投资领域进一步扩大，县里的资源较为丰富，土地价格和劳动力价格较低，容易激发外商的投资热情。县一级可充分利用这一有利趋势，进一步改善投资环境，一方面直接争取外商投资；另一方面要积极创造条件，主动承接沿海发达地区的产业转移。

3. 加快工业技术进步，推动传统产业的升级。“入世”以后，国外高技术引进条件将进一步放开，国外先进设备进口将进一步放开，国外高新技术企业外资投入进一步加大。这就为县一级利用高新技术和设备改造现有的产业创造了有利条件。

4. 对外贸易的空间进一步扩大。纺织、服装、农副土特产品、食品等劳动密集型产品加工出口的行业将获得更为稳定的贸易环境，可促进县一级对外贸易的发展，也能促进优化县里的产业结构。

二、必须正视不利因素

“入世”后，由于非关税措施关税化、降低关税水平、最低市场准入等措施的实施，将会冲击县域经济中的部分产业。

1. 对县域农业的冲击较大。根据已签署的农业协议，我国目前高达45%的农产品关税将在2004年之前根据农产品的不同种类，降低10%—12%的幅度，平均关税要降至14.5%，还将取消对美国小麦、肉类、柑橘类食品的进口禁令。许多国家、地区的农产品价格低廉，将挤掉我国相当一部分市场，国内农产品市场将受到进口产品的冲击。农副产品卖难问题会愈显突出，部分农户的收入暂时还会降低。

2. 对县域工业造成很大压力。“入世”后，县级企业的产品科技含量低、市场竞争力不强等弊端将进一步暴露出来。尤其是电子产业、化工业、医药行业将受到不同程度的冲击。县域工业必须在重组资产存量、优化产业结构上下真功夫，才能争得主动。

三、应采取的对策

总的来说，“入世”将对县域经济发展产生深远影响，既有有利的方面，也有不利的方面，但利大于弊，机遇大于挑战。凡事预则立，不预则废。发展县域经济必须牢牢抓住这次机遇，采取对策，化弊为利。

1. 县级政府要着力提高管理效率。在世贸组织规则下，一旦成员承诺其某一部分自由化，则很难逆转，世贸组织规则也不鼓励不明智的政策措施出台。对企业来说，则意味着更加确定的和清晰的商业环境，政府必须相应提高运作的透明度，降低企业管理成本。县级政府要按照社会主义市场规律的要求，继续推进政府职能的进一步转变，依法行政，尽量减少政府管理中的随意性，增强决策的科学性，要强化政府的社会服务功能和保障功能，保持稳定的社会环境，促进经济的发展，从容“闯关”。

2. 以市场化、规模化为方向，在农业调整结构、提高质量上下功夫。要注重发展出口导向型农业，特别是着力发展包括绿色食品在内的安全型产品，努力开辟新的国际国内市场空间；着力优化品种结构，把削减水稻种植面积摆到重要的议事日程上来，与此同时，要着手推进农业的专业生产、区域化种植，实现农业的规模化经营；要推进农业产业化战略，搞好农产品的深加工和精加工，大力发展食品工业，解决农产品卖难和转化增值的问题，增加农民收入。

3. 大力推进工业结构的优化升级。要适应市场要求下决心调整产业和产品结构，注重发展“入世”之后竞争压力不大的产品，逐步发展高新技术产品；要加快技术进步，推动传统产业的改造升级；要加快国有企业的改革和发展，坚持有进有退、有所为有所不为的原则，从提高企业的市场竞争力出发，坚持走“靠大联大”“扶优扶强”的路子，同时，要尽快建立现代企业制度，真正放活国有中小企业。

4. 加快发展第三产业。可以预料，“入世”以后，国内外贸易将进一步繁荣，并将刺激第三产业的发展，扩大内需。各县应进行合理的商业布局，搞好小城镇建设，科学合理地建好市场、商业街、大型超市、商场，为迅速繁荣的商贸提供载体，繁荣商贸；有条件的县份要积极发展旅游业，尤其要倡导发展生态旅游。

5. 进一步提高招商引资水平，大力发展非国有经济。要调整策略，重点抓住沿海劳动密集型产业向内地转移的机遇，充分发挥自身的资源优势，大力发展加工贸易型企业，提高就业率，增加城镇居民收入；要改进招商方式，积极开展定向招商、委托招商、网上招商、以商招商；要整治环境，赢得广大外来投资者的信心。个体私营经济先天接近市场经济，并且在招商引资、进出口贸易方面更有吸引力，因而要抓住“入世”的机遇，解放思想，更新观念，建立支持非公有制经济的工作机制，大力发展非公有制经济，使其成为县域经济中重要的组成部分。

（《地方政府管理》2000 年第 5 期）

发展县域经济要有新思路

县是我国经济、社会和行政管理的基本单元和基本地域。县域的稳定和发展，对国家的长治久安有着十分重要的作用。县域经济持续发展是大区域以至全国经济持续发展的基础。国家“十五”计划对县域经济的发展提出了新的要求，也给县域经济发展提供了一个极好的发展机遇。要推动县域经济快速发展，必须贯之以新的精神和态度。

一、牢牢把握制定县域经济发展战略的原则

县域经济发展战略是对县域经济持续、稳定、协调发展的全局性、长远性和关键性问题谋划，也是实施县域经济宏观调节的战略纲领。县域经济的发展能否取得成功，在很大程度上取决于所确定的经济发展战略是否正确。为了保证县域经济发展战略的科学性和可操作性，使县域经济发展战略起到应有的作用，在制定县域经济发展战略中，有一些原则需要坚持。

1. 可持续发展原则。也就是说在县域范围内，以人为中心的主系统和自然、资源环境、经济、社会子系统之间存在着协调的发展关系，既要在不损害后代人满足需要的前提下，建立

最大限度地满足当代人物质和精神需要的县域经济发展模式，同时也不危害和削弱其他区域满足其需求的能力。要切实把经济发展建立在依靠科技进步和提高劳动者素质基础上，注重发展教育事业及建立县域内的科技推广和服务体系，增强发展后劲；要考虑县域自然资源的承载能力和恢复能力，社会经济发展与生态持续能力相协调；要以改善和提高生活质量为目的，与社会进步相适应；要把社会、经济、资源和环境的协调发展看作是一个连续的渐进的发展过程，在一定的时空尺度中，使经济的发展和环境的承受能力相适应。

2. 量力而行原则。也就是说县域经济发展战略的制定，必须依据县域内外的客观实际情况，必须考虑县域内人、财、物、体制等方面的承受能力。要把社会生产各种资源及其利用程度和社会需要的发展程度结合起来，把社会生产的总量及其构成和社会需要的总量和构成结合起来，进行科学的测算和综合平衡。

3. 比较优势原则。在制定县域经济发展战略中一定要分析自身的比较优势在哪里。县域产业、产品结构的安排，一个县不必要搞行行俱全，而应着重发展能充分发挥本地区充裕生产要素作用的那些产业，尽可能避开那些大量需要本地区短缺生产要素的产业。

4. 开放性原则。在制定发展战略中，要具有开放性的理念，学会跳出县域看县域，把县域看作一个开放的系统，把县域经济的发展摆进全球经济、大区域经济的走势中。

5. 动态性原则。在制定发展战略中，要对未来的发展环境以及县域内部本身的一些变革有科学的预期性。一个周密而严谨的发展战略，其作用期应在五年以上，要避免变动频繁，就要考虑到动态性的问题。

二、真正树立“经营县域经济”的理念

所谓“经营县域经济”，就是运用市场经济的手段，对构成县域空间和区域功能载体的自然生成资本、人力作用资本及其相关的延伸资本和其他经济资源要素等进行集聚、重组和营运，即将县域内可以用来经营的各种资源资产化、实现资源配置在容量、结构和秩序上的最大化和最优化，以提升区域价值，实现区域的有形和无形资产的保值增值。而经营县域经济的过程一般有三个阶段：一是寻求新资源；二是把沉淀资源激活；三是通过竞争实现资源收益的最大化。

树立“经营县域经济”理念，就要注意做好以下几个方面的工作。

1. 确立以市场为中心的发展观，建立经济发展的新机制。随着社会主义市场经济体制的建立，市场机制在配置资源中日益明显地发挥着基础性作用。所以，发展县域经济，必须树立以市场为中心的发展观，合理调整经济结构和生产布局，充分发挥比较优势，增强市场竞争能力；必须按照市场经济规则，通过对经济结构、所有制结构、社会组织结构的调整，建立一套适应市场经济要求的县域经济发展新机制。

2. 提高县域经济的外向度。要善于跳出县域看县域，充分

利用国内、国际市场发展自己。

3. 注重整合县域各种资源。认清自身优势塑造县域核心竞争力，并通过各种渠道、方式和手段宣传和促销自己，不断增强县域对国内外各种资源的吸引力。

三、切实找准发展县域经济的抓手

目前县域经济主要问题是：经济总量小、经济运行质量不高、基础设施滞后、人才和技术短缺。要解决这些问题，必须适应形势，找出有效的解决办法。

1. 努力增加经济总量，改善财政状况。物质生产须五大有效投入，即土地、能源、劳动、资源、货币。除盘活自身存量和发挥自身的区位、资源、技术、资本优势外，要把注意力放在招商引资上，扩大开放，借助外力发展自己，要采取“走出本县、敲门招商、不求所有、但求所在、给投资者最大实惠”的办法进行招商引资。注重发展可税产业，在工业、加工型企业和特色农业、订单农业、个私经济上做文章，以产生新的税源、培育新的增长点、增加税收。发展县域经济过程中，要本着“日子要过得去，而且力争过得好一点；面貌要有变化，而且力争变化大一点”的要求安排工作，抓好基础设施建设，特别是交通、通信、能源等方面的建设，切忌浮躁。财政工作既要重视开源，也要重视节流，逐步提高财政收入占 GDP 的比重，优化支出结构，改革支出管理体制，切实防范财政风险，保持县域内各项工作的有序运转。

2. 抓好产业结构调整。在保证农业生产的前提下大力发展第二、第三产业，加快工业化、城镇化进程。调整农业生产结构，促进农产品加工转化增值，提高农业的效益，增加农民收入。尤其要大力发展民营经济，形成多样性的所有制结构。发展民营经济，需要在保护私有产权、改善投资环境、改进企业治理、改善社会信用、减少资金流动的阻力、扩大经营范围、改善融资等方面下功夫。

3. 充分发挥政府的服务职能，为县域经济发展创造良好环境。注意解决政府职能上“越位”“缺位”和“错位”问题。不该管的坚决不管，该管的就要管好。要放松行政管制，减少行政性审批，打破行政垄断，把市场能够解决的问题交给市场去解决。要按市场的法则做政府该做的事情，现在应着重做好科学导向、政策调控、创造环境、协调服务等工作。经济的竞争，实际上是环境的竞争。只有拥有良好的发展环境，才能真正实现县域经济的持续、快速、健康发展。

（《企业经济》2001 年第 12 期）

着力提升县域经济发展水平

在经济全球化、新科技革命、世界范围内的结构调整加速推进的背景下，在国内外宏观经济环境和竞争格局出现新变化的情况下，县域经济正面临着前所未有的机遇和挑战交织的局面。无论是从应对新的机遇和挑战的需要来看，还是从增强县域综合竞争力、促进区域经济共同发展、实现富民强县的需要来看，都必须加快提升县域经济发展水平。

提升县域经济发展水平，前提是思想观念、认识境界的提升。要下决心破除将发展路子固定化的观念，坚持在创新中求发展，以顺应经济与社会发展规律。要跳出县域看县域，开阔视野，寻求良策。要认真落实协调发展的方针，实现经济、政治、文化的全面发展，实现人和环境相协调的可持续发展。

提升县域经济发展水平，就必须尽快走上市场经济轨道。我国经济体制改革的目标，就是要建立社会主义市场经济新体制，县域经济的发展壮大过程，实质上就是走向市场、占领市场的过程。因此，尽快健全社会主义市场经济体制，迅速上轨、接轨、转轨、并轨是县域经济面临的新课题，也是提升县域经济发展水平的必由之路。要加快转变政府职能的步伐，改变“什么工作都可以干，什么工作都可以不干”的局面，明确职责，致力于市场运行的硬件建设，大幅度地降低市场交易及发展的成本；打破部门分割与地区分割，推动经济资源和生产要素的流动；建立市场法律体系与监督体系，保证市场主体、中介组织能够按照市场规则运行，实现按市场机制配置资源。大力培育生产要素市场，着重发展资本市场、房地产市场、劳动力和人才市场、技术市场、信息市场、产权市场，适时地建立和扶持一批多种类的要素中介组织，努力完善要素市场的功能和手段，加强对要素市场的管理，充分发挥要素市场的作用。有力推进社会保障体系的建立，在整个社会保障体系中，特别要加速建立职工养老社会保险、失业社会保险和职工医疗社会保险三大制度。

提升县域经济发展水平，就必须确立以市场为中心的发展观，建立经济发展的新机制。优化产业结构，大力改造和提升传统产业，积极引进和发展新兴产业，使县域产业发展从过去一般水平的数量扩张转向提高竞争力的整体升级。适应多层次的社会生产力发展水平，形成多样性的所有制结构。目前，应当注重扩充工业总量，加速农业经济向工业经济转变；扩大对外开放，加速封闭经济向开放经济转变；壮大个私规模，加速公有经济向民营经济转变；推进产业化经营，加速传统农业向现代农业转变；提高城镇化水平，加速农村经济向城镇经济转变。

提升县域经济发展水平，就必须大力发展特色经济。特色经济是在市场竞争中形成的，在市场分工和竞争中具有比较优势，具有某种不可替代性和较高经济效益，能够可持续发展的专业化经济。立足县域的现实优势，扬长补短，全力培育和发展特色经济，是提升县域经济发展水平的主要途径。只有发展特色经济，才能避免低水平重复和过度竞争，不再重蹈“一哄而上，一哄而下”的覆辙；才能适应市场经济的要求，在市场竞争中求得生存与发展。发展特色经济，需要立足现实的产业和资源优势，并不断推进优势延伸；需要高起点引进新产业，形成新的特色经济。双管齐下，实现优势再造。工业化的一般规律和县域经济发展所处阶段及市场发展空间，决定了相当一部分县市应以劳动密集型产业为主，并注意用高新技术和传统的劳动密集型产业嫁接，以开发经营较高技术含量、具有地方特色的、符合市场发展方向的劳动密集型产品。要明确自身的矿产资源优势、地表资源优势、劳动力成本优势，搞好综合开发和利用，壮大优势产业，推进增长方式的转变，推动产业高级化，实现集约型增长。

（《中国乡镇企业报》2001 年 12 月 27 日）

二、区划体制改革

乡镇机构亟待改革

乡镇是农村基层政权组织，是党和国家各项工作的落脚点，是农村两个文明建设的直接领导者和管理者。搞好乡镇机构改革，对于加强基层政权建设，做好农村的改革、发展、稳定工作有着十分重要的意义。

据调查，近些年来，随着农村各项改革的深化，乡镇在机构设置、人员编制和管理工作等方面出现了许多不适应的情况和问题，主要表现在：

一是机构多，分工细，服务差。近些年，根据上级有关部门要求，乡镇无论大小、定编多少，一般都设有纪检、组织、宣传、人武、办公室、团委、妇联等机构，还成立了民政办、计生办、农经站、教办、乡企办、文化站、广播站等单位。由于这些机构是按照上下对口方式设置的，分工细、效率低，办事相互推诿、相互制约的现象时有发生。有些干部事业心不强，公仆意识淡薄，工作得过且过，敷衍塞责，不思进取，甚至无事生非。一些干部早出晚归，“走读”现象日益突出，导致政府行政管理成本费用高，并且服务质量差，群众意见大。

二是冗员充斥，财政压力大。一般的乡镇有五六十人，多的有百余人。某乡政府机关 54 人中，有财政拨款的 43 人，没有财政拨款的6人，仅部分拨款的5人，而乡财政预算乡机关人员工资总额为29万元，实际支付工资总额为42万元，每年缺口达13万元。目前，许多乡镇年度财政出现赤字，加上历年欠款，致使财政困难的压力越来越大。由于财政困难，不少乡镇干部工资不能按时足额发放，福利待遇中应发的部分如独生子女费、降温费、烤火费乃至普调后的增资部分也不能到位。而乡镇政府机关工作人员身份繁杂，有国家干部、合同制干部、工人、合同工、临时工、聘用人员，等等。其中有的人素质不高、作风不正，管理难度较大。经费短缺，往往“皇粮”不够“杂粮”补，“三乱”现象时有发生，农民负担加重，投资环境也难以优化。

三是“官兵”比例不当，行政效率不高。除了书记、乡镇长，还有副书记、副乡长若干，纪委书记、武装部长、组织员、宣传员、人大主席团副主席、党委委员、调研员等，一般有十几个，多的二三十个。某乡机关行政编制28人，其中副科级以上在职党政领导13人，非在职的副科级的干部8人，占机关行政干部的75%，即使将代管人员和临时工计算在内，“官兵”比例也达39%。由于领导过多，致使领导层次增加和领导难度增大，同时具体办事人员数量减少，导致行政效率不高。

四是派驻的机构和人员多，条块分割。有人说“条条是火，块块是水”，此话有些以偏概全，但条块之间的矛盾的确长期存在。在乡镇一级，县直有关部门普遍设有税务所、财政所、工商所、公安派出所、法庭、粮管所、信用社、兽医站等十多个机构，这些单位工作在乡镇，但人员的管理却不归乡镇，使乡镇难以综合协调，相互扯皮的事不少。

五是部分村级基层组织不健全，软弱涣散。村党支部没有发挥核心领导的作用，村委会没能起到自治作用，加上乡镇政府仍然习惯于计划经济年代的行政管理模式，凡事均采取行政命令的方式进行，致使工作难度大，乡镇干部工作压力不断增大。

针对上述问题，对乡镇机构进行改革，已是势在必行。

第一，积极稳妥地推进撤乡建镇工作。对人口偏少、地域及经济总量偏小的乡，应采取两合一、三合一、一个乡分为几块并入其他乡镇的做法，撤小乡建大镇。这样，有利于发挥聚集效应，并将推动农村工业化进程；有利于精减乡级机构、降低领导成本、减轻农民负担。与此同时，对人口不足1000人的村委会，也应采取并村措施，扩大村级规模。

第二，转变职能，精简机构。乡镇一级党政的责任，从根本上来说，应是："保一方平安，富一方群众。"当务之急要围绕"激活基层经济细胞"这个主题，抓好"高效农业、个私经济、小城镇建设、民间流通"这四个重点，解决好当前阻碍经济发展的主要问题。要按照市场经济的要求，运用市场手段抓乡镇经济的发展。要抓好乡镇班子建设和村党支部建设，要处理好乡镇政府与村委会的关系，将领导与被领导关系改变为指导与被指导关系，乡镇政府不得干预依法属于村民自治范围内的事项。做到该管的就认真管好，不该管的就坚决不管。在机构设置上应遵循以下原则：一是精简、效能的原则；二是职权确定的原则；三是整体统一的原则；四是参与管理的原则；五是因地因事制宜的原则。建议根据职能、工作性质重新组合新的内设机构，乡镇内设机构可分成以下几个办公室：党政办公室，负责党建、村建、机关内务、后勤等工作；社会事务办公室，负责土管、民政、社会治安等工作；农村中心工作办公室，负责各类经济目标任务、计划生育等工作；小城镇及企业发展办公室，负责小城镇建设、乡镇企业发展管理等工作。这样，使各机构各司其职，各负其责，有利于协调工作，减少管理层次，提高行政效率，实现“两手抓、两手都要硬”的工作格局。与此同时，要强化乡镇是一级政权组织的意识，使其真正享有有关法律规定的各项职权。县直有关部门设在乡镇的机构和人员，一般应下决心下放给乡镇管理，以改变条块分割体制，理顺县乡关系。

第三，消肿减员，合理配备人员。可根据经济发展水平、人口、面积等因素，将乡镇划分为大、中、小三类。在人员配置上不搞上下对口，不搞一事一职。大乡镇的人员控制在 45 人以内为宜，中等乡镇的人员控制在 30 人以内为宜，小乡镇的人员控制在 15 人左右为宜，并明确设置岗位数量、每个岗位职责、每个岗位配置人员数量。确定后不能随意改变，变因人设岗为因岗设人。对现有人员，要积极引导、采取果断措施予以精简。其主要方法有：清除乡镇临时工；对年龄偏大、身体较差的干部职工，允许其提前退休；有培养前途的年轻干部可选派到村里任职；实行部分转岗，如国家将全面实行费改税政策，可将一部分乡镇人员转入财税部门以充实财税干部队伍；减少财政供养人员，如农技、兽医、文化等干部可依法允许其开展有偿技术服务；分流干部办经济实体或从事农副产品流通促销工作。

第四，改革干部制度，减少领导职数。鉴于乡镇工作的重要性、繁重性，乡镇机关不在员多而在得人。应严把进入关，要注意选派大中专院校毕业生到乡镇机关工作。各乡镇机关要引进竞争机制，建立干部能上能下、能进能出、能官能民的管理机制。要改变乡镇机关“官”多“兵”少的状况，减少领导职数。在乡镇一级，党政分不开也分不清，不宜过多强调。规模不是很大的乡镇，书记、乡镇长可由一人担任。在领导干部配备上，宜合不宜分。

第五，切实转变干部作风。乡镇是我国的基层政权组织，处于承上启下的地位。乡镇干部的作风如何、形象怎样，直接关系党和政府的形象。乡镇干部要根据农业和农村经济发展要求，树立从市场抓起、从流通抓起、以流通促生产的指导思想，注重引导农民进入市场，并搞好流通领域的各项服务；从催耕、催种、催收向示范、引导改变，由行政命令向做好服务转变；认真贯彻落实党的农村政策，善待群众，关心群众疾苦，遇事同群众商量，搞好政务分开，善于做细致的思想工作，认真保护农民利益，真正成为群众的贴心人。

（《内部论坛》总第429期）

积极稳妥地推进县级机构改革

1999年年初，中共中央、国务院颁发了《关于地方政府机构改革的意见》，决定全面推开地方政府机构改革。通过改革，建立办事高效、运转协调、行为规范的行政管理体系，完善国家公务员制度，建立高素质的专业化行政管理干部队伍，逐步建立适应社会主义市场经济体制的有中国特色的地方行政管理体制。而县级机构在整个行政体系中有着较为特殊的地位，县级机构改革的成效如何，不仅是地方经济社会发展的直接影响因素，而且是整个机构改革最终成功与否的重要标志。为此，积极稳妥地推进县级机构改革，要做到五个“必须”。

一、必须具有改革的胆识和勇气

机构改革是一项复杂的社会系统工程，涉及方方面面。必须充分估计到县级机构改革涉及部门、个人等各方面的利益调整给社会带来的深层影响力；必须充分估计到县级机构改革要触动一部分人的利益必然会受到较大阻力而具有的艰巨性。要真正做好此项工作，首先要增强县级机构改革的紧迫性和坚定性，从而具有改革的胆识和勇气。应当清醒地看到，县级机构的现状与建立社会主义市场经济体制的要求还很不适应，存在许多弊端，已经到了非改革不可的地步。具体表现在：首先，机构庞大，职责不明，政出多门，矛盾重重，严重影响政府职能的发挥；其次，政府职能不合理，管了许多“不该管”的事，管了许多“管不好”的事，管了许多“管不了”的事，妨碍了社会主义市场经济的发展，尤其是政企不分，权责不一，阻碍了企业改革的进一步深入；再次，十羊九牧，人浮于事，效率低下，财政负担日益加重，政府对社会经济的有效管理严重弱化，行政机关形象受到损害，经济建设和社会发展受到制约；最后，“公仆”意识淡薄，部门利益膨胀，助长了行业不正之风，“三乱”现象愈演愈烈，经济发展软环境难以优化。

二、必须坚持稳中求进的工作方针

县一级的机构设置、机构职能、人员队伍等方面存在的问题不是一朝一夕形成的，与经济、政治、社会、文化等各方面有着千丝万缕的联系，希望改革一步到位，毕其功于一役，既不现实也不可能，县级机构改革只能走一条渐进的道路。既要有明确的目标要求，又要有领导、有步骤、由上而下、分阶段地进行。要因地制宜，借鉴中央及省级机构改革的成功经验，始终注意把机构改革同推进社会经济发展、保持社会政治稳定统筹安排。要通过加强组织领导和耐心细致的工作，切实做到机关思想不散，秩序不乱，国有财产不流失，人员妥善安排，工作正常运转并能较快地过渡到新的机构格局。

三、必须以转变政府职能为重点

这次机构改革中，精兵简政是一项硬任务。但不可把精简同改革等同起来，改革的关键在于转变政府职能。只有在转变职能的基础上进行精简，机构改革的目标才能顺利实现，机构精简的成果才能得以巩固。我们不应忘记，县级机构分别于1982年、1988年和1993年进行了三次规模较大的改革，特别是1993年的机构改革，在转换职能上作了很大的努力，但囿于历史条件的制约和宏观环境的限制，还是未能完全摆脱“精简—膨胀—再精简—再膨胀”的怪圈。究其原因，其根本症结在于没有把转变职能作为中心环节来抓。一是界定政府职能是机构改革的首要任务。机构改革的“三定”首先是定职能，这是前提条件。只有搞清职能，才能搞好定机构、定编制。机构是职能的载体，职能是机构的灵魂。只有具有某项职能，才谈得上设置相应的机构，而且职能的增强或减弱决定着机构规模的大小和人员编制的多少。在经济体制和经济增长方式的两个转变中，由于新旧体制的交替作用，新的经济体制和管理模式尚未成熟，旧的经济体制和管理模式没有被完全打破，因此要搞清政府职能范畴，是相当复杂、艰巨的，而且职能界定也是一个逐步探索的过程。但县级政府职能界定应遵循与经济体制改革相配套的原则、适应民主政治建设要求的原则、符合行政管理的自身规律的原则、实事求是的原则；应认真处理好政府干预与市场调节的关系、政府管理与企业行为的关系、政府职能与事业单位及社会中介组织作用的关系、上下级政府之间的关系、地方政府职能与党委职能之间的关系。二是要明确在市场经济条件下县级政府该干的事情是什么。概括地讲，就是用经济、法律手段调节经济、管理社会、搞好公共服务。要真正做到政企分开、政事分开、政社会开。该下放的权力坚决下放。放权才能简政，简政必须放权。在现代市场经济条件下，县级政府的经济行为主要是：宏观总量调控和结构调整，制定符合县域经济发展需要的“游戏规则”，直接和间接参与经济活动等。要加大经济体制改革的力度，特别是进行产权制度改革，并辅之以社会保险、公务员、住房、医疗等项制度的全面改革。只有这样，政府才能真正做到不直接干预企业的生产经营，干部也才能真正做到能上能下，能进能出。

四、必须建立健全机构编制的约束机制

这次县级机构改革完成以后，应以立法的形式将编制、职数、岗位、考核等最容易“反弹”的因素以行政法规的方式予以确认。要增强财政预算对机构编制的硬约束作用，当前特别是要加强预算外资金管理，清理政府及其部门的各种收费项目，严格执行“收支两条线”，通过“费改税”，规范行政事业性收费管理制度。加强机构编制的审计控制，编制执法情况应列入任期审计内容，实行编制责任离任交接制度。要建立机构编制责任的奖惩机制，对违反机构编制管理的行为要严格追究有关责任人的纪律和法律责任。

五、必须把解决干部出路与发展经济结合起来

县级机构改革的难点同样是做好“人”这篇文章。人往哪里去？始终是桩大事。只有妥善安排富余人员，使他们各得其所，各有所用，有一个合理的去向，精兵简政才可能实现。否则，迁走的“神”还要回来，拆掉的“庙”还要重建。要突破就精简谈精简的模式，把机构改革同发展经济结合起来，打通干部流向经济领域的通道。应当充分考虑当前干部的实际利益和心理承受能力，在干部的分流方式上采取“先修渠后放水”或“边修渠边放水”的办法，针对不同情况，通过带职分流、定向培训、加强企业和社会中介组织等方式，将干部向所有能用的地方分流。与此同时，要十分注重建立健全人才竞争激励机制，使能者上、庸者下，优者用、劣者汰，从而造就一支高素质的行政管理队伍。

（《内部论坛》总第431期）

努力完善市领导县体制

众所皆知，行政区划是经济、政治和社会的综合产物。我国地区的设立主要是因为省域过大、省直接管县有困难，按宪法规定，地区不是一级行政区划建制，而是省（自治区）的派出机构。但实际上，地区基本上在行使一级政权建制职能，并且在管理地方经济、社会事务方面发挥了重要的积极作用。改革开放以来，为促进城乡经济的协调发展、以城带乡，加快中心城市建设并发挥中心城市的辐射功能，更好地带动周边地域的经济发展，加快二、三产业发展，全国加快了撤地建市或地市合并的步伐，逐步实行了市领导县的体制。

市领导县的体制从总体上看积极作用占主导地位。一是有利于实现城乡经济统一规划布局，可以推动城乡一体化的进程；二是有利于促进中等城市建设，发挥中心城市的辐射和吸引作用，进一步促进城乡经济联合发展，形成比翼齐飞的良好局面；三是有利于疏通渠道，活跃城乡市场，刺激消费，扩大内需；四是有利于推动农村第二步改革深化，进一步吸收、消化农村大批富余劳动力，促进农村剩余劳动力的有序转移；五是有利于加快贫困县乡的经济开发，带动其经济的发展；六是有利于改革行政区划体制的长远战略。从实践来看，效果也是好的。江苏、辽宁、广东三省是全国最早全面推行市领导县体制的省份，这三个省的经济发展都居全国前列。另外，从一些地方在地改市前后 5 年到 10 年的经济发展建设比较看，地改市、实行市领导县体制后的发展速度明显快于地区体制时期的速度。

但市领导县的体制毕竟是市场经济体制还不健全的产物，确实也存在一些问题。主要表现在：第一，条块分割未能彻底解决，倘若“度”把握不好，将会束缚县的主动性、积极性和创造性的发挥；第二，客观上增强了一级政权管理层次，如果“越位”或“不到位”，将不利于政府机构高效运转；第三，工作任务繁重，市级领导精力易分散，不利于集中力量抓好城市本身的建设和发展，也容易产生厚城薄乡、重工轻农的现象；第四，由于基本沿袭原地区“区划”，容易造成“小马拉大车”“大马拉小车”“好马不拉车”的现象。总之，地改市、实行市领导县体制利大于弊，关键在于如何趋利避害。

在社会主义市场经济条件下市一级如何扬长避短，充分发挥其在发展和繁荣区域经济中的作用，是一个非常现实的重大课题。笔者以为，应当注意解决好以下几个方面的问题。

一是要加快建立社会主义市场经济体制。注重建设市场体制的微观基础，主要是大力发展非国有企业和确立市场体制的产权制度基础；建设全面的市场体系，完善竞争结构；建立规范的财税体制和良好的信誉机制；建设市场体制需要的民主政治过程和文化体系。当前，尤其要注意弥补市场缺陷，如：维护市场竞争的公平秩序，保护生态环境，提供公共物品和服务，建立社会保障体系，直接经营好一些非竞争性产业，控制人口增长，扶持企业发展，提供良好的教育体系，通过转移支付和特殊政策来缓解市辖范围内的经济差距，等等。

二是要积极探索出一套能够充分发挥县级政府积极性和创造性的管理方式和办法。一方面，市政府要对全市经济进行宏观管理，使整个社会的资源在全市范围内得到最优配置，在全市范围内进行制度创新，努力废除各种不适应市场经济发展和社会进步的制度规则，尽快建立和执行各种适应市场经济发展和社会进步的制度规则。另一方面，要特别注意给予县一级相当的柔性空间，充分调动和发挥县一级的积极性和重要作用。要建立科学的用人、管人机制，积极鼓励支持县级领导从事改革活动；建立对县一级规范的财税制度，不能采取杀鸡取卵的做法而置县域经济的未来于不顾；按市场化的方向，将所有应该由县里才能用好的权力交给县里，要自律管好自己和自己的部属不能伸手向县里的各种单位要钱、要物。

三是要重视全市经济发展战略的制定和完善，搞好产业布局，促进经济发展。作为市一级，应该从三个层次来观察经济形势：第一层是全省形势；第二层是全国形势；第三层是全球形势。但主要是应看清全国和全省的经济形势。因而在制定和完善经济发展战略过程中，要坚持充分发挥本市优势和国民经济发展相结合的原则，坚持非均衡发展和均衡发展相结合原则，坚持开放的原则，坚持改革和发展相结合的原则，坚持本市经济现状与远景发展相结合的原则，坚持经济效益、社会效益和生态效益兼顾的原则。现阶段经济发展战略核心应当是：首先，进一步巩固、扩大优势产业部门，充分利用“规模经济”，降低产品成本，增强价格竞争能力，同时重视非价格竞争，不断开拓市场，扩大本市优势产业产品在国内外市场的占有率；其次，围绕优势产业发展的前向、后向、侧向的关联产业，形成结构效益良好的产业系列；再次，及时分析和掌握发达地区要素价格和产业结构变化的趋势，对其效益递减或即将“外溢”扩散的产业，抢先建立或移入，引进技术加以改进创新，培植市内新的产业，以增加本市经济发展新的推动力和市内“部门储备”，提高全市经济的结构弹性，避免支柱产业过分单一；最后，重视第三产业的发展，尤其要大力发展新兴的第三产业，尽快提高第三产业在国民经济中的比重。

四是要注重增强城市的中心作用，积极推进城市化进程。区域经济发展过程中最核心的要素是中心增长极（城市）的集聚功能与激化扩散机制。与此同时，扩大城镇规模，可促进工业化进程和城市化进程，可推动经济增长，开辟发展空间，可打破“二元结构”。第一，要采取措施加大城市建设力度，强化中心功能，提高城市的规模和水平，加强其作为经济网络中心的组织领导作用。通过增长极的发展，带动整个区域经济全面地发展。第二，要有计划、有组织地将市区内的工业企业迁至郊区和县里，市区集中精力发展第三产业。第三，要加快人口集聚，现阶段市区人口每年吸纳、增加 3 万—5 万人为宜。这不是说要把城市搞得很臃肿庞大，但没有一定的城市人口，就不可能有带动经济发展的市场。第四，县驻地城镇要结合发展县域经济建设，因地制宜，合理规划，搞好基础设施建设，加快产业和人口集聚，完善城市功能。与此同时，要采取撤乡建镇、撤并小乡小镇扩大重点镇规模的措施，各县应选择 1—3 个中心镇加以重点扶持，促进其更快发展。

（《江西政报》2000 年第 14 期）

关于撤乡设镇的几点思考

一、撤乡设镇的必要性

随着社会主义市场经济体制的建立和不断完善，乡（镇）一级的区划体制与农村社会经济发展不相适应的矛盾日益突出。主要体现在：一是部分乡域范围小、规模小、经济总量少，产业结构不合理，自身积累严重不足，从而影响了乡村经济、社会事业的发展。某县12个乡镇，其中乡域面积少于50平方公里的乡镇有6个，有的乡只有22.2平方公里；人口不足1万人的乡镇有10个，最少的不足3000人；年财政总收入低于50万元的乡镇有7个，最少的仅19万元。大多数规模偏小的乡，乡政府驻地的基础设施、城镇面貌都比较差，文化、教育、卫生方面欠账多，且迟迟得不到改善，而乡干部数量仍然难以减少，客观上造成乡干部待遇难落实，并且导致农民负担不断加重。类似种种，严重制约了农村社会经济的发展。二是现有的资源得不到合理的开发利用。不少乡受原区划体制的限制，生产要素难以按市场需求进行有效配置，土地、水、矿藏等自然资源得不到合理的开发利用，招商引资工作也往往是举步维艰，特别是在乡镇之间经济贫富差距不断扩大的情况下，这一矛盾日益突出。三是乡镇经济发展不平衡，贫富差距拉大，将会影响农村社会的稳定。而通过区划变动，使产权和利益关系重组，降低交易成本，从机制和组织上给贫困乡创造良好的发展条件和发展机会，促进其社会经济发展。四是乡级规模小，致使县辖乡镇数往往偏多，常常出现“小马拉大车”的现象，县级的指导、调控、辐射功能受到削弱。在社会主义市场条件下，一般县所辖乡镇在 20 个左右为宜，乡镇规模应在 2 万至 3 万人为最佳。

九届二次人大会议上的《政府工作报告》中指出：“加快小城镇建设，是经济社会发展的一个大战略。”改革开放以来，我省建制镇得到较快发展，尤其是 1984 年起，建制镇以年均 13.6% 的速度发展，到 1998 年全省共有建制镇 676 个，占乡镇总数 1821 个的 37.1%，平均每 247 平方公里一个建制镇，密度最大的为萍乡市，密度最小的为赣州市。实践证明，撤乡设镇举措的实施，适应了新时期农村市场经济发展的需要，使土地、劳动力、资金、技术等生产要素重新优化配置，进一步解放并促进了农村生产力的发展，使农村社会结构包括农村社会组织结构在市场经济中获得了新的发展；加强了农村基层政权建设，调动了广大干部和群众的积极性，取得了明显的社会和经济效益。尤其是在小城镇建设方面起到了巨大的推动作用。事实表明，撤乡设镇有利于提高知名度，扩大招商引资的成果；有利于乡镇企业和第三产业的发展；有利于发展多种经济，实现农业产业化，促进财政增长、农民增收；有利于提高城市文化水平，加快小城镇建设步伐，缩小城乡差别。

二、撤乡设镇过程中应注意的几个问题

乡（镇）区划的调整是一个十分复杂而敏感的系统工程，必须以邓小平理论和党的基本路线为指针，以《国务院关于行政区划管理的规定》为依据，坚持从实际出发，尊重民意，尊重历史，紧紧围绕经济建设这个中心，稳妥有序地开展撤乡设镇工作。

第一，要认真制定撤乡设镇的规划。根据江西省的具体情况，建议到2000年，江西省建制镇数量应努力达到730个；到2010年达到840个；2020年达到970个以上。届时，使全省的城镇化水平达到54%以上。在城镇空间布局上，着重考虑沿长江、京九、浙赣铁路布局和沿323、206、316、320国道布局。这两块区域建镇数量应高出全省平均水平的10%—15%为宜。各地应严格按有关标准和程序操作，切不可一哄而起，搞形式主义。

第二，要搞好试点、稳步推进。要虚心听取当地干部群众的意见，做好宣传教育工作，统一思想，提高认识。通过试点，掌握规律和实施的办法及步骤，再逐步推广。

第三，要因地制宜，科学制定调整方案。各地情况千差万别，应区别对待，分类指导，力求模式多样。要始终坚持以区域经济社会发展的客观要求及潜在需求为主导原则，综合考虑区位、地缘关系、历史基础、自然条件和资源组合、领导班子建设等因素。采取两乡合一、三乡合一、一个乡分为几块分别并入其他镇、保持原区划不变等形式。此外，对2万人口以下的镇

（我省有 226 个，人口 313. 63 万人，镇平均人口 1. 3877 万人），应在调整过程中予以适当扩大。

第四，要精兵简政，优化乡村领导班子，注重社会稳定。应抓住撤乡设镇的机遇，合理设置机构，控制人员，减少支出，对镇机关超编人员加以清理和分流。加强班子建设，全面提高乡村干部队伍素质。特别是对规模不足 1000 人的村，或村支部和村委会软弱涣散、本村又选不出得力村干部，应采取并村措施，扩大村级规模。

第五，在建镇以后，要从转变观念抓起，突破旧的思维定势，特别要放开户籍管理，搞好农村剩余劳动力转移；要从市场入手，突出发展特色农业，搞好农业产业化；要加大招商引资力度，大力扶持发展乡镇企业和私营企业；要坚持走“以路带房，以房兴路，路房结合，综合开发，配套建设”的新路子，有计划、有目的地进行小城镇建设开发，尽快建立市场载体，完善市场体系，搞好农村商品流通，促进乡镇经济的发展；要搞好基础设施建设，大力发展文化、教育、卫生事业，并适时调整所辖范围卫生院、各类学校等方面的网点布局，以谋求更大的效益。

（《江西日报》1999 年 11 月 2 日）

社会主义市场经济条件下县级行政规模究竟应多大

我国县级行政建制，历史悠久。自秦实行郡县制以来，它始终既是我国的基层行政区，又是基本的经济区域，是一级相对独立、完整的行政经济区域。县这个层次，处于宏观与微观、上层与基层的衔接点，是城市与乡村的结合部，它既是以中央为主体的宏观调控体系中的基础性层次，又是最为接近微观经济组织的前沿指挥部，起到承上启下、连接城乡的作用。随着社会主义市场经济体制的建立和完善，不少县级经济已成为功能完备的经济系统，成为国民经济的重要层次。因此，与之相关的行政区划问题越来越突出。

众所皆知，行政区划是一个国家为了便于行政管理，便于行使国家各种职能而划分的多级行政区域。长期以来，行政区划往往只是参考地理条件、历史传统、民族分布和经济联系等状况来进行操作。这就导致县级行政规模参差不一，面积过大或过小，人口过多或过少的问题较为普遍存在。而在封建社会自给自足的小农经济时期，以及计划经济年代，国家实行统收统支，县级规模是否适当，矛盾并不是十分突出，所以对县级行政区域划分研究得不够，也未能进行较大幅度的带有根本性的改革和调整。县制不但建制稳定，而且数量也相当稳定。

在社会主义市场经济条件下，县不仅仍然是重要的行政领导层次，更是重要的经济单元。县域经济的发展问题，不仅直接关系到县级本身的稳定和繁荣，并且严重影响全省、全国经济总量的增加、经济运行质量的提高和现代化建设的进程。所谓“县域”，从某种意义上来说，其实就是指县的规模，主要应包含三个要素：人口、面积、经济总量。而一切经济问题的核心在于如何充分而合理地配置现有的资源，提高资源的利用效率。很显然，采取措施，使县级行政规模达到一定的量，是对资源的隶属关系和产权的重新组合，使原来只在小范围配置、使用的资源和生产要素，有可能在较大范围内重组，不均衡的生产要素，在新的空间范围内以最低的交易成本得以更新配置，从而形成合理、高效的组合，创造出更大的规模效益，产生新的经济增长点，形成新的利益机制，从制度上长久地支持县域经济的发展。以江西省为例，84 个县市中，山区县市 41 个，丘陵县市 25 个，平原县市 18 个；就人口而言，大县超过百万，小县则不足 10 万；面积悬殊就更大，有的县域面积仅 609 平方公里，有的达 4503 平方公里。由于传统观念的影响，长期以来人们对于一些区划过小的县，多半是看其优点，认为幅员紧凑，便于管理，情况一般不太复杂，出不了什么大问题，等等。但是，随着社会主义市场经济体制的建立和发展，县过小的种种弊端日益显现出来。一是规模过小，经济总量严重不足，经济结构单一，且难以优化，使之很难适应市场经济的要求。发展工业、第三产业及小城镇建设缺乏应有的人流、物流，更缺乏自筹资金的能力。搞农业产业化缺乏规模，难成气候，往往处于简单重复、勉强维持的状况，导致其各类经济形不成规模。而没有规模效益，就根本谈不上经济效益和社会效益。使之与具有一定规模的县份的发展水平差距越拉越大。二是腹地太小，在遇到一些自然灾害时没有回旋的余地，缺乏起码的抵御和自我调节能力。三是构不成群体财源，税源很小，财力难集中，想办一些事情往往力不从心。尤其是交通、水利、电力、城建等基础设施建设以及教育、科技、文化、卫生等社会事业的发展受到资金不足的制约，很难有所改观，致使其发展缺乏后劲。四是机构多、干部人数多，政府管理的成本费用高，工资难以及时发放，工作运转难。一个县，县委、人大、政府、政协等几套班子人员及部、委、办、局样样都得有，不论县大县小，人员编制基本相同，有的小县财政负担不堪重负，全县总人口与“吃皇粮”的比例高达 24∶1。这样，一方面整个财政收入尚不够维持干部工资发放、行政经费支出；另一方面不少干部无用武之地，浪费人力，有的单位为了“生存”，乱收费、乱罚款现象时有发生，经济的发展环境难以优化，企业及农民的负担不断加重。

那么，到底县级行政规模应该多大？由于边疆与内地、山区与平原情况相差悬殊，县的规模不可能一个模式。边疆一些县面积很大，但人口稀少；而内地平原人口较多的县，面积不一定很大。可见，面积与人口，在县的设置中，有的要考虑两者，有的只能侧重一点。但一般来说，在社会主义市场经济条件下，根据县域经济发展的客观要求及其内在运行规律，一个县的总面积应在 1500 平方公里左右，人口 50 万左右为宜。随着市场经济的发展和政治体制改革的需要，应采取果断措施，及时调整县级行政规模。一是合二为一，即撤销一县并入另一县，特别是那些历史上就是一个经济区域，在经济文化习惯相同的邻近县，有的还曾是一个县，可采取合并的做法。二是发展小城市兼并县，把那些小而穷，自身活力不强的县，撤销建制，划归附近经济实力较强的县级市（或县）。三是根据优势互补的原则，合数县为一县，或把一县分若干份，分别并入几个县之中。我们应当看到，这种调整绝不是简单的“1 +1”，其产生的效益将是长远的，是不花一分钱便可产生出“1 +1 >2”效应的大好事，理当予以高度重视。当然，各地的情况千差万别，在具体实施过程中，一定要从实际出发，积极慎重，科学论证，稳步推进。

（《走进新时代》2000 年第 1 期）

三、区域经济

树立“纳税意识”

税收是国家收入的主要来源。因此，一定意义上说，税的意识，就是国家意识的体现。然而在我们国家，税的意识很淡薄。主要表现在：有的社会成员不知税为何物，不知道自己在实际生活中会涉及哪些税，因而未能自觉缴纳；有的社会成员不是依法行事，而是依环境行事，看别人缴自己也缴，看别人不缴自己也不缴；有的社会成员受物质利益的驱动，明知该缴税而故意不缴或少缴，甚至以逃税、漏税和避税为能事。

遗憾的是，现在有一种观点认为，国人的纳税意识淡薄，源于中国没有纳税的历史传统。这实在冤枉古人。其实，我国古代有许多值得称道的纳税传统。一是非常重视纳税宣传和纳税教育，把培养纳税意识放在重要地位。历代君主的诏令告谕和各级官衙有许多劝税榜文，民间也有不少理财治家的家训、世范、族规和乡约。二是注意规范纳税行为，不断强化纳税意识。明代徐三省《世事通考》所辑“钱粮收帖格式”和清末蔡申之《清代州县故事》中收集的县衙“户房税帖”，不仅详列纳税人、纳税对象和税目、税额等具体内容，而且都有“一应收完，恐后无凭，立此收帖存照”的完税证明。三是在长期的现实生活和传统教育双重影响下，我国古代社会形成了依法纳税是无可逃于天地间的义务观念。

古代培养纳税意识的一些做法，现在仍要借鉴和弘扬。要加大宣传教育力度，使国人能充分认识到依法纳税是实现富国强民的重要手段，是爱国的具体体现，使人人都能自觉依法纳税；要完善税收体系，严密执法，堵塞漏洞，防止纳税人有空可钻；立法、执法、司法等方面紧密配合，严厉打击偷税、漏税、避税、抗税等行为。

（《井冈山报》1998 年 7 月 17 日）

在扩总量盘存量上求突破

当前能否抓住国家改善投资环境的良机，较快较好地扩充经济总量、盘活现有存量，对于经济欠发达地区尤其是贫困地区进一步加快发展至关重要。面对经济规模小、总量严重不足、抗风险能力差的落后现状，我们务必以“人一之，我十之”的精神和超常规的速度在扩总量、盘存量上求突破。

扩总量，当务之急就是要积极借助外力，做好争项目、引资金、招客商工作。中央已经明确，未来 3 年全国固定资产投资规模将达到 7500 亿美元。短期内如此之大的投入，可谓千载难逢。为此，必须立足本地区，跳出本地区，紧盯国家经济产业项目，把握时机，加大“跑部进省”的力度，凡有条件靠上国家政策的项目，有可能争取到的资金，就一定要用“跑破脚皮，磨破嘴皮，饿着肚皮”的韧劲奋力地去争取。“君子生非异也、而善借于物。”贫困地区在任何时候都要十分重视借助外力扩充总量，发展自己。

盘存量，必须破除条块分割、画地为牢的狭隘保守意识，进一步树立效益至上、全局一盘棋的观念，在优化资源配置、搞好存量资产流动和重组上下功夫。一方面要突出特有、特色、特产，挖掘和开发本地资源优势，全面加大盘活资源力度；另一方面要清理好现有的闲置、半闲置固定资产，确定好固定资产出让转移的方式方法，宜租则租，宜股则股，宜售则售，千方百计实现资产的有效流动和重组，使其发挥出“1 +1 >2”的效应。

（《井冈山报》1998 年 9 月 7 日）

正确解读“经营城市”

城市是经济、政治、文化的中心。城市承载着 GDP 的 90%、全球人口的 60%，是一个国家和民族对外开放的窗口、商品国际交换的平台。它决定着整个国家和地区的竞争力。在推进工业化、城市化的过程中，城市的经济工作、城市的发展起着至关重要的作用。在市场经济体制下，城市作为政府最大的一笔国有资产，越来越受到城市政府的高度重视，纷纷把“经营城市”作为建设现代城市的支点，并且收到了较好的效果。

所谓“经营城市”，就是把市场经济中的经营意识、经营机制和经营方式等运用到城市建设和管理上，对城市资产进行集聚、重组和营运，实现城市资源的有效配置和效益的最大化、最优化。经营城市是对城市传统的投资、建设和管理体制进行市场化改革和运作，是市场经济体制下城市建设的一种新理念和新模式。经营城市的主体是政府，是政府从城市的公众利益出发，为改善城市环境、促进城市发展所进行的一种经济活动。经营城市的客体是城市资产，包括城市的土地、市政设施等有形资产和依附于其上的名称、形象等，以及科学、现代城市规划和管理所形成的无形资产。经营城市的过程，就是使各种城市资产进入市场，实现其潜在价值并促进其增值的全过程。经营城市要素主要包括：土地资本、城市环境、产业资本、无形资本。实践表明，通过“经营城市”，使各类资源得到有效配置，增加了政府的财力，实现了市政、公用事业经营管理的市场化，使城市的水、电、路、桥、绿化、美化、亮化等一系列基础设施得到明显改善，改善了城市的生活、生产环境，为招商引资创造了更好的条件。

但需要明确的是，经营城市并不是城市经济工作的主战场。从城市经济工作的角度出发，城市经济工作的关键要看能不能创造更多的有效供给，从而获取更多的货币收入。所以，从这个角度看，经营城市理念支持下的城市建设，毕竟还只是城市经济工作的外围战，并不是主战场。培育有效供给的创造能力，才是城市经济工作的根本之所在。而有效供给的创造能力的诸因素中，最重要的是人力资本，如何激发和形成有利于人的创新精神和创新活动的社会环境才是重中之重。而培育创新力量，最重要的就是鼓励人的创新精神，鼓励人们创业，形成崇尚创业的社会人文环境。因此，在经营城市的同时，必须把创造适销对路的商品与服务、实现地区收益的稳定增长作为城市经济工作的立足点。千万不可只把“经营城市”作为从事城市经济工作的主要手段。

作为城市的管理者，需要时刻把注意力放在提高城市的竞争力上。而城市竞争力，主要是指一个城市在发展过程中与城市相比较所具有吸引、争夺、拥有和转化资源，占领和控制市场，以创造价值为其居民提供福利的能力。城市竞争力是一个复杂的混沌系统，其众多的要素和环境子系统以不同的方式存在，共同集合构成城市综合竞争力，创造城市价值。概括地表示：城市竞争力＝F（硬实力、软实力）。其中，硬实力＝劳动力＋资本力＋科技力＋结构力＋设施力＋区位力＋环境力＋聚集力；软实力＝秩序力＋文化力＋制度力＋管理力＋开放力。要提高城市的竞争力，就必须跳出城市看城市，立足大局看城市，在此基础上因地制宜地制定本城市的发展策略；要保护性利用不可再生要素，积极培育可再生要素，不断提升自身的比较优势和创造竞争优势；要不断地改善基础设施、区位、环境等非流动要素状况，以增强自身对流动要素的吸引力；要重视改善软要素环境，使城市吸引更多的资金、技术、人才和企业等硬要素；要注意和利用区域分工，依据自身优势和产业基础，施行鼓励对同一产业进行持续的资金、技术投入的政策，培育和发展自身的优势产业，为产业群集提供全方位的公共服务，积极营造有利于产业专业化发展的投资环境，推动优势产业的进一步群集。在从事城市经济工作过程中，要特别重视处理好城市竞争力与经营城市之间的关系。经营城市的目标要从单纯增加政府的财力延续扩展到提高城市的竞争力；经营城市的维度要从单一的基础设施的投融资扩展到影响城市竞争力的所有项目；经营城市的范围要从城市的内部资源配置转向更大区域范围内的资源配置；经营城市的主体要从城市政府转向政府与民众的综合体，许多领域应当让位给企业和市民去经营，而政府可采取一些引导性的规划和政策，来调动各个经营主体的积极性。也只有处理好了这些关系，才能真正搞好城市经营。

（《企业经济》2002 年第 3 期）

工业园区建设应遵循的几项原则

放眼全国，工业发展比较好的地区都在实施“四大战略”：品牌战略、集团战略、工业园区战略、国际化战略。这“四大战略”相辅相成，昭示着工业发展的必然趋势。毋庸置疑，工业园区已经成为工业发展壮大乃至地方经济腾飞的新起点。

一、工业园区兴起的原因和意义

冷静分析，工业园区建设之所以呈现出一派热火朝天、方兴未艾的态势，这是因为：一是企业自身发展的需要。当企业做大之后，随之而来的就是拓展发展空间和提高档次水平的问题，企业要实现由过去的“三老”向“三新”转移，即老企业、老机制、老产品向新产品、新机制、新形象转移，转向工业园区便成为一条很好的途径，它实现的不仅仅是量的扩张，而且是质的提升。二是城市功能配置的需要。随着城市建设外延的扩展，一些城市原有的周边企业逐步进入了主城区，这对城市的布局和环境造成了一定影响，有必要将企业迁出城区，集中起来发展。三是加快城市化进程的需要。兴办工业园区，是实现工业集中连片发展，拉大城市框架，增加城市人口，增强城市竞争力的有效途径，吸引人流、物流、资金流、信息流的有效载体。四是招商引资的需要。引进企业、吸收资金，借助外力发展自己，需要有一个平台，工业园区则是最好的平台。

事实表明，建设工业园区的作用和意义是巨大的。工业园区可以最大限度地发挥工业企业的规模、聚集、辐射和带动效应，成为区域经济最具潜力的增长点和当地工业总量扩张的骨干力量。具体表现在：一是有利于充分利用公共设施，实现基础设施、中介服务和辅助服务共享，降低配套设施投入和开发成本，较好地解决环境污染问题；二是有利于园区企业的分工与协作，推动相关产品形成“产品链”，从而降低市场开发成本，获取最大效益；三是有利于提高产业组织水平，增强工业配套能力，形成产业规模，提高优势企业的成长性，发挥规模效益；四是有利于集中力量搞好投资环境建设，构造优势区位，形成吸引资金、人才等要素聚集的强大动力，促进招商引资工作的开展。

当然，工业园区在建设和发展过程中，也暴露出一些不容忽视的问题：一是不顾客观条件和发展需要，盲目建园，有的甚至欠下“生态债”；二是有的地方圈地过大，项目进园甚少，造成较大的资源浪费；三是有的缺少配套规划，建设的随意性较大；四是有些区域结构不合理，产品雷同，出现了低水平重复建设现象；五是管理运行机制不灵活，园区的发展和繁荣受阻。

二、建设工业园区应坚持的几项原则

针对所存在的问题，要促进工业园区持续、快速、健康发展，笔者认为必须遵循以下几项原则：

第一，坚持量力而行和尽力而为的原则。是否建立工业园区，必须从当地的实际出发，不能一哄而上。一些交通不便、外资进入十分困难的边远县和欠发达地区的偏远乡镇就不宜建工业园，有些地方在中心城市工业园内开辟这些县、乡的工业小区不失为一种好办法。有必要建工业园的县市，既要克服困难，努力建园，又要根据自身力量和项目来确定建园规模，分期开发，分期建设，滚动发展，注重承受能力和效益，不能摊派和让拆迁的农民吃亏。

第二，坚持科学制定发展规划的原则。要树立“建立工业园、开发工业园，形成现代化新城区”的新理念，以发展工业、壮大经济总量、增加财政收入、开辟就业岗位为目标，以促进产业升级和提升市场竞争力为出发点，以建设现代化新城区为标准，高起点、高水平搞好园区规划。工业园区布局要与城市总体规划相衔接，园区规模要适度，以便形成以工业园区推动城市化、以城市化加快完善园区功能的互促共进局面。园区建设规划既要有近期目标，具有现实的可操作性，使园区尽快地发挥效益；又要摸准产业发展的脉搏，具有一定的前瞻性，以满足园区经济长远发展的需要。

第三，坚持产业兴园的原则。现代区域经济的增长，从根本上讲是产业的成长。没有产业集群的工业园区不可能持续发展，也不可能发挥规模聚集效应。因此，必须克服“工业园区有企业无产业”的不足，科学选择园区产业，努力形成园区产业集群。要把招商引资与工业园区的产业培植结合起来。招商引资是园区发展的永恒主题，项目是园区的生命线。园区招商既要充分考虑国际上相关产业的发展动态和进程、国内的产业政策以及相关行业的未来走势，努力使园区建设步入国际轨道；又要根据自身的情况，突出特色，注意上、中、下游产品的衔接，促进产业链的形成，避免重复建设、恶性竞争，并且充分依托优势行业，建立产业化的各种园区，形成特色鲜明的产业群。要打造一个优秀的产业平台，实现“产业招商”。增加产业的预期赢利能力，使之更有吸引力。由于有了产业的合理规划，外资的进入有助于推动当地的产业结构升级，就可进入一个良性循环的轨道。与此同时，要严把入园关，不允许高危产业、污染产品入园，切实维护好园区的产业水平。

第四，坚持“政府操作、市场运作”的原则。工业园区的建设是一项系统工程，没有政府的高度重视、大力推进，是不可能搞好的。尤其是规划的制定、投资环境的优化、各部门的协调、资金的筹措，等等，更需要各级政府下决心予以解决。但工业园区是一个经济实体、市场主体，要按市场规律办事，进行市场化运作，引入市场机制，实行政企、政事、政社分开；要建立高效透明的管理体制和高效精简的办事机制，进一步完善服务体系，实行“一个窗口”对外、一站式办公、一条龙服务，并积极发展信息咨询、律师、公证、会计、金融保险等中介机构，从整本上增强工业园区的服务功能，使之真正成为企业的孵化器和区域经济增长的推进器。

（《人民日报·内部参阅》2003 年第 8 期）

不断地提高区域经济合作水平

近些年来，随着全球经济一体化进程的加快，以及我国社会主义市场经济体系的建立和日益完善，区域经济合作不断地加强，各类合作组织应运而生。实践已证明，区域合作组织根据各个地区的自然条件、经济技术基础和相互间的内在经济联系，从整体范畴来谋划区域生产力布局及根据平等互利原则开展地区之间的联合与协作，是提高资源空间配置效率、增强区域生产力、发挥各区域经济优势、提高区域经济运行质量的有效途径，是参与国际竞争及世界经济接轨的迫切要求。毋庸置疑，区域经济合作已成为经济发展的一项重要内容。党的十六大报告中明确提出“加强东、中、西部地区的经济交流与合作，实现优势互补和共同发展”，这更预示着区域合作正面临着千载难逢，十分难得的机遇。但如何深入地开展区域合作，提高区域合作组织的工作水平，是一项需要认真研究的课题。

一、采取多种合作形式，开辟区域合作有效途径

区域的联合与协作是社会化大生产的必然趋势，是市场经济发展的客观要求。要实现健康有序的发展，提高区域组织的工作

水平，就必须遵循“扬长避短、形式多样、互惠互利、共同发展”的原则，因地制宜，从各方的条件和需求出发，采取多种联合与协作方式，促进协作区经济技术的合作。

1. 采取整体规划协调式合作，集中各方力量办大事。参加经济合作的区域，其经济发展水平和生产社会化水平也不是很高，在经济发展的主要方面，还不具备条件形成有机的经济整体系统，但在经济发展的其他诸多方面，特别从经济发展战略来看，有着重要的经济联系和共同利益，且经济发展水平相近，就可以采取整体规划协调式合作，以便从发展目标和发展战略上对区域经济合作进行统筹规划，并不断协调各方之间的关系，汇聚各方的力量，办成许多单方面无力办成的事情，如跨区域的交通、水利、矿产资源开发等，改善协作区经济发展条件，促进协作区经济的发展。

2. 以生产基地为依托，促进协作区产业合作与升级。有些区或城市的某种主导产业比较发达，形成若干产业系列，以此为依托，对有关城市和地区进行合理的分工与协作，就可以把一定区域范围内的经济活动连为一体。这种以某种产业基地为依托的区域联合与协作配套的产业链，将会形成一个别具特色的经济联合与协作区域，有利于促进各方结构调整，做大做强主导产业和优势产业。

3. 实行局部渗透式合作，实现区域经济的重点突破。有些区域的有关城市和地区，在经济发展中有着密切的联系，但这种联系不是整体性的，而是局部的，在某些方面相互交叉、相互渗透。如一些经济欠发达地区，选定划出一定范围的地区，采取一些特殊的政策，吸引沿海开放城市及其他发达地区前来搞联合与协作，形成一定的局部区域经济联合与协作，使区域局部率先取得突破性发展，然后带动区域经济发展。

4. 推行城市群体式合作，发挥中心城市的龙头作用。中心城市是经济区域中经济发达、功能完善，能够渗透和带动周边区域经济发展的行政社会组织和经济组织的统一体。中心城市对周边区域经济的带动作用是不言自明的。因此，要实施城市圈和城市带动战略，特别注重发挥大中城市在区域经济方面的作用，以区域内比较发达的城市为中心，由地理相近、在经济上有自然联系的若干城市结合起来，在技术、信息、资金、资源、人才以及外贸出口等方面广泛地开展联合协作，利用群体优势，促进协作区经济共同繁荣和发展，并带动周围农村，统一组织生产流通，逐步形成以城市为依托的各种规模和各种类型的经济协作区。

当然，还可以采取其他合作形式。现在的区域合作形式正向多层次、多方位、多形式发展，区域之间可以同时进行各种层次、各种形式的合作，形式越多样、方位越广泛，表明合作的紧密度越高，成功率越高。

二、全面拓宽合作领域，切实提高区域合作的实效

区域经济合作要进入实质性运作，必须要充实合作内容。各地要依据发展规划，充分发挥各自的特点和优势，全方位、多层次、宽领域扩大区域的协作空间，在加快交通基础设施建设、加强产业合作和培育共同市场等领域进行重点拓展，实现协作各方

的优势互补，推动经济的共同发展。

1. 加快协作区的交通基础设施建设，改善协作区的经济发展条件。建立快捷、畅达的交通网络，是推进区域经济合作的基础。对协作区内的交通基础设施项目，要齐心协力，尽早作好规划，避免重复建设，实现资源最优配置。对一些重要合作项目，必要时各地各市要联合起来，将有关情况形成议案，发挥协作区的整体优势，共同争取省和国家有关部委的大力支持与帮助。

2. 加强企业间的合作，推动协作区产业结构调整。企业合作是推进区域经济协作的主要动力。各地要围绕发展优势产业、特色经济，加强企业合作，通过产业转移、生产要素流动和资产重组等方式加快地区产业结构调整，淘汰丧失竞争优势的产业，改造传统产业，实现产业分工和产业结构转型升级，形成新的经济增长点。实践证明，企业在市场机制的驱动下，通过兼并、收购、联合、重组等合作形成，实现跨地区产权结构调整，对盘活资产存量，提高企业整体素质，推动现代企业制度建立，起着越来越重要的作用。

3. 通过优势互补，加快协作区内资金、技术、资源的合理流动和重组。区域间资源的流动和经济上的交往是一种互相合作、互相促进的关系。譬如，沿海发达地区可以借助其区位条件、先进技术、资金、品牌、管理和人才等优势，与内陆地区的生态资源、矿产资源、农产品资源、廉价劳动力资源等结合起来，形成强大的整体优势，实现互惠互利，共同发展。

4. 营造良好的发展环境，加快共同市场的培育。区域经济的融合应建立在区域共同市场的基础之上。各地要牢固树立大市场、大流通观念，发挥政府职能作用，积极打破地区封锁和行政壁垒，整顿和规范市场秩序，为区域经济合作创造一个公平、公开、有序的市场环境、经济环境和服务环境。通过建立和完善区域大市场，将各地之间的差距转化为经济优势，为各类经济协作创造广阔的空间，推动和引导各地各种要素快速组合成现实的生产力，促进协作区社会经济更快更好的发展。

三、与时俱进，开拓创新，赋予区域合作组织新的内涵

要发挥区域经济合作组织的协调组织作用，必须创新协调机制，强化管理职能，创建和巩固各种合作网络，赋予合作组织新的内涵。

1. 要提高认识，制定正确的合作原则与指导思想。发展区域经济联合与协作，必须敢于打破旧体制、旧思想、旧习惯的束缚，排除本位主义、地方主义和小农思想的干扰，为区域经济合作扫清道路。加强区域经济合作必须适应市场经济发展要求，坚持“扬长避短、形式多样、互惠互利、共同发展”的原则；要从整体利益出发，不能只考虑某个区域的局部利益；要研究区域经济合作的运动规律，使生产力布局合理化，有利于经济效益的提高。中国已经加入世界贸易组织，就必须遵守 WTO 的游戏规则，协作区可以参照这种模式，制定一些规划，如制约原则、国民待遇原则和政策的透明度原则等，打破区域内各种形式的地方贸易保护主义，对等开放市场。对相互之间的投资项目，享受与当地

企业同等政策和待遇，在实现资源共享的同时积极推进政策优惠共享。

2. 要搞好发展规划和战略的协调，科学选择合作项目。区域内各城市在制定发展规划、城市规划和行业规划时，应加强沟通与协调，在符合国家宏观政策的前提下，明确哪些产品应扩大再生产，开发哪些产品达到供求平衡，哪些产品应该限制发展，并运用经济、行政等手段引导加入联合与协作的区域纳入这些规划，合理调整区域生产力布局和产业结构、产品结构、工业组织结构，避免重复建设和恶性竞争。在选择确定联合与协作的项目之前，要进行可行性论证，注意经济和技术上的合理性，确保合作项目顺利实施。

3. 抓好合作区域内各个实体之间合同的执行与落实。在市场经济条件下，实行各种形式的区域合作，各个实体之间的联系主要通过经济合同来进行。所以，区域经济合作组织和行政部门要根据经济合同对各个联合体实行管理和跟踪服务，督促合同的执行，抓好合同条款的落实，保证项目合作成功。

4. 要理顺区域合作组织的协调机制，强化组织、协调和管理功能。目前的区域经济合作组织不是一级行政组织，是以一种松散型的组织形式存在，其主要活动是每年召开一次党政联席会，形式单一，实质性活动少，效果也不尽如人意。在今后的合作中，要借鉴国外成功协作区的经验做法，适时组织和召开有关经济合作的专题研讨会，不断探索和创新协作新机制，强化合作组织的协调、沟通和管理作用，推动多行业、多部门、多种所有制、多种经济实体的联合，特别要重视发挥协作区中心城市的优势，注重企业间的合作，举办形式多样的招商引资、经贸洽谈等活动，积极为企业牵线搭桥，更好地为企业合作营造外部环境，让企业真正成为区域经济合作的主体，推动区域经济合作水平的不断提高。

（《江西社会科学》2003 年第 3 期）

确立内外互动的发展观

依靠内力，做大做强非公有制经济；借助外力，大力发展开放型经济，采取有力措施，不断提高非公有制经济和开放型经济对我省经济发展的贡献率，使内力型的非公有制经济和外力型的开放型经济真正成为支撑江西“经济大厦”的两大支柱。这就是通常所说的“内外互动的发展观”。

实现内外互动，必须同时并举，需要加大对非公有制经济和开放型经济的政策支持力度，不断完善有利于两类经济大发展的工作机制。要进一步放宽市场准入条件和对外投资比例限制，支持非公有制经济投资基础设施、地方金融机构、非义务教育、经营性医疗、社区服务等领域；进一步放宽涉外政策限制，鼓励非公有制经济获取自营出口权，引进外资，开展境外投资，简化出入境审批手续；进一步放宽融资条件，简化担保、抵押手续，试行信用贷款；进一步放宽企业技术入股比例和符合条件的企业组建集团的注册资本限制。要加大用地保障力度，努力降低土地使用成本；加大财政支持力度，对技术改造，实施科技创新项目，建立技术研发中心，引进和培养人才，获得驰名商标等进行奖励；加大税费优惠力度；加大权益保护力度，坚决制止乱收费、乱罚款、乱摊派行为。要完善激励约束机制，切实增强各级领导干部将发展非公有制经济和开放型经济作为发展的重中之重的意识，摆上各级重要日程，需要把抓非公有制经济和开放型经济作为抓发展的第一要务来考核。

实现内外互动，必须营造良好环境，提供优质服务。要强化法制建设，坚持依法行政、依法办事，为外商提供有效的法律保障，依法保护投资者的合法权益；搞好治安环境，确保社会稳定，减少投资风险，使投资者财产安全、回报稳定，营造安全文明的法制环境。要着眼长远利益，制定优惠政策，以比沿海更开明更开放的政策赢得客商的信赖；要提高政策的透明度，定期向投资者公布有关信息；对外商承诺的有关优惠政策，要坚决兑现，以取信于外商，营造开明开放的政策环境。要减少办事环节，简化办事程序，提高服务水平，特别是行政机关和承担了行政职能的事业单位、窗口服务单位，要全面实行服务承诺制、即时办结制和挂牌服务制；进一步完善统一审批办证大厅，建立招商引资洽谈大厅，真正做到“一个窗口对外、一站式服务、一条龙管理”，营造优质高效的服务环境。要加强公民道德教育，特别要加强诚信教育，增强守信意识，净化社会风气，营造诚实守信的人文环境。要牢固树立大市场、大流通观念，发挥政府职能作用，继续治理整顿和规范市场秩序，积极打破地区封锁和行政壁垒，着力打造政府信用体系，督促市场主体诚信守诺，努力营造一个公平、公开、有序的市场环境、经济环境。通过不断整治优化环境，全力构筑“成本低、回报快、信誉好、效率高”的投资环境，从而增加对外资的吸引力，加速外资和内资的融合，为各类经济协作创造广阔的空间，推动和引导内外各种要素快速组合成现实的生产力，促进当地经济更快更好地发展。需要引起注意的是，对待投资者不能内外有别，无论是对外商还是对本地的民营企业都要赋予宽松的投资环境，搞好服务，给外商的优惠政策同样要给本地民营企业。否则，就会挫伤本地投资者的积极性，“招来了女婿气走了儿”，不但未能实现内外互动，还可能得不偿失。

实现内外互动，必须促进两者结合、优势互补、形成合力，达到共同发展的目的。一个地方经济的关联度，是判断一个地方经济发展活力的重要因素，是招商引资的重要条件，也是一个地方经济实现内外互动的前提和表现。因此，必先发挥比较优势，挖掘内在潜力，放手发展民营企业、发展优势产业和特色产业，形成配套产业群，从而提高横向联合、承接外资的能力，实行“以优招商”“以特招商”，使外商能随时找到合作伙伴，进行投资办厂。要鼓励当地民营企业扩大投资，进行股份制改造，靠大联大，甘当配角，为外来实力雄厚的企业配套加工，进行优势互补，即满足投资商办厂的需要，又在合作中做大做强。要举办形式多样的招商引资、经贸洽谈等活动，积极为企业牵线搭桥，更好地为企业合作营造外部环境，引导内外企业在市场机制的驱动下，通过兼并、收购、联合、重组等合作形式，实现跨地区产权结构调整，促进企业间的合作，提高企业整体素质。还可以引进资金对传统产业进行改造，借助外地先进发达地区的龙头企业，打造优势产业群，并围绕这些产业衍生相关产业，培植新产业，形成产业链。要加大工业园区建设力度，鼓励外商投资企业和民营企业入驻园区，园区招商坚持产业招商，特别要注意引进产业关联度高的产业项目，为外资企业与本地民营企业的落户、嫁接提供载体，要注意突出重点产业，建设产业集聚地和科技“孵化器”，构筑产业链延伸的较高平台，使开发区成为内外互动的一个交接点。要从产业、交通、信息、人才、旅游、能源6个方面主动接轨，通过企业合作、产业协作和市场共享，优势互补，加快资金、技术、资源的合理流动和重组，加强区域经济合作。要进一步增强开拓国际市场的能力，扩大对外贸易，积极参与国际竞争和分工。注重引导实力和竞争力较强的企业不失时机地“走出去”，拓展发展空间，实现内外互动互补，两个轮子驱动我省经济快速发展。

（《江西政报》2003 年第 13 期）

着力提高驾驭市场经济的能力

坚持市场取向的改革，大力发展社会主义市场经济，是中国经济持续快速发展的强大动力。在社会主义条件下搞市场经济，是前无古人的伟大创举，是中国共产党对马克思主义发展做出的历史性贡献。尽管我们在实践中积累了一些经验，但还有许多未被认识的必然王国，还有许多规律性的东西未被我们认识和掌握。这就要求我们必须适应新环境、新形势的需要，进一步认识和掌握市场经济规律，不断提高驾驭市场经济的能力。

一要牢固树立市场经济观念。加入世贸组织，我国的经济活动便纳入了世贸组织的规则框架之中，一切权利的取得和义务的履行都得按规则办事。因此，必须牢固树立规则和诚信意识，充分了解、学习世贸组织的普遍规则和涉及自己工作范围的具体规则，为服务对象提供指导和帮助，使之学会运用世贸组织规则争取和保护自己应得的权利和利益，避免可能的风险和损失。要树立与时俱进的观念，进一步增强时间、效率、竞争、创新意识，掌握经济和社会发展的主动权，从容面对和参与国际市场的竞争，更好地发展经济。

二要增强服务意识，提高服务水平。随着经济全球化的加快，世界经济一体化日趋明显，而不断发展的信息化使世界变得很小，也变得更透明，加之社会主义民主政治建设带来的人民民主法制意识的增强，都对各级领导干部的服务意识、服务能力提出了更新更高的要求。可以预见，我国的法制化程度和人民群众的法律意识将逐步提高，世贸组织的透明度原则又要求我国的各项政策、法规、政务公开的程度进一步扩大，人民群众对自己的权利和义务的认识将会更清楚。这必然要求各级领导干部增强法律意识，依法办事，依法保障群众的权利；增强服务意识，履行应尽的职责，更好地服务于经济建设，服务于人民群众。

三要抓住机遇，加快发展。抓住机遇是前提，加快发展是目的。面对已经到来的机遇熟视无睹、茫然无知不行，认识到了机遇犹豫不决、行动迟缓也不行，无动于衷更不行。抓住机遇而不丧失机遇，是对领导干部提高驾驭市场经济能力的基本要求。这就要求领导干部把握世界经济发展趋势，熟悉本地经济发展情况，及时发现和培育经济比较优势，从而有效地抓住发展机遇，推动本地经济快速发展。

四要尊重客观规律，坚持按规律办事。事物发展有其内在规律，只有认识客观规律，尊重客观规律，按照客观规律办事，才能达到预期的目标；如果违背客观规律，就会受到客观规律的惩罚，为之付出昂贵的代价。要按规律办事，就要推进决策的科学化、民主化，这不仅是社会主义民主政治建设的重要任务，也是经济工作的首要环节。为此，必须坚持一切从本地区、本部门的实际出发，创造性地开展工作。领导机关和领导干部要规范决策程序，深入了解民情、民意，认真听取群众意见，充分发挥各类专家和研究咨询机构的作用，形成一套广泛集中民智的决策机制，推进决策的科学化、民主化，提高工作水平和工作效率。

五要用发展的办法解决发展中的矛盾和问题。矛盾存在于一切事物发展过程中，无时不在，无处不在，在改革开放和加快发展过程中，必然会遇到各种各样的矛盾和问题，旧的矛盾解决了，新的矛盾又会重新出现。领导干部要成为破解难题的能手。这是领导干部应具备的基本素质，也是驾驭市场经济能力的一个重要方面。

（《党员干部之友》2004 年第 5 期）

弘扬井冈山精神　努力促进经济平稳较快发展

当前，我们正面临一场罕见的国际金融危机。这场危机使欧美经济陷入衰退，对我国经济的影响也日益加深。受国际金融危机快速蔓延和世界经济增长明显减速的影响，加上我国经济生活中尚未解决的深层次矛盾和问题，目前我国经济运行中的困难增加，经济下行压力加大，企业经营困难增多，保持农业稳定发展、农民持续增收难度加大，金融领域潜在风险增加。面对挑战，更加需要弘扬伟大的井冈山精神，增强迎接挑战的信心和力量，使井冈山精神成为我们攻坚克难的强大动力。

一、坚定信念，应对挑战共克时艰

井冈山革命斗争时期，凭着坚定的信念，中国共产党人在井冈山保存并不断发展着革命的力量，打败了数倍于己的强敌，从井冈山走向瑞金、走向延安、走向北京，建立了新中国。艰难而辉煌的中国革命史充分表明，信念的力量远比想象的更为强大。

在当前国际金融危机的背景下，面对来自国际国内的严重困难和严峻挑战，同样需要坚定信念、坚定信心，不为任何风险所惧，不被任何干扰所惑。信念是行动的灯塔，信心是战胜危机的核心要素和力量源泉。面对当前的国际金融危机，坚定信念、坚定信心，就要坚定不移地推进改革开放和社会主义现代化建设，坚持科学发展，并坚信这是战胜危机的强大优势和正确方向。坚定信念、坚定信心，还要正确分析当前形势，既要对国内外经济形势的复杂性和严峻性有足够的认识，切实增强忧患意识；同时，还要看到我国经济发展的有利条件，增强保持经济平稳较快发展的信心。当前，虽然经济发展面临的困难不少，但我国经济发展的基本面没有改变，我们遇到的困难和挑战是前进中的问题。经过改革开放 30 多年的持续快速发展，我国积累了雄厚物质基础，经济实力、综合国力、抵御风险能力显著增强；我国工业化、城镇化快速发展，基础设施建设、产业发展、居民消费、生态环境保护等方面有着巨大发展空间，扩大内需潜力巨大；社会主义市场经济体制不断完善，形成了较好的体制环境；金融体系总体稳健，财政赤字规模较小，外汇储备充足，国内储蓄率较高，宏观经济政策调整有较大余地。形势表明，只要我们审时度势、科学决策、周密部署、扎实工作，充分发挥自身优势，加快解决突出问题，完全有条件变压力为动力、化挑战为机遇，把国际金融危机的不利影响降到最低程度，继续推动经济社会又好又快发展，继续推进全面建设小康社会进程。

二、艰苦奋斗，战胜困难创造辉煌

艰苦奋斗是井冈山精神的重要内涵，是我们党的光荣传统，也是当今战胜困难取得新胜利的重要保证。井冈山斗争及中国革命史表明，艰苦奋斗精神总是与辉煌成就紧密联系在一起的。奋斗就会有艰辛，艰辛孕育着新的发展。

艰苦奋斗的精神任何时候都要弘扬。面对国际金融危机造成的经济下行的压力，尤其要弘扬艰苦奋斗的精神。现在弘扬艰苦奋斗精神，就要以自强不息、勇往直前的进取精神，不怕牺牲、忘我奉献的不懈追求，埋头苦干、勤勤恳恳的务实作风，常怀忧患、居安思危的清醒态度，全力以赴保增长，千方百计保民生，加大力度保稳定。要坚持发展是硬道理的战略思想，全面落实中央各项政策措施，扩大内需，着力加快基础设施和民生工程建设，积极扩大消费特别是居民消费，大力开拓农村市场。要实施更加积极的就业政策，加大开发公益性就业岗位力度，健全公共就业服务体系，鼓励和支持自主创业，做好就业困难人员帮扶工作，加强高校毕业生就业指导和服务，尤其要采取措施促进农民工稳定就业、支持农民工返乡创业，同时，加快建设覆盖城乡的社会保障体系，着力提高社会保险覆盖面。要正确处理新形势下的人民内部矛盾，完善信访制度，健全党和政府主导的维护群众权益机制，提高化解矛盾纠纷、处置突发事件的能力。“艰难困苦，玉汝于成”，艰苦奋斗的精神弥足珍贵，只要始终坚持艰苦奋斗、艰苦创业，我们就能克服任何困难，朝着远大的目标奋勇前进。

三、勇于创新，破解难题赢得机遇

勇于创新是井冈山精神的核心内容。正是因为勇于创新，我们党才能在极端困难、极其复杂的井冈山斗争时期抓住有利时机，不断发展壮大。

当前的国际金融危机来势凶猛。但只要变压力为动力，积极应对，措施得当，也可以化危为机，变经济波动期为发展机遇期。为应对这场金融危机，中央已经制定了正确的宏观调控政策，但如何结合实际把政策的积极效应发挥出来，需要各地结合实际创造性地开展工作。当前要勇于在以下几方面创新：

一是加快发展方式转变，推进经济结构战略性调整。要坚持把保增长、扩内需、调结构、促改革、惠民生有机结合起来。要以增强发展协调性和可持续性、提高自主创新能力为目标，通过扩大最终消费需求，带动中间需求，有效吸收和消化国内生产能力，形成发展新优势。

二是深化改革开放，完善有利于科学发展的体制机制。要坚持社会主义市场经济的改革方向，抓住时机推出有利于实现保增长、扩内需、调结构、促改革、惠民生的改革措施。要深化价格体制改革，推进公共财政管理体制改革，加快金融体制改革，推进投资体制改革，深化国有企业改革，毫不动摇地鼓励、支持、引导非公有制经济发展。要扩大对外开放，在对外开放中不断提高我国经济的国际竞争力和抗风险能力。

三是加快行政管理体制改革，建设服务型政府。要健全政府职责体系，完善公共服务体系，推行电子政务，强化社会管理和公共服务。要加快推进政企分开、政资分开、政事分开、政府与市场中介组织分开，规范行政行为，加强行政执法部门建设，减少和规范行政审批。

四是加快推进以改善民生为重点的社会建设。要着力保障和改善民生，实施扩大就业的发展战略，促进以创业带动就业。要深化收入分配制度改革，增加城乡居民收入。要加快建立覆盖城乡居民的社会保障体系，保障人民基本生活。要建立健全基本医疗卫生制度，提高全民健康水平。要完善社会管理，维护社会安定团结。要通过深化改革，不断创新，既克服当前的困难，又解决经济生活中的深层次矛盾和问题，夺取经济社会发展的新胜利。

四、转变作风，营造良好发展环境

依靠群众、为了群众，是党的光荣传统和优良作风。

面对国际金融危机带来的压力，做好保增长、保民生、保稳定工作的任务繁重、责任重大，更需要广大干部大力弘扬优良作风。干部作风作为一种内在素质，关乎事业成败；作为一种外在表现，关系党和政府的形象。各级领导干部要坚持改造主观世界和改造客观世界相统一，自觉加强党性修养，始终保持共产党人的政治本色，树立和坚持正确的事业观、工作观、政绩观，强化责任意识，焕发进取精神，真正做到政治坚定、作风优良、纪律严明、勤政为民、恪尽职守、清正廉洁，团结和带领人民群众战胜困难，推进经济发展，促进社会和谐。在当前经济发展和群众生产生活困难增多的情况下，尤其要坚持权为民所用、情为民所系、利为民所谋，坚持问政于民、问需于民、问计于民，紧紧依靠群众，真情关心群众，努力造福群众，始终做到同广大人民群众同甘苦，共患难。在当前挑战前所未有、机遇稍纵即逝的情况下，还要努力提高办事效率，争取时间，争取主动，真心实意为企业、为基层、为群众排忧解难，搞好服务。要通过树立和弘扬优良作风，加强与人民群众的血肉联系，建立密切的干群关系，营造良好的社会氛围和发展环境，努力形成建设和谐社会人人有责，经济社会发展成果人人共享的生动局面。

（《经济日报》2009 年 3 月 17 日）

四、招商引资

讲究招商策略

招商引资是一个国家或地方为了扩大对外开放，加大资金投入，借助外来生产要素加速自身经济发展的重要举措和经济手段。

对欠发达地区来说，经济基础薄弱，原始积累相对不足，资金技术和人才缺乏。要解决资金投入不足的瓶颈问题，实现跨越式发展，招商引资是首选之策，是必由之路。

把招商引资工作作为欠发达地区经济工作的突破口来抓，是完全符合实际的，是行之有效的。从生产要素的地域赋存状况来看，欠发达地区与发达地区生产要素交换的一般规律是：前者向后者提供大量的廉价劳动力、相对廉价的土地、相对宽广的市场；而后者向前者输入的是资金和技术，而后构成一个经济循环总体。江西处于非东非西的中部地区，有许多不利因素，但也有自己的比较优势和后发优势。与沿海地区相比，有两大优势：资源优势，土地面积广阔，矿产资源和农产品资源丰富，以及拥有相当数量的企业存量资产资源；劳动力和市场优势，劳动力成本低，市场潜力大、前景广阔。与西部地区相比，也有两大优势。一是邻近沿海地区，有吸纳沿海资本内移的方便条件。随着东部地区经济的大发展，产业结构不断升级，劳动密集型等产业向内转移的进程将加快，在承接产业转移过程当中，有得天独厚的条件。二是与西部地区相比，交通便利，通信发达。

当然，要确保招商工作取得实效，成为带动欠发达地区经济发展的火车头，必须要有三个前提条件，也就是要做好三方面的基础工作。一要创造一个良好的投资环境。资金、技术、人才从哪里来，从根本上说，是从环境中来。哪里环境好，资金、技术、人才就流向哪里。现代经济的竞争，也是环境的竞争，把整治投资环境作为一项长期性工作，是十分有必要的。环境包括硬环境和软环境。硬环境包括基础设施、区位优势、交通条件等；软环境包括人文环境、法制环境、服务环境等。一个地方的人讲信誉，遵守法纪，按市场经济规律办事，人家就愿意来。硬环境有先天性，改善需要一个过程，比如地理位置偏远，就很难一下改变，而软环境的改造可以在短期内见效。硬环境不足，软环境可以补。要营造一个良好的投资环境，要优先抓好软环境建设。二要确定一个合理的总体原则。搞好招商工作，不能就招商论招商，要把它置于整个经济建设和社会发展的总体规划中，与之相协调和配套，所以应该确立全方位、宽领域、纵深化的总原则。凡是有利于经济建设、社会发展的，都可以大胆进行招商工作。在实施过程中，应当重点突破、整体推进。三要采取科学有效的办法进行招商，这也是非常重要的因素。

招商是一门科学，有其固有的学问和规律，是市场经济的一个重要课题，应当引起广大干部的重视。因此，开展招商引资工作必须讲究策略。

一、真正认识自己，善于开发自己

招商工作实际上是一个谈判过程，是一项双边活动，是一个双赢过程。既然是双边活动，就有一个知己知彼的问题。从实际工作来讲，认识自己是成功的前提。认识自己，就是要了解本地各方面的情况；要对自己所处地方的历史沿革和风土人情如数家珍；对社会发展状况、发展计划、产业结构状况都要一清二楚；自身有哪些优势和劣势，有哪些优惠政策，都要烂熟于心；有哪些办事程序，有哪些好的项目，项目本身各自的要求是什么，都要了解和明确；招商工作涉及的法律、法规和政策，都要认真钻研和学习，做到熟练掌握。只有这样，才能把招商工作做好。投资者不相信眼泪，光靠热情是不够的。现在的招商已经是一种招人、招情、招心的高层次、多方位的交流，还包括文化交流、精神交流、哲学交流。应当看到，招商工作是一门非常丰富的综合学问，要求从事招商工作的干部，尤其是领导干部，要不断地转变招商观念，丰富市场经济知识，提高自身的综合素质。要讲诚信，不能欺骗人家，市场经济是法制经济、诚信经济，不讲信誉、不守诚信的人是不受欢迎的。要广结人缘、善解人意、真诚相待，取得客商对你人格的信任，才可能进一步发展，才能谈成具体项目。要自始至终保持激情，不能懈怠，在商务和双边活动中没有激情是注定要失败的。

二、一定要学会换位思考，真正认识外商、了解外商

招商是一种两厢情愿的事情，要自始至终考虑对方是否愿意，要了解外商的投资心理、经营习惯、思维方式、商业文化；要真正熟悉外商在想什么，最关心什么，最希望什么，切实做到想外商所想，忧外商所忧，解外商之惑，称外商之心。只有了解对方的需求和心理，才能有针对性地做好工作，才可能谈成。一般来说，外商最关心的事有两件。一是投资安全。社会治安状况怎样，人身安全有没有保障，是不是货畅其流，厂区秩序能否得到保护，投资会不会有去无回。二是回报可靠。投资是为了赚钱。利益最大化是任何企业家和投资者的追求，投资就是为了产生回报，使自己的利益最大化。这两个是外商最关心的，不管什么类型的外商。所以要学会测算，既要“顺算”也要“倒算”，主动帮助外商测算到这里投资会是一个什么结果，分析要头头是道、明明白白，让也要让在明处。尤其是要将自己的有利因素和不利因素摆得明明白白，让外商心悦诚服。要真诚，以心换心，将心比心，做到以诚招商，以情招商。招商谈判也要不卑不亢，真诚相待，平等相处。要在人格上完全尊重对方，要尊重外商的生活习惯，不要第一次见面就盘问、审查人家。通过换位思考。真正认识外商，了解外商，才可能掌握外商的投资心理，把握招商的主动权，避免患招商幼稚病。

三、要学会多样化的招商方式

招商方式很多，概括起来有两类：一类是基本方法；一类是特殊方法。任何一项工作，经过多年的积累，都沉淀了一些基本经验和基本规律。基本方法常见的有以下几种。

一是选好招商项目，有针对性地招商。招商首先要选好具体项目，做到有的放矢。招商需要具体载体，那就得先有项目，做好项目的前期准备工作，这是第一道工序。项目前期工作，主要指一个地方、一个部门及有关企事业单位，从本地比较优势出发，依据国家产业政策和有关规划，做好该地、该行业或该单位发展规划的编制工作。在此基础上，对重要项目不断进行策划、酝酿、调查、研究和论证，经常性地保持储备，并根据市场变化不断调整更新。还要做好项目建议书、可行性研究和初步设计的编制工作，搞好项目库的建设。同时，要做好招商项目的宣传推介工作。既要通过各种媒体对外宣传，也可以通过招商会议对外发布，使更多的投资者了解项目。

二是组织小分队专业招商。要切实改变以“碰”为主、以坐等为主、以“大呼隆”招商为主的盲目和低效率招商方法。在做了大量前期工作的前提下，组织一些高层次的、专业化的招商小分队，突出专业特色，实行定点、定向的专业招商，从点点滴滴做起，实实在在地做工作，不断提高招商工作的实效。

三是完善服务，以商招商。招商不如留商。一个成功的外来企业本身就是一本最好的投资环境宣传资料。要主动服务，超前服务，跟踪服务，全程服务，以情感人，以服务赢得外商的心，成为外商的朋友，让外商感到这个地方干部好、群众好、环境好，主动介绍别的外商来投资，从而产生联动效应，取得事半功倍的效果。

四是以友招商。满天飞的投资者是很少的。因为投资者有地缘和人缘限制，首先要考虑投资安全，要考虑自己的人身安全。朋友都是人们信任的人，因此以友招商是目前最有效的一个途径。所以，发动各个层次、各个部门的干部都参与招商工作，就可以形成全民招商的良好局面。

五是网上招商。利用现代信息技术快捷方便的优势，开展网上招商，把招商项目在网上发布，把项目推向全国、全世界。另外，要注意搜寻网上信息，特别要注意浏览大集团、大企业的网页，一旦发现商机，马上派人前去洽谈。

六是委托招商。要委托境外投资中介机构、境外企业和本籍在外人员进行有偿招商，及时反馈投资信息，具体引进项目。

这些是基本的招商方法，是经常操作的。特殊方法主要有以下两种：

一是逆向招商法。所谓逆向招商法是指外商手上有什么好项目，或者外商想投资什么项目，我们来为他服务，为他配套。这种招商方法成功率最高、最有成效。综观全国各地，真正成功的大项目都是引进项目，比如柯达、摩托罗拉、爱立信、大众，都是外面进来的，落户后由当地提供配套，搞好服务。现在很多大型企业、大集团都需要进行规模扩张，许多中小企业要进行低成本运作。为此，要抓住机遇，施其所需，一事一议，一厂一策，使外商乐于落户本地。

二是嫁接招商法。所谓嫁接招商法，就是指“外来项目+本地优势+外商资本”，也就是要重视吸收外面好的项目，特别是高科技项目，结合本地的优势，形成新的优势再去招商，这样成功率就高。所以在操作过程中，不仅要重视招商会，更要重视招商的项目会，要重视嫁接招商。

当然，招商工作是一桩生动活泼的事情，不存在固定的模式，需要在实践工作当中不断去探索和丰富。

（《抚州日报》2002年4月6日）

招商引资工作需要解决的几个认识问题

以“引进企业、引进资金、引进技术、引进人才”为主要内容的招商引资工作，是实施增量发展战略的具体举措，是欠发达地区实现跨越式发展的必然选择。近些年来，各地积极开展招商引资活动，并取得了良好效果。与此同时，招商引资的实践也给我们提出了不少问题。为提高招商引资的工作水平，使这项事业保持健康发展的良好态势，应当着力解决思想认识上的一些误区和问题。

不能只靠政府招商。不可否认，现阶段政府出面招商具有特殊作用。这是因为，目前政府除了掌握经济政策、发展规划的制定权，还直接控制着大部分的经济资源。所以，政府出面招商，既能体现求贤若渴的诚信，也方便投资者的咨询决策，能增强投资者的信心，其效果是明显的。这些都是不争的事实。但也应当看到，随着市场经济的发展和成熟，一方面要求更细致的社会分工才能进一步提高效益；另一方面要求政府从直接干预企业和经济发展的角色中退出来。招商引资说到底是一种市场行为、经济行为。政府直接从事招商引资活动，充当招商引资“运动员”，可以说是角色的错位，政府招商所体现出来的“强政府”的姿态，与政企分开的要求、市场经济规则是有距离的。而且，以政府为主导的招商引资，其成本必然偏高。当然，在起始阶段，政府的组织和推动是不可少的。因此，既要立足当前，更要放眼长远。一方面，政府仍有必要采取强有力的措施来推动这项工作，要把工作重心放在整顿市场秩序、优化投资环境、树立良好的地方形象、增强环境的竞争力和吸引力上；另一方面要注重转变政府职能，注重培育中介机构，尽快建立商业化运作的专业招商运行机制，逐步让位于专业的中介机构招商，让位于企业自身招商，让位于以商招商。

政策优惠并非最佳策略。优惠政策一度是各地推进招商引资工作的法宝，但随着市场经济的进一步完善和我国加入 WTO 后，政府的许多调控手段正在弱化，许多厚此薄彼的优惠政策将不复存在，仅仅依靠优惠政策进行招商引资显然是行不通的。如果不顾具体条件，不顾长远利益，仅仅依靠几条优惠政策招商引资，实际上是工作方法简单、急功近利、片面追求“政绩”的表现，其结果必然是害人害己，损害政府形象，妨碍地方经济可持续发展。市场经济是法治经济，投资者考虑最多的是法治环境是否有利于企业的成长、搞活和壮大。事实上，一个地方只有建立了健全稳定的法治环境，政府依法行政，市场依法经营，公民知法守法，才会有良好的人文环境和社会环境，才会有良好的市场竞争环境。因此，法治才是招商的王牌。现在，有些地方对外商企业实行“挂牌保护”，这种做法是经不起推敲的。这在发展市场经济的今天，明显违背了公平竞争的原则，在一些有见识的客商看来，挂牌保护正是由于发展环境不优、不好，才需要特别“挂牌保护”，说明这个地方的法治环境不尽如人意。因而，在采取优惠政策的同时，还必须特别注重营造良好的法治环境，强调优质服务，创建一个平等竞争、诚实守信、高效宽松的市场环境。事实证明，法治牌不仅不可或缺，而且是各地必须牢牢把握的一张王牌。

资源优势并不等于经济优势。欠发达地区在招商引资过程中，往往习惯于强调资源优势。资源固然是一种很具吸引力的条件。但资源只是发展经济的要素之一，资源优势不等于综合竞争优势。如果不对资源进行合理的整合，资源优势就难以转化为经济优势。资源的整合是利用的前提和基础，合理利用资源，离不开对资源的整合。资源的整合，就是要适用经济、法律、行政等多种手段，对大量处于割裂、错位、闲置和废弃状态的资源进行清理、组合和运用，通过合理流动和配置，使之发挥作用，为当地经济发展和社会进步创造条件。所以，仅仅停留在让客商来开发资源，是很难转化为经济优势的。尤其是在当前跨国公司掌握核心产业、不断转移上下游产业的背景下，要求政策取向发展关联产业，做大产业集群；需要把利用国内国际投资和提高供需水平结合起来，努力构建合理的经济结构，积极培育和发挥优势产业；需要把利用国内国际投资和调整城乡资源配置结合起来，引导投资者参与信息化、工业化、城市化和农业现代化的建设，从而实现资源与产业、资本、市场的整合，变资源优势为经济优势。

优化环境不等于热情接待。不少地方认为搞好服务、改善环境就是搞好生活接待，客商一到，政府官员忙于举办高档宴会，陪吃陪喝陪玩，还一味满足“投资者”的种种过分要求，甚至放松市场管理，对其违纪违法的行为也睁只眼闭只眼。其实，奢华的招待只会吓走有眼光的投资者。一个有头脑、有远见的企业家，他对那些不谋大事、不计成本、铺张浪费的政府行为及官员是不感兴趣的，甚至心存鄙视。只有市场经济秩序优良，为企业和投资者创建公开、公平、公正的市场环境，外商才愿意落脚，外资才能放心投入；只有经济繁荣、管理有序、办事效率高、跟踪服务好、成本费用低、回报率高、拥有健康的文化氛围和诚信的商业道德，才是最好的投资环境。

不只是“外来和尚会念经”。招商引资的目的是借助外力发展自己。欠发达地区要实现“跨越式”的发展，无疑需要大力地引进增量，依靠外力助推。但有的地方在加大招商引资力度的同时，忽视了激发内力的工作，有的地方对“内商”不支持不保护，不仅不给优惠政策，还依然“卡、拿、索、要”，甚至有意无意地设置障碍，使“内商”投资兴业感到步履维艰。对投资者搞内外有别，将导致不利的后果：让“内商”感到受了不公平待遇，挫伤投资积极性，不利扩大生产；一些“内商”为了享受优惠政策，通过转移资金、变更法人，变成“外商”，不利于维护诚信经营和正常的市场秩序；一些“内商”为了享受优惠政策，降低投资成本，跑到外地当“外商”去了，往往是招来了外地“和尚”跑走了本地“僧”。从根本上来说，“商”并无内外之分，只要依法经营，只要是有利于当地经济发展，不管是招进来的“外商”，还是土生土长起来的“内商”，都应当支持和保护，都应当为他们创造良好宽松的发展环境。何况任何一个地方的发展，最终取决于那里人的素质，在于经济发展的“种子”要好，在于播下千万颗好“种子”，倘若不注重为经济发展培育好的

“种子”，倘若不注重调动“内商”积极性，可以预料本地经济是难以持续发展的。按照世贸组织的非歧视原则，“内商”“外商”都要享受同等国民待遇，不能搞“内外”有别。对“外商”固然需要厚爱一分，对“内商”同样需要善待。任何时候，调动多个方面的积极性比调动一个方面的积极性要好。

（《企业经济》2002 年第 9 期）

加强投资软环境建设

投资软环境是相对于自然条件、交通、供水、供电、通信等“硬件设施”而言，是指政府在市场经济体制还不够健全的条件下，通过体制、机制创新和改进工作方式，搞好公共服务，构建一个便于投资和有利于提高投资效益的市场体系和政府运行机制，营造一个宽松、健康、公平、有序的发展环境。投资软环境重在建设。首先，需要进一步克服只重视改善投资硬环境，不重视改善投资软环境的陈旧观念，更要纠正“听之任之、无所作为”的错误做法，铁下心来狠抓软环境的整治和优化。其次，需要不断创新思维方式和工作方法，要“让政府经营社会，让企业经营企业”，建立与国际惯例接轨的全新机制和体制。优化软环境不能仅限于热情接待、实行优惠政策，而要注重经济景气、发展后劲、经济结构的调整和优化、产业的配套、中介组织的培育。不断提高经济综合竞争力，增强对外资的吸引力。

完善法制环境。改变和克服政出多门和重复执法的现象。有关部门应着手全面清理有关吸引外商直接投资的政策、法规和规章，废止与 WTO 规则不相适应的政策、法规和规章。凡新政策法规出台，必须及时通过相关渠道向外商投资企业公开，并上网公布。要全面落实社会综合治理的各项措施，坚决打击扰乱社会秩序的违法犯罪分子，严肃处理破坏发展环境的人和事，营造稳定的社会治安环境。从而形成一个人人知法守法、依法办事的法制环境。

完善政策环境。地方政府一方面要坚决贯彻上级制定的政策法规，保持政令畅通；另一方面又要根据实际情况，不断优化投资环境，清理过时文件，取消不合理收费项目，坚持简政、放权、让利等原则，制定能够吸引境外和外地投资、刺激本地经济快速发展的具体政策。要考虑政策的稳定性和连续性，提高政策的透明度，对那些符合上级精神、被实践证明行之有效的政策要一如既往地坚持执行；对外商承诺了的优惠政策，要坚决兑现，以取信于民、取信于商，营造一个宽松开明的政策环境。

完善市场环境。目前的市场秩序还不理想，治理整顿的任务十分繁重。要治理整顿市场经济秩序，防止恶性竞争。打破地方垄断、行业垄断，打击欺行霸市、强买强卖，清除地方保护主义；打击坑蒙拐骗和制假售假，惩处扰乱市场秩序的行为；建立健全社会信用制度和政府信用体系，政府要从一般竞争性行为领域撤退出来，把工作重点放在信用的规范协调上，建立健全信用的调查、登记、评估、咨询体系，督促市场主体诚信守诺，消除不讲信誉、不守信用的现象；大力培育社会中介机构，构建社会服务体系；大力推进各种生产要素的市场化进程，提高市场化水平，发挥市场配置资源的作用，建立统一开放、公平竞争、健康有序、高效宽松的市场环境。

完善行政管理环境。把工作重点转到经济调节、社会管理、公共服务上来，把生产经营权和投资决策权真正交给社会中介组织，把群众自治范围内的事情交给群众自己依法办理。要尽快取消和简化行政性审批，对保留下来的审批事项，应当明确程序、时限和责任，增加透明度，使必要的审批能够提高效率；要针对当前国际资本流动的新特点，减少投资领域的限制，改进外资准入制度，拓宽招商领域；要及时改革不适应国际规则的管理制度和工作方法，建立符合国际规则的运行机制和与国际惯例对接的管理模式，逐步实现管理的科学化、法治化和现代化；要完善行政机关办事制度，提高办事内容、程序的透明度，倡导政务公开；行政管理部门要扫除衙门习气，强化服务职能，转变工作作风，提高办事效率和服务质量。

改善融资环境。资金不足、融资困难一直是制约我省各地经济发展的瓶颈之一。要改善融资环境，一要密切银企关系。银行要从发展的观点出发，对那些信誉好、效益好、前景较好的项目应当积极予以贷款支持；企业也要恪守诚信，及时付息还贷。二要加速推进 BOT 等项目融资和国际债券融资。BOT 是直接利用外资的一种新的形式（通过政府或所属机构为外商投资者提供特许协议，准许投资方开发建设某一项目，项目建成后在一定期限内独立经营获取利润，协议期满后将项目无偿转交给政府或所属机构）。要积极利用 BOT 项目融资，加快基础设施和公共设施建设。三要组建海外基金。可以先行探索与国外有实力的大财团合作的途径，组建海外基金，扩大利用外资途径，发展本地的能源、交通基础设施建设，以及用于国有企业技术改造等。四要发展风险投资。对高新技术产业和新兴产业要建立风险投资机制，政府也可以通过以土地等固定资产为资本建立政府风险资金，带动风险投资。五要制定发展非公有制经济优惠政策，放宽民间资本进入领域限制，疏通和建立个体私营企业融资的渠道，从而刺激和启动民间资本投入。

改善人文环境。投资软环境说到底是人的问题，一个地方人们的思想观念、精神面貌、综合素质直接影响该地方的人文环境和经济的发展。经济的竞争说到底是人才的竞争，是人口素质的竞争，劳动力的素质已经成为引资的重要因素。国民素质也是一种非常宝贵的投资环境，是一种无法替代的社会资源。目前，全省上下开展塑造江西人新形象的活动，具有很强的现实意义。以文明、诚信、进取、开放、实干为主旨的江西人新形象的树立，将进一步改善江西的人文环境，促进我省招商引资和经济社会的发展。为此，要以开展“塑造江西人新形象”主题教育活动为契机，增强广大群众的开放意识、市场意识、机遇意识和创新意识；加强公民道德教育，提高公民的道德水平；加强对干部的文化知识和业务知识培训，提高干部业务素质，从而提高当地整体公民素质，推动招商引资良性循环和经济的可持续发展。

（《江西通讯》2002 年第 11 期）

招商引资工作思路浅谈

综观全国欠发达地区，在谋求经济发展的过程中，均把招商引资作为经济工作的重头戏，不仅在基础设施建设上下了大力气，而且在营造宽松的投资环境方面做了大量工作。随着软硬环境的改善，招商引资的效果越来越明显。但在加大招商引资工作力度的同时，如何使其真正成为推动本地经济持续、快速、健康发展的助推器，是一项值得认真探讨的课题，结合本地招商引资工作的体会，笔者从以下方面谈几点思路。

一、要把完善市场经济制度和投资环境作为招商引资工作战略的重点

投资环境的优劣已经成为决定招商引资工作成效的关键因素，优化投资环境已经成为招商引资工作的战略重点。而投资环境的好坏，根本上又取决于该地的市场经济制度的完善程度。冷静分析，制约区域经济发展的一些深层次问题的解决，最终还是靠建立和完善社会主义市场经济体制，通过深化改革，“突破影响生产力发展的体制性障碍”。事实上，缺乏健全有效的法律法规和政策的不稳定性仍然经常引起投资者的抱怨，动摇投资者的

信心。这说明相关制度的建设并与市场经济的接轨，显得特别重要。因此，要注意推进政府职能的转变，减少政府干预，使经济主体能成为市场主体；要大力推进各种要素的市场化发展进程，切实提高市场化水平，发挥市场配置经济要素的作用；要积极营造各种市场主体公平竞争的制度和法律环境，从而从整体上推进社会主义市场经济体制的建设，为招商引资工作和生产力发展提供一个良好的体制环境。尤其是利用外资方面，更应按照 WTO 多边规则和中国的承诺，清除或修改与这些规则、承诺相抵触的贸易与投资政策；建立和完善与国内市场开放以及贸易投资活动市场化进程相适应的宏观调控体系；利用多边框架下能享有的制度与政策自主安排空间，构筑必要的产业保护和经济安全体系。

环境就是生产力。在市场经济条件下，经济发展环境的优劣，直接关系到一个地方的综合竞争力，直接关系到一个地区经济发展的快慢。硬环境不够好，要靠软环境来弥补。要坚定不移地打造开放的思想、开放的政府、开放的环境；要治理整顿市场经济秩序，要打破地方垄断、行业垄断，打击欺行霸市、强买强卖，清除地方保护主义，实行公平竞争；信用也是一个地方的核心竞争力，要建立信用经济，让诚信成为诚信者的“通行证”，克服和防止不讲信誉、不守信用的现象，使不讲信用的人无以在社会上立足；要改革政府行政审批制度，减少审批程序和办事环节，把工作重点放在宏观调控、社会管理和公共服务上，切实提高行政效率；要大力培育中介机构，构建社会服务体系；要着力搞好社会治安综合治理，维护社会稳定，建立公平、高效、宽松、有序的市场环境。

二、要充分发挥招商引资对结构调整的促进作用

经济结构优化是欠发达地区追求的目标。欠发达地区往往第一产业比重偏高，第二、第三产业偏低，且各产业内部结构也不合理。而产业结构调整是一项庞大的系统工程，是一个漫长而渐进的过程。优化经济结构可以采取多种方式，大力招商引资、借助外力推动就是一种有效的途径。欠发达地区要善于利用招商引资，发挥地方比较优势，根据本地经济结构特征，引进外来的资金、技术和人才进行嫁接，做大做强有潜力的产业，发展新兴产业，提升产业结构水平，努力促进经济结构的调整和优化。当前，应在特别重视保持劳动密集型产业稳步发展的同时，注意提升其科技含量和附加值，适当发展高科技产业。在经济全球化趋势不断发展的今天，要放宽眼界，参与全球产业结构调整，在有利于形成产业集群上下功夫，发展关联产业，做大产业集群，形成产业规模优势，提高产业竞争力。主导产业和辅助产业的建立，都依赖于基础结构的发展，基础结构从交通运输、能源供应、情报信息传递、物资调拨等方面保证主、辅产业的健康发展。欠发达地区基础结构建设相对滞后，已成为结构调整的制约因素。因此，在建构和做大主导产业和特色产业的同时，要高度重视基础结构建设，可以引进资金适度超前建设基础结构，为结构调整和优化打好基础。要采取有力措施，促进本地城市化发展，完善城市基础功能，增强城市吸纳力，形成人流、物流、资金流和信息流的聚集，为国

内外投资者提供更多的发展空间与商业机会，鼓励国内外投资者进行资源开发型产业投资和旅游资源的开发利用，使资源优势尽快转化为经济优势。

三、要通过方式创新提高招商引资的规模和质量

外商对我国投资信心和安全感很大程度来自对于我国经济运行状况的分析。一个发达、成熟的资本市场恰恰可以提供分析经济状况的重要信息，并向其展示更丰富、更全面的投资机会，资本市场的发育和完善有利于优化我国的投资环境。可以预料，未来能否从资本市场中分享更多份额，是衡量一个地方招商引资工作规模和质量的一个重要标志。要通过创新，为其提供更大的空间。要扩大对外开放的领域，目前需要逐步减少服务贸易领域的准入限制，有步骤地开放金融、保险、电信、外贸、商业、旅游以及会计、法律服务等行业；要努力适应世界范围的资本证券化潮流，通过资本市场的逐步开放和金融体制的完善，利用金融创新手段，提高资本市场的国外资本吸纳能力；要根据国际资本流动的特点和动向，根据沿海发达地区资本运作和低成本扩张的需要，建好载体，搞好承接，使外来资本落户并尽快增值。在国有经济战略性重组和国有企业改革过程中，要大胆利用招商引资的手段，尽快建立相关的购并法律体系，降低投资者实施购并的法律风险，构筑企业职工的社会保障和援助体系，实现吸引外资和实现公平竞争、社会稳定的多种目标。

四、要把招商引资作为培养和锻炼干部、企业管理人员的一条途径

建设社会主义市场经济，需要大批懂经济、懂市场、懂运作、善管理、作风好、能吃苦的干部。只有造就了一支懂经济、善于抓经济的干部队伍，才可能带动一个地方经济的快速发展。招商引资是一项重要的经济工作，尤其是欠发达地区发展经济的重要举措。所以，让广大干部和国有、集体企业管理人员投入到招商引资工作中，既是发展地方经济的需要，也是发现、锻炼、培养和考察干部的需要。招商引资的全过程，是市场经济运行的一个缩影，涉及经济要素的各个方面和市场运行的各个环节。参与招商引资的人，需要掌握经济知识、法律知识，熟悉本地经济情况，了解对方的投资心理，还要有谈判技巧、服务意识、实行措施。事实表明，干部、企业管理人员在进行招商引资过程中，亲身参与经济工作，在经济工作的磨炼中增长了见识，练了本领，思想观念发生了很大变化，市场经济规则意识明显强化，务实作风明显改变，市场经济知识明显丰富，服务意识明显提高，特别是参与经济工作的能力得到很大提高。而一个地方的发展，关键在人，培养造就一批高素质的干部队伍和企业家队伍，就可以为当地经济发展注入活力，带动地方经济快速发展。

（《经济前沿》2002 年第 12 期）

招商引资应讲辩证法

招商引资工作是一项系统工程，要使其实现可持续发展，就需要从整体上把握，需要从实际出发，需要辩证地处理好有关问题。

一是在指导思想上，要辩证处理“强化招商意识”与“树立有意识招商”的关系。经济要发展，投入是关键。资金紧缺是长期困扰和制约地方经济发展的“瓶颈”，要谋求跨越式发展，就必须坚定不移地走借助外力发展自己之路，而招商引资是缓解资金紧缺的有效途径。因此，需要不断地强化招商意识，“不管东南西北风，咬定招商引资不放松”，采取有力措施，营造招商引资的浓厚氛围。与此同时，在招商引资的过程中，要避免“捡到篮子里的都是菜”“眉毛胡子一把抓”“大起大落”的做法，真正树立起“有意识招商”的理念，提高招商引资的水平和效益。要围绕本地经济发展的战略和目标来展开，要针对增加经济总量、优化经济结构、培育后续财源、增加就业岗位来实施；要注意分析经济全球化的趋势，掌握沿海发达地区产业转移的走势；要加强对资源的整合，项目的包装，上、中、下游产品的衔接，产业链的培育与形成；要下决心建立一支素质优良的专业招商队伍，转变招商方式，降低招商成本，努力实现以商招商、特色招商、产业招商。

二是在制定政策上，要辩证处理“取”与“予”的关系。追求效益、谋求发展是招商引资合作双方的共同目标。任何一个投资商的投资取向都是谋求利益最大化、追求最高回报率。所以，在招商引资工作中，一定要学会换位思考，守住自己的底线，大胆地予以让利。要树立“近期让利”是为了“长远得利”的思想，舍得拿出最好的资源、最好的产品、最好的项目、最优惠的政策与投资方合作，使客商在不断获利的过程中增强扩大投资的兴趣和信心，使客商落户以后真正有利可图，从而吸引更多的客商来投资。要学会倒算账，算大账，算活账，先替客商着想。只有做到“先予后取”“多予少取”，才能把招商引资工作越搞越活。当然，招商引资也要算成本，不可为招商而招商，更不能为了完成招商任务，而不计政府收益，或不顾生态环境以及不可再生资源的可持续利用。真正把招商引资与谋求本地经济的可持续发展结合起来，既谋求当前的发展又顾及本地的长远利益。

三是在引进内容上，要辩证处理“引资”与“引智”的关系。经济发展需要多种经济要素的优化配置，资金是诸要素中最重要的要素，没有资金万万不行，但光有资金也不行。一方面，要把引进资金作为重要工作内容，坚持以资源、市场、存量换资金；另一方面，要把引智提上重要位置，把人才、技术、管理经验引进来。市场的竞争更多的是人才和技术的竞争。工业通过引智，可以解决一批技术难题，促进企业技术进步和新产品开发，可以提高企业管理水平，降低产品成本，提高市场竞争力；农业通过引智，可以引进大量的良种良法，促进种养业水平的提高和产业化的形成，加快贫困地区农民脱贫致富的步伐；其他诸多领域，通过引智都可以取得较好的效果。尤其是通过资金、人才、技术的聚集，可以使引资开发项目在高标准上稳健起步，在高效益中持续运作。同时，还应注重借外力培养本地技术骨干和管理人才，真正做到“引一个项目，出一批人才，兴一方产业、强一地经济”。

四是在工作部署上，要辩证处理“招得进”与“留得住”的关系。能否塑造良好的地方形象，能否成为一方投资热土，能否使大批客商涌入，能否谈成大量的合作项目，是一个地方招商引资效果优劣的直接体现。一个新项目就是一个新经济增长点，就是一个新财源。只有源源不断地引进新项目，才能保持经济的强劲发展。形成合力，强化责任，做到“招得进”，固然十分重要，但不能孤立地抓招商，要跳出招商看招商，着眼于打造优良的招商平台，造就良好的投资环境，最终使本地诚信度最高、投资成本最低、回报率最高、服务最优，使客商能留得住，项目能获利。为此，要不断整治规范市场秩序，以优越的软环境弥补硬环境的不足，不断完善政策法规，确立依法办事的思想观念，营造“人人都是投资环境、处处都是招商引资形象”的良好氛围。坚持局部利益服从全局利益，各有关部门和单位要通力协作，认真落实各项优惠政策。对已经签订的项目要高度重视，搞好跟踪服务，尽心尽力帮助其搞好开工建设，直至产生效益和做大做强。只有使项目能“招得进”“留得住”、发展好，才能真正做到广招天下客商，广聚四方资金。

五是在项目选择上，要辩证处理“大”与“小”的关系。一个地方经济竞争力如何，取决于经济总量的大小、经济结构的优劣、经济发展后劲的强弱。而那些能够牵引和带动区域经济发展的大项目的进入，往往能更直接、更有效地增强一个地方的经济竞争力，成为拉动经济快速发展的“火车头”，成为营造招商引资集聚效应的“金字招牌”，成为解决大批劳动力就业问题的“减压阀”。所以，许多地方把它作为重头戏来唱是正确的，也是富有成效的。因此，要注重围绕建立资本市场进行招商引资，注重在基础设施建设上进行招商引资，注重在做大产业集群和主导产业和辅助产业的建立上进行招商引资，千方百计将大项目引进来、留得下、建设好，使之起到“引一项而动全局”的“龙头效应”。但是，必须清醒地看到，不少地方由于在区位条件、交通设施、经济基础、劳动力素质等方面存在明显差距，对大项目的引进缺乏配套能力，存在不少的障碍。因而在招商引资的项目选择上，应当采取灵活措施，有大引大、善于把项目做大；有小引小，积小成大。现阶段，对那些传统产业、劳动密集型的项目，更应认真对待，要从实际出发，立足于小项目的增加和发展，壮大特色产业，实现由小到大的转化。

（《企业经济》2002 年第 12 期）

招商引资的九个策略

招商引资是扩大开放、借助外力发展的主要抓手，是经济活动的主战场。真正做好这项工作，需要战略上明晰，战术上有实效。除此之外，在指导整个工作过程中，还要把握一些基本策略。策略是决策者的想法、利害盘算和推断，是根据形势发展而制定的行动方针和应对措施。策略是介于战略和战术之间的一种谋略，小于战略，但更有可操作性；大于战术，但更有指导意义。对于招商引资工作来说，策略是指在招商引资过程中一张营运作战的蓝图。

一是软硬兼施。投资环境的优劣已经成为决定招商引资工作成效的关键因素。投资环境是指投资所处的自然、物质技术、经济、社会条件等。一般由硬环境和软环境两大部分构成。硬环境系统，是指人们能够直接感触到的，看得见摸得着的物质技术形态的环境因素的总称。通常包括气候环境、地理环境、自然资源环境、国土资源环境、设施环境、产业环境和人居环境等。软环境系统，是指具有较强精神性的环境因素，往往表现为看不见摸不着，但却能够被人们所感知的环境因素的总称。主要包括制度环境、体制环境、政治环境、行政环境、法制环境、政策环境、服务环境、诚信环境和人文环境等。一个好的投资环境应该是软、硬环境兼优，不可偏废。硬环境的优化，关键是要广开投资渠道，加大基础设施建设投入，不断完善硬件设施，提高外资承接能力。随着经济的发展，随着硬环境的普遍改善及基础设施的日渐完善，区域和城市的软环境成为招商引资发展经济的关键性因素，成为区域经济、城市经济综合竞争力的标志。营造良好的软环境，要积极疏通融资渠道；要坚持依法行政，减少审批程序和办事环节，不断提高办事效率；要下决心整顿市场秩序，规范市场运作，创造公平竞争的条件；要强化诚信的商业传统，提升政府信用；要规范亲商服务，减免服务费用；要营造亲商文化，与客商形成价值认同，使当地成为投资者向往的热土。尤其是欠发达地区，硬环境相对落后，更要通过政策创新、制度创新、管理创新等改善投资软环境，最大限度地降低可变成本，从而使其总商务成本低于其他地区，实现以柔克刚。

二是抛砖引玉。投资是为了回报，利益最大化是任何投资者的根本追求。要吸引客商，必须要让客商有利可图。因此，在招商引资工作中，要破除地方保护主义和“肥水不流外人田”的狭隘小农思想，要消除“别人发财就眼红”的平均主义思想，要放眼长远利益，不能斤斤计较眼前利益，正确处理好眼前利益和长远利益的关系。为了地方长远利益，为了将来更大的发展，必要时舍弃部分眼前利益，让点利，减免点规费，给一些优惠政策，以便能留住客商，多提供就业岗位，增加税收。若欲取之，必先予之。让小利而得大利，让些近期利益以获取长远利益和根本利益，以求盈利与发展双赢，这是招商引资必须一以贯之的谋略。

三是知己知彼。知己知彼，百战不殆。招商引资工作是一项双边活动，是一个双赢过程。既然是双边活动，就有一个知己知彼的问题。所谓知己，就是要了解本地各方面的情况，对自己所处地方的历史沿革、风土人情等人文资源如数家珍；对本地社会发展现状、发展计划、产业结构状况一清二楚；对自己的优势和劣势、优惠政策、办事程序都烂熟于心；对招商工作涉及的法律、法规和政策做到熟练掌握；对自己所能让步的底线和谈判项目的投资成本心中有数。所谓知彼，就是要掌握国际资本流向、沿海产业升级和转移情况；要了解客商的投资心理、经营习惯、思维方式、商业文化、生活习俗等；要把握客商在想什么、最关心什么、最希望什么。在了解双方情况后，再权衡得失，寻找利益共同点，有针对性地开展工作，想客商所想，解客商之惑，称客商之心，从而达成合作。

四是以诚取胜。现代市场经济是法制经济、诚信经济。一个地方的信誉和社会信用体系如何，直接关系到一个地方的形象和综合竞争力。客商投资要考虑投资安全性，最担心的是当地政府不守信用，当地合作者不讲诚信。因此，对待客商要真诚，要以心换心，将心比心，取得客商的信任，让客商放心投资。对客商承诺了的优惠政策要坚决兑现，以取信于客商。政府要建立健全信用的调查、登记、评估、咨询体系，搞好信用的规范协调，督促市场主体诚信守诺，消除不讲信誉、不守信用的现象，通过坚守诚信，打造信用品牌，从根本上优化投资环境，达到以诚取胜的目的。

五是打造平台。大规模地、持续地开展招商引资，需要打造一个良好的招商平台。而工业园区可以最大限度地发挥工业企业的规模、聚集、辐射和带动效应，是目前最好的招商引资平台。要坚持量力而行和尽力而为的原则，坚持科学制定发展规划的原则，坚持产业兴园的原则，坚持“政府操作、市场运作”的原则，精心打造好这一平台。努力实现以园区为依托，进行产业招商。园区招商既要充分考虑国际上相关产业发展动态和进程、国内的产业政策和相关产业的发展趋势，又要根据自身的情况，突出特色，注意上、中、下游产品的衔接，促进产业链的形成，促进产业的升级和壮大，集中力量发展一两个重点产业，发挥规模聚集优势，培育核心竞争力，实现产业突破。

六是围魏救赵。就是要树立逆向思维，采取逆向招商法，把客商放到主角的位置或让客商有主人翁的感觉，要把客商作为当地的投资主体平等对待，使客商真正感觉到当地投资环境的优越并有归属感和认同感，从而让客商现身说法，实现以商招商。从我方来说，就是要甘当配角，瞄准客商的投资意向，了解客商准备实施的项目，为客商搞好服务和配套，争取使客商项目落户本地并有良好效益。现在很多大企业、大集团都需要进行规模扩张，因此我们要抓住机遇，甘当助手，提供配套，搞好跟踪服务，使客商乐于落户本地。

七是草船借箭。就是指利用一切可利用的事物和优势进行招商引资。当今时代，注意力和知名度已经成为生产力。一个地方的知名度高、影响力大、优势广为人知，就可以有效地促进招商引资工作。为此，一要把本地固有的优势进行广泛宣传，使其广为人知；二要通过举办各种会议、展览和地方特色的节日，大力展开城市宣传和推销，树立地利人和、商机无限的美好形象；三要挖掘地方的文化内涵，利用历史名人、文化名人和名胜古迹，进行文化搭桥，吸引客商投资，也可以利用地缘、亲缘和宗族源流，联系大集团、大企业，以文化认同和亲情招商。

八是凿壁借光。此树本无花，也可以使其开花，让美丽的花朵和树枝交相辉映，其气势就不一样。借局布势，力小势大。就是说，要善于借势造势，巧借外力招商。在我国正式加入世贸组织、世界经济一体化加快的今天，在中央继续扩大改革开放、东部沿海地区经济快速腾飞、西部大开发如火如荼的新形势下，中部地区的省、市正面临一个难得的历史机遇。为此，要加强横向经济联合，不断改善投资环境，积极承接沿海发达地区的产业梯度转移，加快与发达地区在市场体系和制度上的接轨，主动打通与先进城市的软硬壁垒，实现全面接轨和一体化；要甘当发达城市的“后花园”和资源基地，呼应发达地区发展，发挥自己的比较优势，深入发达地区招商，把彷徨在发达地区的企业引进来，充分借用芳邻的优势，促进自身发展和竞争力提升，并积极实施“走出去”战略，参与国际分工，与国际新兴产业搞好配套，吸引更多的客商前来投资。

九是与时俱进。引资工作也要与时俱进，因为这项工作不是一成不变，而是不断发展提高的。为此，要根据形势的发展和招商引资工作的进度，适时地调整招商引资政策和策略，确定新的引资产业重点、区域重点和客商重点，创新招商引资方式、方法；要善于抢抓并充分利用每一次国内外环境变化所创造的机遇，赶在市场条件和风险到来之前，领先一步进行调整，营造规避风险的环境，抢占先机，使当地成为资金流动的洼地；要在充分利用现有比较优势的同时，面向未来，创造新的比较优势，形成对客商的持续吸引力；要不断创新和丰富招商手段，在搞好政府招商、会议招商、项目招商的基础上，实行企业招商、中介招商、委托招商、网上招商、专业招商和以商招商，切实降低招商引资成本，提高招商引资效率。

（《抚州日报》2003 年 1 月 16 日）

招商引资过程中应坚持的几个基本原则

招商引资作为一项常规性经济工作，是有规律可循的。要做好这项工作，有几个基本原则应当遵循。

一是尊重需求的原则。招商引资能否成功，关键在于引资方的需求和投资方的需求能否找到结合点，更重要的是要能满足投资者的需求。一方面要根据本地的经济现状、发展规划和区位优势，考虑经济结构优化和产业链延伸等自身的需求；另一方面要了解世界经济和全国经济走势，了解国际国内资本流向、发达地区产业升级和转移情况，掌握市场需求和投资者需求。在掌握双方需求的情况下，认真细致地做好招商引资的基础工作，研究制定招商引资方案，对外资来源、投资规模、产业结构、招商地区、招商对象和引资方式等进行综合分析，合理选择，找到投资方需求与自身需求的结合点，满足客商的投资需求和利益保障，激发客商投资的欲望和信心，使客商乐于前来投资兴业。

二是双赢的原则。招商引资的目的在于加快当地经济发展，而客商之所以愿来投资，也是因为资本可以增值，有利可图。只有做到了双赢，招商引资才能获得成功。因此，在与客商的谈判和合作中，一定要坚持这一原则，正确处理予与取的关系。既要学会换位思考，大胆地予以让利，舍得拿出最好的资源、最好的产品、最好的项目、最优惠的政策与投资方合作，增强客商投资的信心和兴趣，吸引更多的客商前来投资；也要计算招商成本，守住自己的底线，在客商有利可图的同时，有助于我方的发展，处理好眼前利益和长远利益的关系，做到客商盈利和当地经济发展的双赢。

三是整合资源的原则。只有经过整合的资源才可能转化为资源优势，才能为合理利用和开发打下基础。整合资源，就是要利用经济、法律、行政等多种手段，对大量处于割裂、错位、闲置和废弃状态的资源进行清理、组合和运用，通过合理流动和配置，使之发挥作用，为当地经济发展和社会进步创造条件。因此，在招商引资的前期，要对本地的自然资源、特色资源、闲置资源和无形资源进行盘点，研究整合资源的思路与对策。引进外来资本对资源进行整合，是资源整合的一种有效途径，这就要求招商引资要与整合资源结合起来。要引进资金开发特色资源和优势资源，培育、做大、做强优势产业；要引进资金改造、嫁接、盘活闲置资源，使之成为有效资产，改善经济结构；要引进资金参与调整城乡资源配置，引导投资者参与信息化、工业化、城市化和农业现代化建设，从而实现资源与资本、产业、市场的整合，使资源优势成为招商引资的竞争优势。

四是引资与引智、引制相结合的原则。在人类已经进入信息时代、知识经济初露端倪的今天，经济的竞争更多的是人才和科技的竞争。但在招商引资过程中，有些地方只注重资金的引进，而忽视了引智（掌握先进技术和管理经验的人才）和引制（先进的管理模式和制度），结果招商引资未能解决经济生活中一些固有的问题。因此，在招商引资过程中，一定要把引智、引制摆上重要位置，把人才、先进的技术和管理经验引进来，实现资金、技术、人力等经济要素的聚集和优化配置，使引进项目在高起点上稳健起步，在高效益中持续运行。同时，还应注重外力培养本地技术骨干和管理人才，提高技术含量，改进管理制度，真正做到“引一个项目，出一批人才，兴一方产业，强一地经济”。

五是可税原则。就是可以增加税收和促进就业的原则。这既是招商引资的一个目的，也是招商引资成功的表现之一。对欠发达地区来说，尤其注意遵循这个原则。财政紧张、投入不足和就业困难是欠发达地区经济面临的主要难题，要破解这一难题，就要大力招商引资，特别要注重可税项目的引进。因此，欠发达地区招商引资要把重点放在工业、加工业项目的引进上，在产业选择上不必追求“高、新、尖”，而应甘当配角，善于承接发达地区的产业转移，勇于做好高新产业的配套产品，利用外资嫁接提升传统产业和传统产品；还应当特别重视劳动密集型产业的引进，从而扩大就业，带动第三产业发展，增加财政收入。

六是可持续发展的原则。实施可持续发展战略，是我国现代化建设的关键问题之一，也是保证经济健康有序发展必须遵循的原则之一。招商引资作为一项经济工作，也应坚持可持续发展原则。在抓招商引资的同时，要注意节约资源、保护环境。在千方百计搞好招商引资、加快经济发展的同时，还要谋划长远，为未来的可持续发展创造更好的条件，绝不能为了追求招商引资的政绩而不惜破坏资源、污染环境，绝不能为了短期利益而吃祖宗饭、断子孙路，绝不能走浪费资源、先污染后治理的路子。对那些严重污染环境、浪费资源、高危的项目，不管经济利益多么诱人，都要拒之门外。切实把招商引资与优化经济结构结合起来、与谋求当地经济的可持续发展结合起来。

七是确保平稳过渡的原则。从外资项目的引进到竣工投产、发展壮大，需要一个过程。这个过程如果能平稳过渡，表明引进的项目已经成功。引进项目只是成功的开端，要使项目顺利实施还有许多工作要做。因此，政府各有关部门和引进单位对已经签订的项目要高度重视，通力协作，认真落实各项优惠政策，减少办事环节，提高办事效率，主动热情地搞好全程跟踪服务，帮助解决项目开工建设和企业生产经营中的困难，维护良好的治安环境和生产秩序，为客商企业的发展壮大提供宽松的环境。尤其是对引进外资嫁接改造的企业，要协调好各方关系和利益，要超前考虑和妥善处理好企业现有在岗退休人员安置问题，防止因宣传发动不到位或处理不善而导致内部不稳定因素的出现。引进的企业若能平稳过渡，顺利实施，发展壮大，就是一本最好的招商引资宣传书，还会招引更多的客商前来投资，使当地成为客商云集的宝地。

八是市场化原则。招商引资是经济活动，必须按市场经济规则运作。但这一原则没有得到应有的尊重，现在很多地方招商引资主要形式还是政府招商、官员招商，大多招商活动都是政府出面组织的，招商成本较高；在与客商的合作和项目实施过程中，也没有按照市场规则办事，政府常常出面指定合作对象，以行政干预的手段要求本地企业降低合作成本，一些外商开发的项目或外商参股的项目工程也不招标，外商项目使用的土地常由政府下文免费出让或指定廉价出让。招商引资活动中过多的政府行为容易导致腐败行为。为此，要尽快转变招商引资方式，减少政府招商、官员招商，推进企业招商、社会中介招商、专业招商和网上招商，政府要把工作重点转移到优化投资环境和保护客商合法利益上来。在客商合作对象的选择上，要尽可能通过公开、公平、公正的方式招标确定；经营性土地使用权要招标拍卖或挂牌出让。从而降低招商引资成本，实现高效招商、廉洁招商。

九是确保政府控制力的原则。政府不直接参与具体的招商活动，并不意味着政府可以对招商引资不管不问，对引进的企业放任自流，而是要把主要精力放在招商引资工作的宏观调控、政策指导和信息服务上来。政府的调控作用主要体现在制定政策、监督政策的执行、为企业提供需要的信息，并利用政府对外联系渠道广、范围宽的优势为企业牵线搭桥。要保证招商引资工作符合当地经济社会发展的要求，符合当地经济发展的方向和规划，实现招商引资的健康发展。当某项产业过热或不利于当地经济结构优化时，就要通过制定有关政策进行限制和引导。对引进的企业，在兑现优惠政策、保证客商合法权益的同时，也要按照国家的有关法律法规、产业政策和行业规定，行使政府管理职能，要求企业合法经营，遵守行业规定，依法纳税，自觉承担相应的社会责任和公益服务义务，保障职工的合法权益和人身健康。

十是依法运作的原则。招商引资必须依法运作，这既是优化投资环境、保证招商引资工作健康发展的需要，也是保护客商合法利益的需要。市场经济是法治经济，投资者越来越看重法治环境是否有利于企业的成长、壮大。只有地方政府依法行政，市场依法经营，公民知法守法，才会有好的社会环境和市场竞争环境，才会对投资者产生磁场效应。在与客商的合作过程中，要坚持依法办事，要坚决遵守国家的法律法规，尤其要注意遵守公司法、合同法、税法、劳动安全法、环境保护法等跟企业活动直接有关的法律。招商引资的“优惠政策”要合法，要符合经济规律，那些与WTO规则和国家法律法规不相适应的“优惠政策”，是不受国家法律保护的，是不能从根本上保护客商利益的，必须淘汰废除或进行调整完善。在招商引资活动中，要保护好客商的合法权益，确保他们的投资安全。但对客商的不法行为不能一味迁就，对那些借招商引资洗钱、生产违禁产品、野蛮开采资源、严重污染环境的行为要坚决制止，已经构成犯罪的要尽快请司法机关介入查处。只有这样，合法商人的利益才能得到保证，一个地方的法治环境和市场秩序才会正常，经济发展才可能步入健康持续发展的轨道。

（《企业经济》2003年第3期）

五、 扶贫与“三农”工作

农村工作也要“抓大放小”

——浅谈如何加快农村经济的发展

当前，农村工作正面临着深化改革、促进发展的历史机遇，如何在千头万绪、纷繁复杂的农村工作面前，坚持以经济建设为中心，把握重点，抓住根本，放活机制，全面加快农业和农村经济的发展？笔者认为，在深化国有企业改革中发挥重要作用的“抓大放小”方略，对于做好农村工作尤其是做好农村经济工作同样具有实践意义。

一、“放小”，就是要解放思想，转变观念，进一步放开放活农民生产经营的自主权

目前制约农村经济持续稳定发展的因素较多，但最大的阻碍仍是政府甚至村级组织对农民生产经营活动过度的行政干预，挫伤了农民的积极性。实践证明，农民的积极性是发展农业和农村经济的根本，发展农村经济的最主要动力来自广大农民生产积极性的释放和发挥。在生产实践中，农民是富有理性的，尤其是在温饱线的农民，为了生存和改善生活，必然会对各种开支精打细算，对各种机会想方设法去争取。在农村经济和社

会情况极为复杂的情况下，和农民不具有同等切身利益的政府很难与农民做出同等细致的计算和精明的反应，因此在农业生产经营方面试图干预农民生产经营活动是极不理智的。回顾20年来的农村改革历程可以发现，无论是家庭联产承包责任制，还是乡镇企业，无一不是农民自己的发明创造。我们完全有理由相信，只要赋予农民充分的生产经营自主权，尊重农民的创造和选择，农民是能够适应市场经济的发展的。所以，要加快农村经济的发展，一定要进一步冲破计划经济旧体制、旧观念的束缚，主动适应市场经济的要求，放开放活农民生产经营自主权，把生产什么、生产多少，如何生产、为谁生产，这些市场经济中的独立商品生产者应具备的最基本权利归还给农民，让广大农民接受市场经济的考验和挑战，在加快农村经济发展的实践中大显身手，创造奇迹。

二、“抓大”，就是要顺应新形势的变化，遵循市场经济规律，抓住农村经济工作中最为主要的、根本性的工作

当前要突出抓好以下四大方面的工作：

一是以市场为大，积极开拓农村市场。随着农业生产和农村经济的发展，农村市场已发生了根本性的变化。农产品供求已实现由卖方市场到买方市场的历史性转变，并预示加快传统农业向现代农业的转变，根本出路在于市场化、商品化。因此，发展农村经济，必须坚持以市场为导向，提高农产品的商品率，努力实

现农产品向商品“惊险的跳跃”。目前农村流通组织的发展仍处于自发阶段，规范化、组织化程度不高，经营规模和整体素质远不能适应农村市场的发展需要，应牢固树立“流通活，百业兴”“流通也是生产力”的指导思想，因势利导发展多种形式的农村流通组织，达到以流通促发展的目的。

二是以政策为大，全面落实农村政策。现在党在农村的大政方针已定，关键在于落实。第一，要稳定农村土地政策。第二，要积极落实农产品购销、农资市场管理和促进农村非公有制经济发展的系列政策。要采取有力措施进一步宽松农村经济发展环境，坚决杜绝“坑农”“伤农”事件的发生。第三，要正确处理贯彻执行减轻农民负担与农业税收两项农村政策的关系。从长远看，只有减轻了农民身上的不合理负担，使农民的物质利益得到了必要的保障，农民才会有更大的生产投入，才有利于农村经济的发展，才有利于国家农业税收政策的执行。总之，必须把眼前利益与长远利益统一起来，贯彻落实党在农村的一系列方针政策，大力推进依法治农，提高依法治农水平，更好地促进农村经济持续、快速和健康的发展。

三是以基础为大，大力夯实农业“底座”。当前农业基础薄弱，水利、交通、电力等农业基本建设滞后是制约农业和农村经济稳定发展的突出问题。对此务必引起高度重视，一方面要在农业基础设施等硬件建设上求突破；另一方面要在科技兴农等软环境的改善上求突破。要通过各种途径提高农民的文化素质，增强农民的科技意识，积极实施科教兴农战略。

四是以积累为大，努力壮大农村经济。第一，在稳定粮食生产的同时，要着力抓好特色种养，提高耕地复种指数，加快产出速度，不断巩固基础财源；第二，在大力发展农副加工业的同时，要加大招商引资力度，通过挖潜改造，力促乡村企业上台阶、上规模、上水平，努力壮大基础财源；第三，在大力发展农村公有制经济的同时，要鼓励引导加快个体、私营经济和股份合作制经济的发展，力促农村非公有制经济有更大的发展，与此同时，还必须十分重视农村公益事业的发展。全面加强乡村自身建设，坚持两个文明一起抓，两个成果一起要，建设富裕、民主、文明的社会主义新农村。

（《井冈山报》1998 年 12 月 7 日）

加快水利产权改革的步伐

水利是农业的命脉，直接关系农业增效、农民增收、财政增长，对农村和农业的稳定与可持续发展起着重要的基础保障作用。农村水利发展到今天，面临许多新情况、新问题，探索适应社会主义市场经济要求的农村水利工程建设与管理新路子，是摆在各级党政领导、水利主管部门面前的一项重要课题。

一、改革水利产权制度势在必行

大家知道，我们现有的水利工程多半是 20 世纪 50 年代的“大跃进”、70 年代大搞农田水利大会战的产物。这些工程已经发挥和正在发挥着重要作用，但经过几十年的运行，加上由于产权单位利益不直接、责任不明确，导致水利工程管理不善、老化失修、效益衰减。如不大胆改革建管体制，这种局面很难从根本上得到改变。与此同时，随着农村税费改革的逐步推开，将对未来的农村水利工程建设与管理产生巨大的影响。农村税费改革中有一项重要内容是取消统一规定的劳动积累工和义务工，村内进行农田水利基本建设、修建村级道路、植树造林等集体公益事业所需的劳力，实行一事一议，由村民大会民主讨论决定。很显然，往后继续推行以前的“推磨转圈”“以资代劳”等方式搞水利建设是行不通的，过去那种“国家投入为辅，群众自办为主”的投入机制和组织方式也随之发生变化。因此，必须按市场规律来兴办水利，大胆改革水利产权制度，大范围进行招商引资，允许集体、个人以独资、合资等形式兴建水利工程或租赁、承包经营水利工程。

二、努力实现农村水利建管体制的创新

改革是发展的动力，是社会主义制度的自我完善和发展，说到底是一个体制创新的问题。要扭转小型水利工程产权不明确、管理责任虚置、建设投入不足、发展缺乏后劲的局面，就必须尽快建立起适应市场经济体制要求、与农村经济结构相适应的股份合作制（或个人独资）办水利、商品化用水利、企业化管水利的新型农村水利建管体制。

1. 解放思想，转变观念。目前人们对水利工程产权改革存在各种顾虑和担心，领导干部担心出错、出乱，水利部门担心影响防汛、抗旱，农民群众担心灌溉没水，投资者担心政策多变。思想是行动的先导，我们应当看到经济体制改革、公有制实现形式多样化和多种经济成分共同发展的现实要求。而水利产权改革就是按照建立社会主义市场经济体制的要求，积极探索水利公有制实现形式多样化和多种经济成分共同发展，立足体制、机制，从市场和经济发展两个方面，从根本上夯实水利基础设施，搞活壮大水利基础产业。而实践也表明，农村水利工程产权改革有利于拓宽投资渠道，形成社会办水利机制；有利于促进水资源的合理开发利用，实现良性循环；

有利于盘活现有存量，增加新的实物形态或货币形态，从而使水利经济成为地方经济发展的重要增长点之一。由此可见，产权改革是大势所趋，迟改不如早改，被动改不如主动改。

2. 积极寻找公有制实现的途径。水利产权改革的形式应允许各地从实际出发，分别采用承包、租赁、转让、引资嫁接、股份合作、股份制、拍卖、出售等形式。水利产权改革的内容主要应放在明晰所有权、放开建设权、拍卖使用权、搞活经营权。水利产权改革的目标不能定得过高、过全，不能指望所有问题都能通过产权改革得到解决，但只要达到了存量变活，总量扩大，以及使水利运行质量提高、效益增大的目标，就应视为获得成功。

三、精心组织、积极推进

水利产权改革是一项系统工程，涉及方方面面。在实际工作中，必须用全面、系统、综合的思维，科学、认真对待和推进水利产权改革。

1. 要摸清家底，搞好规划，分类指导。按照分级管理原则，对区域所辖范围内水利工程建与管的现状要做出正确分析，分类做出改制安排。大中型水库可侧重实行“一库多制”的形式，努力实行“两个置换”：通过产权转让，置换企业的国有性质；通过一次性补偿，置换职工的全民身份。小型水利工程应坚决放开，宜卖则卖，宜股则股，宜租则租。要科学地制定实施方案，广泛发动群众参与，组织公开竞标，注重帮助建设者和经营者解决各种疑难问题。

2. 要在发展中规范、规范中发展。对每一项改革方案的出台和实施，都要以搞好制度、规章为重点，按制度进行操作。要注意规范相关程序，既要符合水利改革和发展的总体要求，又要遵循各种改革形式内在的基本规律和办法，要严把资产评估关、产权界定关、合同签订关、招标投标关、资金管理关。要制定措施确保置换资金绝大部分用于水利再投入和安置现有职工，以实现“取之于水，用之于水”。

3. 要注重解决改革后水利管理的问题。水利事业公益性强，进行水利产权改革必须从大局出发，兼顾各方利益，需要解决好防洪安全问题、灌溉用水问题、保护投资者的合法权益问题。改制后，水利行政主管部门对资源统一管理的权属不能变，原有水利的社会功能和工程效益不能变，防汛抗旱行政首长负责制、统一调度不能变。经营者有责任加强工程正常维护和安全监测，注意汛期防守检查，工程防汛抢险的责任制和措施落实到人。

4. 要把水利产权改革与水资源的保护和可持续发展结合起来考虑。不管采用何种改革方式，都必须搞好生态建设和生态保护，防止人为的水土流失和水源污染，切实处理好经济效益与社会、生态效益，眼前利益和长远利益之间的关系。与此同时，水利产权改革应与农村税费改革相结合，与“一事一议”的方式相配套，利用市场机制和利益驱动，鼓励农民把自己的事情办好；还应与农业产业结构调整相结合，搞好综合利用和开发，使水利经济真正成为县域经济新的增长点。

（《抚州日报》2000 年 12 月 9 日）

对进一步解放发展农村生产力的思考

中国是农业大国。长期以来，农业和农村经济发展始终是我国经济社会发展中的重大问题。1978 年，农村改革以来，我国农业和农村经济发展取得了举世瞩目的成就。但是，这些改革并没有彻底解决农业生力发展问题。要进一步解放和发展农业生产力，需要多管齐下，整体推进。

一、努力实现国家宏观经济政策的战略性转变，改革长期以来实行的重城轻乡、重工轻农的政策，实行以工业反哺农业，加大对农业和农村的资本投入

过去，我们通过工农产品的不等价交换，从农业部门抽取资本，为工业化积累资金。据农业方面的权威人士披露，从 1954 年到 1994 年 40 年间，国家通过低价征购农产品，从农民手里大约拿走了 1. 2 万亿元人民币。广大农民为国家工业体系的建立作出了巨大的贡献。采取这种做法，应当说是符合我国国情和广大农民的根本利益的，但客观上也严重损害了农业正常发展。我国经济经过几十年的发展，在工业已经得到较大发展的情况下，应

当考虑转入以工业反哺农业这样一个新阶段。从经济发展获得成功的国家和地区来看，它们在人均国民生产总值超过300美元之后即开始转向保护农业，在人均国民生产总值达到1000美元时基本上完成了政策转变。目前，我国已经基本具备这种对农业实行保护的条件了。而实现向工业反哺农业的转变，关键在于从存量和增量两个方面合理调整国民收入在工农业之间和城乡之间的分配格局，还农民的“国民待遇”，着力提高政府运用财政手段支持农业的能力。

一是逐步增加各级财政支出，增大中央银行的货币供应，用于农村基础设施建设。农村基础设施同城市基础设施一样，都属于公共产品。既然是公共产品，它的供给就应该由政府负责。应当承认，在这方面的建设实在是欠账太多，需要下决心提高农业基础设施投资在投资总额中的比重。这样做，既能增加农民就业、增收的机会，又能为城市工业和其他产业创造市场。

二是应当制定相对稳定的粮棉价格政策。面对“入世”的挑战，特别需要国家对种粮棉给予一定的政策性补贴，或对粮棉生产区给予政策性资金倾斜。这样，既可以稳定增加农民收入，又可以为调整农村经济结构创造条件，从而提高我国农业的综合竞争力。

三是支持建立农业风险保障体系。农业是一个高风险产业，同时处在自然风险和市场风险之中。应采取财政拨付保险基金和减免税收的方式，支持农业保险事业的发展。

四是深化财政体制改革，对经济十分困难的县、乡（镇）实行恰当的转移支付，从而顺利推进费改税这项重大改革，促进农村经济社会协调稳定持续发展。

五是强化农村信贷投放，加快县级信贷体制改革。要保持农业生产的稳定增长，促进农村经济的全面发展，提高农民的收入水平与生活质量，就必须充分依靠各项信贷资金。

二、积极探索土地经营权流转制度改革，逐步解决农业规模经营问题

邓小平同志曾经指出：“中国社会主义农业的改革和发展，从长远的观点看，要有两个飞跃。第一个飞跃，是废除人民公社，实行家庭联产承包为主的责任制。这是一个很大的前进，要长期坚持不变。第二个飞跃，是适应科学种田和生产社会化的需要，发展适度规模经营，发展集体经济。这是又一个很大的前进。当然这是很长的过程。”现实告诉我们，分散的、小规模的家庭承包经营无法做到大大提高土地产出率和农业劳动生产率。在市场经济条件下，土地作为一种重要的生产要素，应该按商品经济的原则能够自由流动，同其他生产要素形成优化组合，从而形成一定的经营规模。应当在维持“集体所有个人使用”的“家庭联产承包责任制”不变的原则下，用法律形式肯定农民的土地使用权是一种物权，依私人财产予以保护，神圣不可侵犯。所以应当积极推进土地经营权流转制度改革。目前，可采用公司承租型、外商开发型、科技实体型、集体经营型、大户租赁型等模式，促使规模经营的形成，使其向适度规模经营发展。与此同时，发展农业产业化与培育农民新型合作组织相结合也是我国农

业实现第二个飞跃的好举措。但提高农业生产的组织化程度，不能采取“归大堆”“大呼隆”办法，而要以建立利益联结机制为纽带。联结方式应当多样化，无论哪种利益联结方式，都要坚持农民和企业自愿互利的原则，不可强加干预。

三、加快农业结构战略性调整

实践告诉我们，要实现农业和农村经济的持续稳定发展，加强和巩固农业的基础地位，就必须对农业和农村经济结构进行战略性调整。而调整应着重提高农业和农村经济的素质和效益，解决好生产结构不适应市场需求的问题，实现在调整结构中不断提高农民持续增收的能力。调整农业结构，首先，要适应农业进入新阶段和即将加入世贸组织的新环境，转变思想观念，树立正确的指导思想。要树立市场主导观念、成本效益观念、质量品牌观念、竞争风险观念、特色创新观念、科技进步观念、农民自主观念、优化配置观念、使用联动观念、政策法律观念。其次，要针对农业和农村经济结构不合理现象来展开。从大农业发展来看，要以畜牧业结构调整为龙头，加快走出二元结构的调整步伐，形成粮、经、饲种植、养殖模式或者种养一体化格局，尤其要在全面提高农产品质量、加快畜牧水产业发展上下功夫；从农村经济发展来看，要把传统的第一产业为主向第二、第三产业并重方向发展转变，把“农”字型工业作为开拓市场、提高经济效益的重要手段；从可持续发展来看，农业结构调整的方向是由常规农业向生态农业调整，注重开发特色产品和绿色食品，从而达到既增加农民收入，又改善生态环境的目的。再次，要围绕调整目标，采取切实可行的措施。要通过政策引导、信息服务、技术示范等手段为农民创造良好的外部环境，促使其进行结构调整；要通过加强农产品市场建设和加快农产品市场信息体系和质量标准体系建设，引导农民按市场需求进行结构调整；要通过科技推广，支持农民推进结构调整；要通过小城镇建设，吸引农民进行结构调整。

四、加快推进农村工业化、城镇化进程

目前，我国农业收入偏低，增长缓慢，重要原因之一就是农业劳动力过剩，人均资源严重不足。农业要上去，农业人口要下来。只有依赖于土地的人少了，土地的使用和农业的经营才可能更有规模效益，农业才可能真正实现现代化。据测算，全国农村剩余劳动力大约有 1.37 亿，这部分人长期滞留在农村，既延缓了农村的城镇化进程，也不利于城乡经济结构的调整。发展乡镇企业是转移农业富余劳动力的重要途径。乡镇企业要立足当地资源优势，重点发展农副产品加工、储藏、保鲜、运销等行业。要把乡镇企业区域调整、完善农村市场体系、推进农业产业化经营以及社会化服务与小城镇建设结合起来。小城镇靠近农村，连接大中城市，是城乡人流、物流、信息流的交汇点，加快其建设步伐，可带动第三产业的发展，为农民提供更多的就业机会。要以招商引资、发展私营企业为支撑，同时扶持培育具有市场潜力的产业，通过培植发展这些城市经济

细胞，构建市场经济竞争主体，不断提高农村的城市化程度，实现农村向城市转变的突破。

五、搞好农村环境治理，实现可持续发展

由于人口、资源、经济高速增长的巨大压力以及制度安排、政策管理等方面的原因，农村环境形势不容乐观，必须予以高度重视，努力保护好农村的天然生态环境优势。

一是通过发育市场，解决污染问题。着重发育要素市场和发育排污权交易市场。

二是强化政府的职能。政府要规定生产过程中必须达到的环境标准，为生产者创造平等竞争的环境；通过发展公共品，解决企业自身难以消除的外部经济问题。

三是建立乡镇企业小区。企业集聚，既能降低生产成本，又能较好地解决污染问题。

四是对污染源企业关、停、改、转给予适当的经济补偿。与此同时，应当加速生态技术创新和推广，坚持重点扶持清洁能源、高新技术等无污染、少污染产业的经济结构调整方针。

六、推进农业和农村经济的相关体制的创新

一是农村经济组织制度创新。当前，我国农民迫切需要在金融、保险、流通、批发等非农生产领域中发展专业合作组织，需要在农产品生产、加工、储藏、运输、销售等方面的系列服务。

只有建立各种农村合作组织，才能解决分散农户不能解决的问题。应通过改革和创建，尽快建立社区性和专业性合作组织，把发展农业产业化与培育农民新型合作组织相结合，引导农民走向新的联合和合作。要通过扩大开放、招商引资、组建上市公司、培育农民企业家、推进农业企业化等举措，积极扶持农业龙头企业发展，形成一批各具特色、科技含量高、辐射面广、带动能力强的农业龙头企业群体。

二是改革科技体制。必须改革和完善农业科技推广体系，走出一条有中国特色的多元化、社会化、多样化的科技推广道路。要围绕农业结构调整和产业升级，调整农业科研的方向和重点；要提高农业科技创新能力，不断推出影响面广、带动力强的科研成果；要建立多渠道、多层次、多形式的农民技术培训体系，不断提高农民的科技文化素质，增强农民的自我发展能力。

三是创新农村金融体制。应建立以非国有银行为主体的、基于市场体制而受法律制约、规范化操作的农村金融组织，包括从全面服务的银行到为农村工业、农业企业服务的专业银行，再到为农户服务的小额信贷机构。引入高科技产业创业风险投资和股份合作等机制。鼓励企业家投资和开发农业项目。保护农村个人之间合理、合法的借贷行为，积极培育农村资金市场。

四是创新农业服务体系。要进一步健全农产品市场体系，大力建设农产品批发市场，积极培育和扶持农民专业合作经济组织、农民经纪人队伍等中介组织，促进“订单农业”向规范化、法制化方向发展，为农产品大流通提供保障；要加强农业信息体系建设，组建农业信息网络，强化服务功能，为基层、农民和农业企业提供及时、准确、系统的政策、市场、技术等信息服务；要加快农产品质量标准和监测体系建设，实施农业标准化工程，提高农业生产过程的标准程度和农产品质量及安全系数。

五是创新农业管理体制。要搞好乡镇机构改革，做好撤乡建镇工作，分流富余人员，降低领导成本。要加快农村税费改革步伐，切实减轻农民负担。各级政府和有关部门要转变管理理念和工作职能，把工作重心切实转到为农村经济发展提供指导和服务上来。

（中共中央党校《学员研究报告》2001 年第 15—16 期）

用市场的办法解决农村贫困问题

温饱有余，衣食无忧，曾经是苦难深重的中国人民世代追求的梦想。在共产党的领导下，我国开展了大规模的扶贫，尤其是实施《国家八七扶贫攻坚计划》圆了几亿人千百年来的温饱梦。

回顾过去，我国的扶贫开发是在商品短缺的历史条件下开始的，是在计划经济向社会主义市场经济逐步转变的过程中进行的。现在我国社会主义市场经济体制已经初步建立，这就意味着新阶段的扶贫开发，将在新的背景、新的条件下展开，也就必须根据社会主义市场经济发展的新情况、新变化，研究新问题、新办法。

第一，尽快建立以农业市场化为重点的反贫困机制。应当看到，尽管近些年来，政府扶贫投资力度不断加大，但并没有改变传统农业的小生产方式。这种小生产方式在市场经济条件下，特别是在“卖方市场”转变为“买方市场”的今天，不具有任何竞争力，且与已经形成的大市场格局日益不相容，无法也无力改变和提高贫困农户收入水平。所以，建立以农业市场化为重点的反贫困机制则是必然选择。发展经济学认为，把生存性农业或生计性农业转变为商业性农业，是欠发达地区市场取向的经济发展过程中，改造传统农业，促进国民经济全面发展的关键。而实现农业市场化的基础是农产品市场化，这就要求从扩大对贫困地区农产品需求为突破口，打破自然经济惰性的内在经济循环圈与贫困陷阱，重塑贫困地区经济增长方式，拉动贫困地区经济发展。

第二，切实找到自身优势，提高农业生产和资源开发利用的水平，增强市场竞争能力，把资源优势变成经济优势。对于有一定资源潜力和优势的贫困地区，通过输入项目资金、技术、信息和先进管理方式等进行经济开发。注意调整贫困地区的经济结构，从民营经济突破，开拓新的经济增长点。

第三，对居住在生存条件恶劣、自然资源贫乏地区的特困人口，应积极实行搬迁扶贫。这样既可降低扶贫成本，又能从根本上解决问题。

第四，扩大贫困地区的劳务输出。实践证明，劳务输出扶贫，是能增加贫困户收入的一条现实而有效的途径。既能挣钱养家，又能开阔眼界，找到致富门路。

第五，加大科教和文化扶贫力度。一般说来贫困地区教育落后，越是贫困，文盲就越多，智力越低，生产水平就越低下，人就越贫穷，这种恶性循环的怪圈深深地捆绑着贫困地区。只有普遍提高贫困人口受教育的程度，大力提高贫困群众的科学文化水平，才能巩固扶贫成果，推动经济进一步发展。

第六，在资金的投放上，要以推广抓好小额信贷到户为重点，做到扶助生产和扶助基础设施改善相结合，做到放得出、收得回、有效益。

第七，搞好“人才扶贫”。“送钱送物不如送个好干部。”输送一个好的带头人或者管理人才、技术人才，往往会创造出脱贫致富的奇迹。特别要着力提高贫困地区干部的思想觉悟、政策水平和带领群众发展经济、脱贫致富的能力。

（《经济日报》2001 年 9 月 5 日）

欠发达地区的战略选择

所谓欠发达地区，是指受历史、区位、观念等条件的限制和不平衡战略的影响，相对发达地区而言在经济和社会的发展水平上有较大的差距。但经济和社会发展又具有较大潜力、资源较为丰富、生态环境尚未遭到严重的破坏，随着改革的深化、社会的发展、制度的创新，在新一轮经济增长中有可能实现高速发展的区域。

加快经济发展、逐步赶上发达地区是欠发达地区既定的目标。欠发达地区为了缩小与发达地区的差距，不少地方提出了超常规、跳跃式的发展战略，冀图通过行政拉力来迅速完成资本原始积累，实现工业化，进而实现产业结构的升级。但实施这种“赶超战略”，多数欠发达地区并没有实现逾越，差距并未缩小而是进一步加大。究其原因，主要是因为欠发达地区仍然存在以下几个突出的阻碍因素：一是经济发展基础相差悬殊，即使增长率相同，但绝对差距还将不断扩大；二是基础设施滞后，投资效应的体现有一个较长的过程；三是资金等要素仍旧向发达地区集聚，要素市场和产品市场的控制权仍牢牢地掌握在大中城市和发达地区；四是城市化严重滞后，而推进城市化需要有产业的支撑、人才的集聚、足够的财政投入，这些恰恰是欠发达地区的

“软肋”。事实告诉人们，如果仅仅跟在发达地区的后面追赶，不但难以赶上发达地区的水平，而且也将难以实现自我超越。所以，根据目前欠发达地区的经济发展水平、经济结构和资源状况等条件，主要实施的发展战略应该是工业化战略、区域非均衡发展战略、比较优势战略、大开放战略、可持续发展战略。

一、工业化战略

工业化滞后是欠发达地区经济社会发展相对滞后的主要原因。工业是现代化经济的主体，无论是区域经济总量的扩张，还是经济发展水平的提高、城市化的发展，工业都发挥着根本作用。在工业化的初期阶段，在坚持农业基础地位的同时，以工业为主攻方向，量质并举，加速工业发展，对于加快欠发达地区的经济发展具有重要意义。欠发达地区工业的发展，要与开发本地资源、盘活存量资产和招商引资、接受产业转移结合起来；要充分开发丰富的劳动资源和农产品资源，以发展劳动密集型产业和资源深加工型产业为重点，推进农村的工业化进程；要充分发挥后发优势，积极引进发达地区的资本、技术、项目、人才，加强与大企业、大集团的协作，强化产业、产品的对接和优势互补，借助外力加快发展；要加强各类经济开发区、工业园区和工业小区的建设，促进工业的集聚发展，注重完善开发区和工业园区的基础设施建设，改善投资环境，发挥体制优势和环境优势，集聚产业、人才，共享基础设施，形成规模优势，使之在接受产业转移、吸纳和集聚生产要素，发展区域特色经济等方面发挥更大的作用。与此同时，应注意用高新技术改造传统产业，特别要选择一批技术含量较高、已经具备一定规模的企业，向高新技术的方向发展。

二、区域非均衡发展战略

由于欠发达地区内部不同区域的区位条件、自然资源、经济社会发展同样存在较大的差异，所以，无论从经济建设的比较效益，还是从生态环境保护与可持续发展的角度来看，实施非均衡发展战略都是现实的、必要的、可行的。通过实施非均衡发展战略，将投资有选择地集中于优势地区，让有条件的地方先发展起来，并带动周边地区的发展。通过实施非均衡发展战略，促进资金、技术、人口向优势区域的流动，优化区域经济布局，调整结构，减轻山区生态环境的压力，有利于欠发达地区人口、资源、环境与经济社会的可持续发展。实施区域非均衡发展战略，一方面在产业布局上应充分考虑区位条件、基础设施状况、发展空间等问题，铁路、高速公路沿线的区域一般应当作为欠发达地区的建设重点；另一个重要方面是加快城镇建设、培育区域经济发展的增长极。要选择若干重要区域、重点城镇，集中力量进行重点建设，促进要素集聚。要通过集中建设来增强中心城市对周边各县市的辐射带动作用，通过重点发展县城，使之在规模、功能、结构上向中心城市转变，真正成为区域经济的中心与增长极。同时，还需要根据实际情况，选择1—2个具有较大发展潜力及带动效应的中心镇进行重点建设，使之成为县域范围内的发展中心与增长极。

三、比较优势战略

市场经济条件下，区域竞争日趋激烈。欠发达地区必须实施比较优势战略，大力培育优势产业，加快区域产业结构的调整，增强区域竞争力。欠发达地区应善于发现自身优势，立足现有产业优势，进行优势延伸；立足潜在资源优势，通过优势挖掘，培养新的特色产业，使特色经济规模发展、持续发展。比如处于中部地区的欠发达地区，与沿海地区相比，有两大优势：资源优势，土地面积广阔，有丰富的矿产资源、农产品资源和企业存量资产资源；劳动力和市场优势，与沿海地区相比成本低，因而具有广阔的市场前景。同内陆地区相比，也有两大优势：邻近沿海地区，有吸纳沿海资本内移的方便条件；交通较为便利，通信较为发达。欠发达地区要善于把比较优势整合为区域竞争优势，依托区域的相对优势，利用适用的生产技术，通过专业化生产具有竞争力的产品，增强区域产业竞争力，推动区域经济发展。主导产业的选择应以能够适应市场需要，又能充分发挥区域资源优势和生产技术优势，以对区域经济及相关产业拉动作用大、总体效益好为原则。同时，要充分考虑原有产业基础、产业结构和产业布局，充分利用区域资源、地缘、资金、技术、人才等优势。要按照国内外市场需求确定产业目标和产品方向，寻求新的经济增长点。依靠技术进步推动特色经济，大力推广先进技术和工艺，注重增加科技含量，由过去的初级加工向深度加工延伸，提高产品的附加值。通过努力，形成生产规模大、市场占有率高、辐射范围广的优势产业，促使主导产业在整个地区经济总量中的比重不断提高。

四、大开放战略

开放性是市场经济的本质属性，是全球经济一体化和国际市场分工的必然要求。欠发达地区多半自然地理较为封闭，开放观念相对滞后，也是长期落后的重要根源。要彻底改变这种状况，就必须着力构筑全方位、高起点、宽领域的对外开放格局。通过深层次的开放，加大开放的动能，从更广阔的地区吸引资金，从更宽广的范围聚集信息，以弥补资金和信息的不足。实施大开放战略，必须对内开放与对外开放并举，全方位扩大开放。欠发达地区之间要加强沟通与联系，不断扩大经济技术合作，要抓住沿海发达地区产业升级和结构调整的有利时机，积极主动地接受辐射，大力拓展横向经济联合与协作。同时，要大力拓宽利用外资的领域，提高利用外资的水平。不仅工业要扩大开放、招商引资，农业、旅游、基础设施和城市建设、第三产业、文化产业等也都要扩大开放、招商引资，鼓励外商参与嫁接改造国有企业，投资公路、城市基础设施、资源开发、农产品加工业等项目，加快金融、旅游等产业的对外开放，更多更好地吸引大企业、大集团来投资，把引进资金与引进技术、人才、先进的管理有机地结合起来，不断提高自身经济发展的外向度。要实现大开放，就要打通交通通道，拓展欠发达地区实现物尽其流；就要打通融资通道，拓展欠发达地区的开放领域；就要全面、有效地改善和优化投资和发展的环境，建立起公平公正的市场环境、公正高效的法制环境、高效廉洁的政务环境和人尽其才、才尽其用的人文环境。

五、可持续发展战略

可持续发展是一种既能满足当代人需求，又不危害后代人满足其需要能力的发展。可持续发展要求建立有关生存与发展的新概念和价值需求。可持续发展战略就是表现在人口、资源、环境、生态之间的协调发展。欠发达地区发展要走新路，就是要走经济与生态环境保护互相协调的可持续发展之路，必须摆脱先污染、后治理的被动局面，必须在加快发展中坚决地走生态经济之路。在实施可持续发展战略过程中，要转变方式，发展生态型工业，走效益型和节约型的工业发展道路。要制定和实施正确的产业政策，不再上高能耗、高物耗、污染严重的新项目，对大量消耗资源而效益差、污染严重、治理无望、连年亏损的企业进行资产重组和产业结构调整。要制定工业发展的环境布局规模；大力推行各种无废少废和节能节水的新工艺、新技术；加强环境保护执法，增加经济刺激手段、鼓励公众参与工业环境监督和管理；使工业污染防治由分散治理向集中控制转变；积极发展环境保护工业，提高环境保护投资在工业投资中的比例。要建设生态城市，加强城市生态综合整治工作，注重工业的合理布局，积极推行清洁生产和循环经济；注意解决烟尘污染、污水处理；大力开展绿化，增加绿化面积；强化对环境保护有偿使用的监督管理机制，使城市生态建设和污染防治有更可靠的资金保障。要努力建设生态经济区，把发展经济和保护生态同时纳入长期发展规划，切实解决好生态环境与工农业生产方式的转型问题，克服各种短期行为。要鼓励欠发达地区的人口向发达地区转移，这样将有利于提高人均收入和生活消费水平，可减轻对生态环境的压力，是欠发达地区实现人口、资源、环境与经济社会协调发展的重要措施。要大力发展生态农业，保护农业生态环境，完善自然资源有偿使用制度和价格体系，逐步建立起资源更新的经济补偿机制。

（《老区建设》2002 年第 2 期）

欠发达地区经济发展的主要途径

欠发达地区的落后，主要体现在经济总量偏小、经济素质不高、经济增长速度偏慢；自然经济成分浓厚，向市场经济转化的进程较缓慢；产业结构不合理，工业经济发展很不充分；所有制结构单一，民营经济不发达等。

欠发达地区虽有其共有的基本特征，但具体到一个局部又有其特殊性。因此，在发展过程中，必须坚持因地制宜的原则，必须坚持实事求是、讲求实效的原则，必须遵循发挥比较优势的原则。而采用的发展对策，也应当是多管齐下的。

一、加快市场化的改革，努力缩小与发达地区在体制方面的差距

从总体上看，欠发达地区经济发展相对滞后，本质上是机制、体制上的落后，核心是思想观念的落后。

要改变欠发达地区的面貌，首先，要进一步解放思想，从不适应社会主义市场经济体制的旧观念、旧思维方式下解放出来，在创新中找出路，在创新中求发展。要通过开展解放思想教育活动，切实破除传统小农经济思想影响，打破欠发达地区相对封

闭、保守的社会文化，逐步树立与市场经济相适应的开放观念、信用意识、协作意识。其次，要加速市场化进程，就必须转变政府职能。政府应当大力进行市场交易的硬件建设，大幅度地降低市场交易及发展的成本。打破部门分割与地区分割，推动经济资源和生产要素的流动，打破所有制界线和企业归属界线，大力发展股份制经济，允许各地之间按照价值规律的要求发展混合经济，实施开放政策，大力发展横向经济联合与企业集团，推动经济资源跨地区、跨所有制、跨行业的流动。建立市场法律体系与监督体系，保证市场主体、中介组织能够按照市场规则运行，实现按市场机制配置资源，着力培育起要素市场。加大金融体制改革的力度，建立多元化的资本市场体系，从而加快发展资本市场步伐，用市场的办法解决资金问题。大力培育劳动力和人才市场，利用市场的机制打破劳动力的部门与所有制分割，推动劳动力与人才的合理流动，利用工资收入、福利条件、发展机会、晋升机会等市场竞争机制，使劳动力结构与产业结构调整有机地结合起来，要把劳务输出作为一项产业来发展，解决好剩余劳动力转移问题。积极发展技术市场、信息市场和产权市场，从而建立起多层次、多渠道、多形式的技术市场体系，使信息服务业和咨询业实现市场化、产业化，加快国有资产的资本化进程，使凝固化的大量国有资产价值化、证券化。同时，积极推进社会保障体系的建立，按法制化、规范化、社会化的要求建立新型养老保险制度，建立健全失业保险体系，加快医疗社会保险的步伐，大力发展面向全社会的专业化保险机构、保险公司，推动养老、失业及医疗保险的多元化、专业化。

二、着力搞活国有企业和大力发展民营经济，加快经济总量的扩张

欠发达地区经济运行整体效益低下，原因是多方面的，但经济运行市场化程度不高，国有企业效益不太好和民营经济的比重不高是重要原因。搞活国有企业，需要在公有制的实现形式上有大的突破，对现有的国有经济实行股份制与资本改造，组织好资本运营，突出抓好国有资产的资本化、资本使用社会化、资本配置最优化、资本运营市场化、资本代表人格化、资本增值最大化。要善于“抓大”，打破条块分割，围绕优秀产品、优势企业、优势产业、组建股份制大集团。与此同时，要重视“放小”，采取出售、承包、租赁、兼并等各种方式放活改造小企业。要围绕国有企业改革，抓好配套政策、发挥金融资本的主要作用。

众所皆知，民营经济是高度市场化的经济。大力发展民营经济，有利于提高欠发达地区经济的整体运行素质，为经济社会快速的发展注入新的活力。实践证明，民营经济具有优于公有制经济的动力机制和压力机制，在市场经济条件下能够始终保持强劲的发展势头和旺盛的生命力；民营经济具有高于国有经济的社会投资效益，机会成本低、社会成本低，投入产出率较高；民营经济能较快地刺激消费需求，能够创造更多的就业机会，增加消费能力，扩大消费规模，提升消费档次。从而带动地方经济发展，加快经济总量的扩张。要大力发展民营经济，就必须努力营造有利于民营经济发展的制度环境，建立对民营经济的扶持制度。要

下决心优化经济发展环境，把对外招商引资放在突出的位置，以资源、以市场换技术、换资金，大量引进民营企业，努力培育、发展现代企业。

三、发展特色经济，培育特色产业，在市场竞争中求得生存和发展

结构赶超是欠发达地区加速发展的主线。结构赶超的关键，是选准产业发展方向，形成具有特色的产业结构，形成根植于区域本身的特色经济。特色经济是在市场竞争中形成的，在市场分工和竞争中具有比较优势，具有某种不可替代性和较高经济效益，能够可持续发展的专业化经济。无论是从历史、现实和未来或欠发达地区、全国乃至全世界哪个角度和层次分析问题，都可以得出：要加速欠发达地区发展只能是走特色经济之路，而盲目攀比、照猫画虎必然是死路一条。只有发展特色经济，才能避免低水平重复和过度竞争，才能适应市场经济的要求。

欠发达地区发展特色经济，要在立足和延伸优势、强化特色上做文章，抓优势资源开发，壮大优势产业；抓组合延伸，克服单打一；抓转型升级，克服低而粗；抓规模扩张，克服小而散。要放开眼界，不局限于传统产业，探索和开拓更多的发展特色经济的途径。特色经济是一种创新经济，高起点开发潜在优势和引进新产业，从而形成新的特色经济，创造新的经济优势。需要立足潜在资源优势，通过优势挖掘培植特色经济，比如对丰富农业资源进行产业化开发，对旅游资源进行综合开发，形成新型的特

色经济。需要不断增强创造性，勇于打破自然条件等限制，以市场需求为导向，以高新技术为依托，高起点开发新产品，发展新产品，比如，适时地发展高新技术企业，发展强辐射大半径的商贸业，发展具有欠发达地区自身特色的金融业。

四、走可持续发展之路，开创发展新模式

欠发达地区在加速发展过程中，与传统道路不同的是，在这个时期，就遇到了发达国家、发达地区在后工业化时期遇到的可持续发展问题。如何在加速发展时期走可持续发展之路，是一个全新的、超前性的战略问题。这就需要欠发达地区认真对待，积极探索新的发展模式。要转变方式，发展生态工业。生态工业发展的核心在于，它把保护环境作为自身的内在要求，纳入发展过程之中，而不是留给社会承担或留给专门的环境部门去处理，这是生态经济与传统发展模式的显著区别。要建设生态城市。社会经济的发展，必然伴随着工业化和城市化。城市化是经济发展程度的一个主要标志。但经济增长的一个主要副产品——环境污染也主要发生在城市。所以，必须加强城市生态综合整治工作，尤其要注意工业的合理布局，做好污染治理，搞好立体绿化，加强对环境保护产业和环境投资的引导。要建设生态经济区。发挥欠发达地区污染较轻的优势，把发展经济和保护生态同时纳入发展规划之中，切实解决好生态经济与工农业生产方式的转型问题，解决好经济与环境、工业与农业、土地与粮食、人口与资源、开发与保护、生产与消费、投入与产出等生态经济区的各种问题。

要重视人力资源开发。必须坚持以人为本，加大对基础教育、职业教育、公共卫生与医疗服务、农村电网与自来水网等公共服务领域的投资力度，完善欠发达地区的社会公共服务，改善居民生活条件，提高他们的知识水平与技术水平，积极开发人力资源，以不断增强欠发达地区的发展后劲。

（《老区建设》2002 年第 5 期）

扶贫，应增强贫困人口的参与性

反贫困是人类社会发展面临的共同课题。过去20年，我国在扶贫领域取得了举世瞩目的成绩。但如何进一步提高扶贫的效率和效益，准确瞄准贫困和减少资源渗漏，是一个需要认真研究和积极实践的重大课题。尤其是扶贫的理念和方式上，需要与时俱进，着力改变传统的扶贫方式，充分反映贫困人群的需求，降低管理成本，实施“参与式”扶贫。

所谓传统的扶贫方式，是指在扶贫过程中以政府主导为主的单向行为，各种资源，包括财政拨款和扶贫贷款项目，都是通过自上往下的程序决定的，扶贫的受众即贫困农户往往处于一种被动的、不知情的状态。应当承认，这种方式带有比较浓厚的计划经济色彩，其缺陷日益明显。主要体现在以下几个方面。一是目标瞄准失准。许多贫困地区地处偏远、交通不便、信息闭塞，在缺乏有效的公众参与政府决策活动机制的情况下，政府扶贫部门很难真正了解每个贫困家庭的真实情况，而多数贫困家庭对扶贫政策的了解也较为有限。这就导致一些真正贫困的群众未能得到有效的扶持。二是群众参与的积极性得不到充分调动。由于整个扶贫工作是通过自上往下的程序进行，未能把扶贫受众当成一个自觉个体，致使群众对许多扶贫项目不理解、不支持，效益不能实现最大化。三是扶贫项目的可持续性不强。由于缺乏贫困群众的积极参与，扶贫项目从选择、论证、实施到监督都由政府包办，管理和监督成本自然就增大，而扶贫项目的投入产出则降低；由于缺乏参与，受扶者缺少内在动力，其自身素质也就得不到有效提高。类似种种，导致扶贫项目的可持续发展不强。四是容易产生扶贫资金的中间渗漏。由于传统扶贫的行政过程比较封闭，缺少自下而上的监督，很容易导致各级政府、部门从自身利益出发，截留、挪用扶贫资金，产生扶贫资金的中间渗漏，甚至导致腐败，严重影响扶贫工作的效果和声誉。

所谓“参与式”的扶贫方法，是指通过政府投入一定数量的扶贫资金，以贫困村为平台，为贫困农户创造表达意愿的机会，赋予贫困农户知情权和监督权，并激发他们的参与意愿，发动贫困群众参与扶贫项目的决策、实施和监督过程，从而提高贫困农户自主脱贫、自我发展的能力，从根本上解决贫困问题。笔者从江西省扶贫办了解到，江西从 2002 年开始，在全省范围内确定了 1200 个扶贫开发工作重点村，以村级扶贫规划为平台，通过培训工作骨干、在各重点村成立规划小组，对村情进行全面的调查摸底、理清发展思路、完成规划并制定实施计划、批准和实施扶贫开发规划等步骤，全面实施“参与式”的扶贫方法，取得良好成绩。实践证明，这种“参与式”的扶贫方法好处多。一是有利于增强扶贫工作的透明度。扶贫资金的分配数额以重点村确定的贫困人口数量为主要依据，并向社会公布，项目的实施按村级规划进行，公众能对扶贫的行政过程进行全方位的监督，扶贫部门的主要任务可以转变到调查研究、总结和推广经验上，政府扶贫政策的影响力和效率也将大幅度提高。二是有利于增强政府服务的责任，改进政府和农民的合作关系。规划编制的整个过程，是广泛、深入地发动群众的过程，贫困群众的意愿得到充分地尊重，激发他们参与扶贫开发，改变贫困落后面貌，进而实现脱贫致富的热情。三是有利于形成脱贫致富的长效机制。在整个“参与式”的扶贫过程中，贫困地区群众和村级组织议事、决策、干事的能力将不断提高，从而能够实现“要我脱贫”转变为“我要脱贫”“我能脱贫”。四是有利于扶贫政策的到位和发展思路的切实可行。这种方法，实际是变“被动”为“主动”，扶贫的目标瞄准更为准确，扶贫的各项政策更能到位，扶贫项目及发展思路更能切合实际，并能保证扶贫开发的连续性。

要增强贫困人口在扶贫过程中的参与性，就必须转变扶贫方式，完善扶贫政策与措施。

第一，坚持开发式扶贫方针，扶贫战略由“救济式”向“开发式”转变，由单纯扶贫转为“治愚”与“治穷”并举。要倡导和鼓励贫困地区广大干部群众发扬自力更生、艰苦奋斗的精神，克服贫困农户中普遍存在的“等、靠、要”思想，增强自我发展意识，在政府的扶持下，以市场需求为导向，依靠科技进步，开发利用当地资源，发展商品生产，发展解决温饱问题的种植业、养殖业和相关的加工业；积极发展能够充分发挥贫困地区资源优势、又能大量安排贫困户劳动力就业的资源开发型和劳动密集型的乡镇企业；发展有组织的劳务输出，引导贫困地区的劳动力合理、有序地转移；对极少数生存和发展条件特别困难的村庄农户实行开发式移民。开发式扶贫的工作中心是帮助贫困人口形成自我发展的条件，并以此形成贫困人口脱贫致富的基础。

第二，坚持以人为本，由扶持贫困地区向扶持贫困人口转变。由扶持贫困地区向扶持贫困人口转变，意味着扶贫对象不再是贫困地区的各级政府，而是贫困户和贫困户占绝大多数的自然村为对象，增加扶贫资源直接分配到农户的比例，也就是说，筛选扶贫受益对象的“筛子”的“筛孔”要进一步缩小。这样不仅有利于提高扶贫工作的针对性，提高资金的利用率和扶贫成效，而且可以让农户的受益率得到更多保证，从而激发贫困户参与扶贫工作的积极性。

第三，扶贫资金由集中投资生产项目向增加投资人力资本转变，加大科教和文化扶贫力度。贫困地区大多教育落后，越是贫困，文盲就越多，生产力水平就越低下，人就越贫穷，这种恶性循环的怪圈紧紧地捆绑着贫困地区。鉴于我国农村义务教育经费筹措体制与农村教育发展需要不相适应，迫切需要考虑通过调整相关体制和扶贫资金利用方式，为农村基础教育提供更多资助。因此，扶贫资金的投向，不仅包括生产性开发项目，更应注重人力资源，要把稀缺的扶贫资金更多地利用在农村基础教育、卫生健康、技术培训等方面，提高贫困群众的科学文化水平，提升贫困地区的人力资本素质，增强贫困人口参与反贫困的能力，从而切实带动扶贫项目的开发，巩固扶贫成果。

第四，搞好“人才扶贫”，带动贫困人口参与扶贫。输入一个好的带头人或者管理人才、技术人才，往往会创造出脱贫致富的奇迹。特别要着力培训扶贫工作骨干，提高贫困地区干部的思想觉悟、政策水平和带领群众发展经济、脱贫致富的能力。要发挥农村自治组织的作用。贫困户最关心自己的利益，只有组织起来的贫困农户才能最有效地保护自己利益。因而，针对农村自治组织的现实，在反贫困行动中，应重视培育社区性贫困农民合作组织，使它成为县、乡以下组织和实施的主体，由农户或合作组织来实施扶贫项目，发挥贫困农户的参与性与自主性，从而提高扶贫资源的利用效率，降低政府的管理成本。

（《老区建设》2004 年第 5 期）

提高建设社会主义新农村的领导水平

领导干部提高建设社会主义新农村的领导水平，根本的是要坚持科学的世界观与方法论，坚持正确的政绩观，用唯物辩证的观点和求真务实的态度去分析、处理、解决新情况新问题。

一、坚持正确的领导原则，注意改进工作方法和工作作风

新农村建设是一项长期而艰巨的任务，我们要坚持按农村经济社会发展规律和自然规律办事。在从事社会主义新农村的建设过程中，要注意把握以下几个原则。

1. 坚持立足当前、着眼长远的原则。建设社会主义新农村是建设社会主义和谐社会和小康社会的重要任务，具有长期性和艰巨性。实现新农村建设的目标要求，必然要有一个漫长的过程，不要指望一步实现，也不要指望跑步实现。这就要求新农村建设的领导者要立足实际，着眼实效，牢固树立循序渐进、稳步推进的观念，摒弃“工程性”“运动式”“跃进式”的心态。在方式方法上，既充分考虑农民群众的意愿和需要，从群众最关心、最

迫切需要解决的问题入手，分步实施，稳步推进，又要从实事做起，从打基础、管长远的工作做起，不可急于求成；在操作上，要先易后难、试点先行，要抓重点、攻难点、出亮点，有计划、分阶段地逐步推进。

2. 坚持因地制宜、分类指导的原则。各地经济发展水平并不完全处于同一阶段，财政实力也不平衡，新农村建设会存在快慢、高低之分。必须认识到地区差异的客观现实，必须正确处理客观条件和建设目标的关系，坚持因地制宜、分类指导、科学有效推进，在本地区的新农村建设中，探索一条适应时代特点、符合本地实际的农村工作新路子，不要搞统一标准，不要搞人为的“样板工程”，更不要再搞所谓“达标验收”之类扰民浪费的活动；对所属各地区的新农村建设，根据不同情况，采取相应措施，不搞“齐步走”“一刀切”。这就要深入调查研究，因地制宜、因乡镇制宜、因村制宜。在主导产业选择上，大力发展具有地方特色的效益农业，争创农业名优品牌；在村镇规划上，要根据当地客观条件，规划方案要得到群众认可，以他们生活和生产的方便为设计目标，科学编制规划；在新农村建设模式上，力求以人为本，与自然和谐，格调新颖，形式多样。鼓励利用传统文化资源、自然风景资源，以及人文生态资源，开发具有地方特色的经济项目和旅游项目。

3. 坚持协调发展、整体推进的原则。社会主义新农村是一个经济、政治、文化和社会建设四位一体的综合概念，是一个非常复杂的系统工程，需要从多方面着手。比如破解农民增收难，就是一篇不易做好的大文章。必须从建设新农村的总体要求看，而不能眼睛只盯着局部。眼睛只盯着局部，局部突破的成果也难以巩固，一不小心，劳民伤财的“形象工程”又跑出来了。比如，“村容整洁”的问题解决了，农民却生产生活困难，所谓“村容整洁”也就难以维持。面对绝大多数农村经济基础薄弱，农民消费水平低下，农村基础设施严重不足的现状，想在短期内出成果、见实效的想法是不切实际的，必须脚踏实地稳步推进，根据自身财力制定长期规划，逐步推进。

4. 坚持依靠群众、民主决策的原则。广大农民是建设社会主义新农村的主力军，必须依靠广大农民群众、尊重农民意愿和首创精神，发动农民群众，调动农民群众的积极性，发挥农民的主体作用，这是加快建设社会主义新农村的关键。如果忽视了这一点，就可能导致在新农村建设中投入了大量资金，付出巨大努力，却事倍功半，甚至引起农民的抵触。

二、认真贯彻落实党的“三农”政策，不断提高做好建设新农村工作的能力

1. 提高贯彻执行各项农村方针政策、把握农村工作大局的能力。党的农村政策是农民利益的集中体现，是团结群众、凝聚人心的有力武器。做好新农村建设工作，说到底是要落实好党在农村的各项方针政策。当前，贯彻党在农村的方针政策，就是要用科学发展观的指导思想、统筹城乡发展的方略和“多予、少取、放活”的方针，统一广大干部对建设新农村的认识，推动新农村建设工作。要以求真务实的态度，结合当地

实际，认真执行政策，使农民群众从政策中得到实惠。在落实农村政策的过程中，既要防止大而化之、抓而不实，又要防止就事论事、不顾大局；既要防止政策梗阻，又要防止机械式的照搬照抄。要尊重基层干部群众的首创精神，善于发现和总结他们在实践中创造的新鲜经验，把他们的积极性和创造性保护好、引导好、发挥好；认真倾听基层群众的呼声和要求，及时调整和完善各项政策措施。当前，特别要落实好农村土地承包、税费改革、维护农民权益、扶持粮食生产、支持农民增收的各项政策措施。

2. 提高带领农民群众发展经济、增收致富的能力。加快农村经济社会发展，是各级领导干部的基本任务，要切实加强和改进对农村经济工作的领导。领导干部要树立正确的政绩观，坚持一切从实际出发，合理制定发展目标，注意避免给基层压一些不切实际的指标。要深入群众，落实各项增收措施，实实在在地为农民群众办实事、解难题，为农民增收出主意、想办法，为农民增收致富提供多方面的服务、示范和引导，为农民创业和农村劳动力转移提供良好环境。

3. 增强民主管理、依法办事的能力。扩大农村基层民主，保证农民当家作主，是党执政为民的本质要求，是推进农村社会管理体制创新的根本途径。要围绕农民需求谋划新农村建设，根据农民意愿推进新农村建设，依靠农民力量搞好新农村建设，规范程序，透明办事，让农民群众享有知情权、参与权、管理权和监督权，激发农民群众推进新农村建设的积极性，使农民群众真正成为新农村建设的主体。当前，基层民主管理中有一个值得重视的问题，就是怎样搞好“一事一议”。“一事一议”的关键，是让村民参与村级事务的民主决策，提高基层干部的民主管理水平，真正办好与农民群众切身利益相关、农民迫切想办的事。广大农村基层干部要带头学法守法用法，坚持依法办事，善于用法律手段管理基层各项事务。

4. 提高做好群众工作、建设和谐社会的能力。当前，许多利益关系和社会矛盾汇集在基层，我们能不能做好群众工作，事关构建和谐社会的成败。从具体举措来看，要抓好以下方面工作。一要抓农村社会治安综合治理。加强防范工作，深入开展严打整治斗争，严厉打击各类危害农村治安和群众安全的犯罪活动，刹歪风、树正气，增加群众的安全感。二要抓好信访工作。坚持工作重心下移，及时发现和处理信访苗头，做好政治思想工作，化解矛盾，理顺群众情绪，努力把问题解决在基层、解决在萌芽状态，保持农村社会稳定。三要抓农村精神文明建设。着眼于提高人的文明程度，注意把握广大群众思想活动的动态，切实改进工作方法，大力弘扬科学精神，传播科学知识，引导农民群众改变不良生活习惯，培养文明健康的生活方式。继续做好创建文明生态村工作，广泛开展群众性精神文明创建活动，加强基层文化建设，发展健康向上的群众文化，丰富农民群众的精神生活。

5. 加强综合协调、狠抓落实的能力。新农村建设并不只是农村基层参与，需要调动方方面面的力量，领导干部要提高协调各方和抓好落实的能力。要统筹规划，因势利导，广泛宣传，动员和鼓励各级党政机关、人民团体、企事业单位干部职工和社会各界有识之士深入农村，联系农民，在一个地方形成关注农村、关心农民、支持社会主义新农村建设的浓厚氛围；要调动各方面的积极力量，拓宽社会参与途径，引导人才、智力、资金等资源流向农村、支持农业、服务农民。

（《红旗文稿》2006 年第 9 期）

加强农村基层干部队伍建设

《中共中央关于推进农村改革发展若干重大问题的决定》明确提出，要加强农村基层干部队伍建设，建设一支守信念、讲奉献、有本领、重品行的农村基层干部队伍。这对做好农村工作至关重要。

村干部处于农村工作的前沿阵地，直接面对农村，直接面对群众，直接面对各种矛盾和困难，是党和政府联系农民群众最直接的桥梁和纽带，是党的农村政策的具体执行者，是农村改革和发展第一线的指挥员和战斗员，培育一支适应新农村建设发展要求的高素质的村干部队伍，是建设社会主义新农村的重要保障。因而，必须抓住培养村干部这个“牛鼻子”，造就一支高素质的村干部队伍，充分发挥好他们在促进农村科学发展、建设社会主义新农村的“领头羊”作用。

一、用科学发展观武装村干部头脑，帮助他们树立新观念

观念决定思路，思路决定出路。在新农村建设中，首先要从思想上弄清新农村建设“依靠谁”的问题；其次要从思想上弄清新农村建设“为了谁”的问题。要帮助村干部切实转变不思发

展、片面发展、盲目发展等落后的思想观念，带领农民致富奔小康，努力做到农村经济发展、农民生活水平提高、村风民风淳朴向上。自然资源合理开发利用、生态环境得到保护，村民日益增长的物质文化生活的需要不断得到满足，真正实现农村政治、经济、文化、社会、生态和人的协调、可持续发展。

村干部要把关于社会主义新农村建设的“生产发展、生活宽裕、乡风文明、村容整洁、管理民主”的各项要求落到实处。带领广大农民推进现代农业建设，加快农业科技进步，调整生产结构，转变增长方式，提高农业综合生产能力；既注重增长速度，更注重增长的质量和效益，打牢新农村建设的物质基础。坚持以人为本，广泛开辟增收渠道，千方百计增加农民收入，把促进农民持续增收作为全面建设小康社会的着力点。加强农村精神文明建设，发展农村文化事业，开展健康的文化体育活动，破除陈规陋习，在农村形成文明健康的精神风貌，不断满足群众的精神文化需要。合理规划农村的发展，加强农村基础设施建设，创造良好的生态环境和优美的生活环境，把农村建设成为农民的美好家园。发展农村基层民主，学会与群众商量办事，深入开展民主选举实践、民主决策实践、民主管理实践、民主监督实践，依法保障农民的知情权、参与权、表达权、监督权，推进村民自治制度化、规范化、程序化。

二、用新知识、新技术培训村干部，帮助他们掌握新本领

村干部的自身本领如何、帮富带富能力如何，直接影响着群

众的思想和行动，关系到社会主义新农村建设的进程。村干部不仅要有带领群众致富的愿望，还要有带领群众致富的能力。这就需要把村干部培训工作作为一项战略性、基础性工作抓实抓好，调整培训内容，改进培训方式，整合培训资源，增强培训效果，切实提高村干部的致富本领和带领群众致富的能力。

要注重培训内容的实用性。结合农村工作实际需要，重点加强党在农村的方针政策及有关涉农法律、法规的培训，让村干部懂得如何组织群众依法生产经营和维护自己的合法权益。加强党组织建设方面的知识培训，让村干部理解在强调村民自治条件下，如何处理好党支部与村委会、支部书记与村委主任的关系，形成村“两委”的合力。加强农村科技知识、市场经济知识、现代农业先进管理技能、农村实用技术知识的培训，提高村干部适应市场需求、发展生产、带领群众致富方面的能力。

要注重培训形式的有效性。一是把在职学习与脱产教育相结合，在办好村干部任期培训、任职培训、农闲时集中培训的同时，有条件的地方也可以资助村干部“离乡不离土”参加脱产学习。二是把课堂教学与社会调研、考察学习、专题研讨相结合，村干部既学到理论知识，又学会实践技能。三是把传统教学手段与多媒体教学、远程教学、网络教学、互动式教学、案例式教学相结合。四是把“请进来”与“走出去”相结合，组织村干部到经济发达地区去学习。

要注重培训资源的多样性。可以充分挖掘利用现有的县乡党校、农业职校、农民技校的教学资源，还可以采取与大专院校、科研院所联合办班方式，利用高等农业院校、科研院所的教学资源来培训村干部。在培训师资上可以采取聘请外地专家教授、党政领导干部、专业技术人员、优秀村干部代表和科技致富能手等方式，充实村干部培训师资力量，增强培训的实效性和指导性。

三、选派与培养并举，为村干部队伍输送新人才

《中共中央关于推进农村改革发展若干重大问题的决定》提出，注重从农村致富能手、退伍军人、外出务工返乡农民中选拔村干部。引导高校毕业生到村任职，实施一村一名大学生计划。为此，各地可以采取选派与培养并举，着力拓宽村干部的来源，让有志于推广农业技术、带领农民致富、推进农村发展的优秀人才能成为村干部，切实提高村干部的整体素质。

一方面，选派大学生到农村任职。一是继续完善“三支一扶”等大学生服务农村的政策。制定有效的选人机制，真正把那些品学兼优、专业对口、具有较强奉献精神的大学生选拔到村干部队伍中来。制定可行的鼓励措施，采用政策加分、同等条件优先录用、经费资助等方法，尽可能解决到村任职的大学生的后顾之忧，让他们能安心农村工作，充分运用掌握的知识和技能为基层群众服务。二是选派党政机关和企事业单位优秀大学生和年轻干部到农村基层挂职锻炼，把农村挂职的工作业绩作为大学生、年轻干部提拔重用的依据之一。通过政策引导，把党政机关和企事业单位的优秀大学生、年轻干部选派到农村中来，为农村科学发展提供优秀人才。

另一方面，把村干部培养成大学生。将那些有文化、懂技

术、会经营的农村致富能手、外出经济能人、乡土拔尖人才、乡镇站所专业技术干部和复退军人等优秀人才选拔到村级后备干部中来。建立村干部后备人才库，定期对后备干部进行培养、锻炼、考核，努力把他们培养成党员、培养成村干部。采取政府主导、学校承办的方式，鼓励高等院校开设一些涉农专业学历教育课程，鼓励和资助有条件的村干部和后备干部积极参加学历教育，让村干部通过学历教育既获得大学学历，又掌握农业实用技术。华中师范大学新农学院在湖北宜昌、仙桃两地设立分院，实施“一个贫困村一名大学生村干部”项目，有700名村干部和村级后备干部利用农闲时节在当地免费集中学习，3年后成绩合格者将获得国家承认的“城乡社区建设与管理”专业大专学历。这种“将大学办到农家门口”，让村干部工作、农活、学习“三不误”的培养模式取得了良好的社会效果，值得借鉴和推广。

（《经济日报》2008年12月17日）

千方百计拓宽渠道　努力增加农民收入

当前，国际金融危机影响不断加深，全球经济放缓明显。受国际金融危机快速蔓延和世界经济增长明显减速的影响，加上我国经济生活中尚未解决的深层次矛盾和问题，目前我国经济运行中的困难有所增加，经济下行压力加大，企业经营困难增多。在这种情况下，就业压力明显变大，部分农民工开始集中返乡，给城乡经济和社会发展带来了新情况和新问题。

近年来，外出务工已经成为不少农民增收的重要来源。据调查，近几年来中西部地区的一些农业大省，农民的人均纯收入中非农收入已经占相当大比例。农民工集中返乡，无疑会给这些省份的农民持续增收带来困难。当前，为了广开农民工就业门路，要在深入贯彻落实《国务院办公厅关于切实做好当前农民工工作的通知》的同时，采取有力措施，千方百计拓宽增收渠道，努力增加农民收入。

一是认真贯彻落实党的十七届三中全会精神，准确把握对土地流转的要求，使包括务工返乡务农的农民在内的广大农民吃一颗长效“定心丸”。土地流转必须在“一个长久不变”（即保持现有土地承包关系稳定并长久不变）、“三个不得”（即土地承包经营权流转，不得改变土地集体所有性质，不得改变土地用途，不得损害农民土地承包权益）的前提下，按照依法自愿有偿原则，允许农民以转包、出租、互换、转让、股份合作等形式流转土地承包经营权。要充分考虑到进城务工人员中有不少人的就业和收入趋于不稳定的状况，土地仍然是重要的生活保障，采取措施让那些转让土地的农民可进可退，尽量避免出现新的“三无”人员，这有利于保持农村社会的和谐稳定。

二是注重抓好项目建设，加快发展农村第二、第三产业，突出发展市、县工业园区和农村中小企业，推动农民就近就地转移就业。要认真研究谋划促进农村经济社会发展的重大项目，加快推进一批在建重大项目建设，加快启动一批大型工程项目，尽快形成实物工作量。这样，既有利于确保尽早完成建设任务并发挥效益，又有利于扩大就业，使外出务工返乡农民能就近、较快地找到新的工作。要全面激活创业主体和投资主体，优化投资环境，吸引社会资本投资现代农业和农产品加工业，引导创业能人投资农业项目和在农村创业。要积极引导外出务工农民回乡投资创业，对外出务工农民回乡投资办厂的，在落实税收优惠政策、项目扶持等方面给予大力支持，加大小额担保贷款对外出务工农民回乡创业的扶持力度。要以工业园区为重要平台，积极引导和鼓励园区企业在稳定现有用工的同时，抓住农民工返乡的有利时机招纳熟练工，既为农民工提供新的就业机会，也为企业提高劳动生产率打好基础。

三是大力提升粮食综合生产能力，全面落实国家强农惠农政策，保障农民增收。坚持把发展粮食生产放在现代农业建设的首位，不断提高粮食综合生产能力。突出抓好高标准农田建设，大力改造中低产田；突出稳定粮食播种面积，大力发展水稻生产；突出开展粮食高产创建活动，主攻单产，推广良种、良法。与此同时，要按照国家统一部署，较大幅度提高农资综合直补、良种补贴、农机具购置补贴等标准，完善农资综合补贴动态调整机制。落实提高粮食最低收购价格政策，充分发挥收购价格对增产增收的促进作用。

四是着力发展特色农业和农产品加工业，继续推进农业产业化，带动农民增收。要按照市场化的理念来谋划农业发展，优化农产品结构和农业区域布局，努力形成一批各具特色、具有规模效益、品牌效应和产业集聚力的优势特色农业产业群。建设一批规模化、专业化、标准化的优质产品基地，构建具有地方特色和市场竞争力的现代农业产业体系。用工业化思维推进农村经济的发展，加快发展农业产业化经营，积极构建与现代农业产业相互配套的现代农产品加工体系，延长产业链，提高农产品加工增值能力和龙头企业带动农业致富能力。

（《经济日报》2009 年 1 月 5 日）

坚定不移地把农村税费改革推向前进

《中共中央关于制定国民经济和社会发展第十个五年计划的建议》中指出:“在认真总结试点经验的基础上,加快推进农村税费改革。”党中央对农村税费改革提出了明确的要求,指明了工作方向。笔者认为,要搞好农村税费改革需要做好以下几方面的工作。

一、充分认识农村税费改革的重大意义

这次农村税费改革是我国农村继土地改革、实行家庭承包经营制的又一重大改革。这项改革将依法调整和规范国家、集体、农民的利益,将农村分配制度进一步纳入法制化轨道,从根本上堵住加重农民负担的口子,是深化农村改革的又一重大步骤,必将极大地促进农村经济发展和农村社会稳定。

毫无疑问,农村税费改革是切实减轻农民负担的治本之策,是“减费”的根本措施和重要保证,“费改税”使许多收费项目和基金转变为税收或不复存在,从而使政府机关、部门随意扩大征收范围、提高收费标准失去了依据,有利于防止卡外收费,制止农村“三乱”,从根本上减轻负担。

税费改革还是增加农民收入、保护农村生产力、促进农村经

济持续快速发展的一条途径。税费改革减轻了农民的负担，就等于增加了农民收入，使农民有能力和积极性进一步增加投入、发展生产，才能真正提高农村购买力；税费改革可以大大减轻收费的额外负担，节省收费所花的人力物力，降低征收成本，减少浪费，优化社会经济环境；可以加强资金管理，使收费而形成的规模庞大、在财政外循环的预算外资金转化成税收，充实预算内资金；可以消除“费挤税”的问题，壮大集体经济，增强基层政府可支配财力，增强政府的宏观调控能力，集中财力办大事和公共事业；可以减轻乡村干部工作压力，节省过去乡村干部上门挨户收取“三提五统”的时间与精力，避免一年四季都为钱粮忙，可以腾出更多的时间、精力抓经济工作和社会事业，有利于促进农村经济持续快速发展。

税费改革也是改善干群关系、维护农村稳定的重要举措。税费改革从源头上减轻了农民负担，税费改革后，农民凭卡交税，项目单一，负担透明，简便易算，“三乱”从源头上得到控制，农民情绪稳定；用税收这一规范的分配方式控制农民负担，体现农民应尽的义务，减少干部上门催收税费引发的矛盾冲突，从而改善党群、干群关系；合理税费的足额征收，乡镇财政调控能力加大，有利于足额发放干部、教师工资，维护干部队伍稳定；税费改革必然减少收费机构和人员，促进农村基层政府精简机构、裁减冗员，促进基层政府转变职能，提高办事效率和行政效率；有利于加快农村基层民主法制建设，推进依法治县、治乡、治村进程，巩固农村基层政权。

所以说，只有从政治和全局的高度，充分认识农村税费改革的重大意义，才能增强我们工作的紧迫感和主动性，积极主动地投入到农村税费改革的实践中去。

二、把握好“减轻、规范、稳定”三个关键

根据党中央和省委要求，农村税费改革的指导思想归纳起来就是六个字：减轻、规范、稳定。所谓减轻，就是合理确定农民的税负水平，从源头上治理对农民的各种收费，切实减轻农民负担，给农民以更多的实惠；所谓规范，就是从制度上规范国家、集体和农民之间的分配关系、方式和方法，为减轻农民负担提供制度保证，使农民负担纳入法制化、规范化的管理轨道；所谓稳定，就是在减轻和规范的基础上，保持农民的税负水平在较长一段时间内不变。为此，我们在制定和实施本地农村税费改革方案时，首先要考虑减轻农民负担问题，把握农村税费改革这一首要目标，既要算财政平衡账，更要算农民负担账；应当注意把改革方向、力度和各方面的承受能力、承受程度很好地结合起来，既要考虑农民负担有相对减轻，又要考虑乡镇财政承受能力，保证乡镇政府和村级组织履行职责、基层政权运转必需的经费开支；应考虑到农村税费改革是一项涉及面很广的改革，是一项牵动各方利益的系统工程，应注意把税费改革同其他改革及配套措施结合起来，统筹协调，坚持在实践中发现和解决问题。但必须要明确的一点是：要面对现实、照顾现实，不能把农村所有的问题都与税费改革挂钩甚至要求同步解决，这是不现实的，也是不可能的。因此，既要坚定农

村税费改革的信心，又要充分考虑税费改革所面临的障碍和困难，总览全局，统筹安排。

三、切实把握农村税费改革的主要内容

按照党中央、国务院的要求，这次农村税费改革的主要内容是：取消乡统筹费、农村教育集资等专门面向农民征收的行政事业性收费和政府性基金、集资；取消屠宰税；取消统一规定的劳动积累工和义务工；调整农业税和农业特产税政策；改革村提留征收使用办法。这些改革的内容是一项复杂的系统工程，涉及国家、集体和个人利益的重新调整，涉及国家和地方相关法律、法规的修改，涉及精简县、乡机构和压缩人员，并且这项改革是在过去问题积累多年、积累较重，在当前农业结构调整和农民增收难度加大的背景下进行的，涉及的诸多问题，解决起来必然要有一个过程，不可能一步到位，必须有组织、有步骤地推进。为此，必须首先做好税费改革的前期准备工作和试点工作。要深入农村调查研究，弄清掌握农村的经济发展水平、农村经济结构、人口结构、人均收入和农民负担状况，了解农民和基层干部的意愿，认真做好各种数据的测算工作，加强对各级干部的教育培训工作，搞好宣传发动工作，统一干群思想，在试点成功的基础上，周密组织、精心实施、逐步推进。

四、要尽快制定农村税费改革的配套措施

农村税费改革是一项系统工程，只有标本兼治、配套进行，

才能取得实实在在的效果。如果就税费改革而税费改革，那就难免挂一漏十，顾此失彼。为此，在进行农村税费改革的同时，必须抓紧搞好与之相关的其他改革，制定落实有关配套措施。

第一，建立相应的中央与地方合理的财政收支关系和规范的转移支付制度，解决不适应农业与农村经济发展要求的问题。总体上看，财政对农业和农村的投入严重不足，财政支农资金投入的结构不合理，支农资金到位率低，挤占挪用现象严重。财政支农资金投入体制的不完善，是财政对农业和农村投入中存在的客观问题，不仅影响了农业效益的提高和农村经济的持续发展，也是农民负担减不下来的原因之一。因此，只有完善中央与地方的财政收支关系，适当加大地方财政自主权，降低税收上解比例，才能有利于增加对农业和农村的投入。为此，要根据分税制财政体制的要求，明确划分中央、省、市县、乡镇政府事权与财权，新增的农业税收入原则上留给乡镇财政。建立高效益的财政转移支付制度，可以加强对农村公共产品和服务的供给，使农村财政公平性得到保障，实现广大农村地区的共同富裕和均衡发展。省、市财政要加大对财政困难和贫困地区县、乡财政的转移支付力度，切实增加对农业和农村的投入，保障基层政府履行职能所需支出。同时，要严格规定省、市、县财政支农力度或比重，并且对以后逐年增长的百分比及收益率也要有具体的规定，并要把它作为考核干部政绩的一个重要内容。以此调动各级财政的积极性，真正加大对农业和农村的投入。

第二，强化财政职能，加强资金管理，增强乡镇政府的宏观调控能力。通过税费改革，取消一批收费项目，将乡统筹与村提留分别转化为农业税及农业税附加，对少数需要保留的收费要严格审批手段，实行“收支两条线”管理，这样可以规范和扩大乡镇财政收入的渠道，增加政府可支配财力，为大规模增加财政支出提供资金支持；又使长期滞留于财政管理体制之外的循环资金纳入预算管理。同时，还要进一步规范财政收支制度和管理制度，合理编制乡镇财政预算，增强财政预算管理，从而切实提高乡镇的宏观调控能力。

第三，搞好县、乡机构改革，精简机构和压缩人员。农村税费改革后，县、乡政府因收入减少影响的开支，主要通过转变政府职能、精简机构、压缩财政供养人员、调整支出结构等途径解决。一是撤小乡建大镇，可以采取二乡合一、三乡合一、一个乡分块并入其他镇等形式撤乡设镇；人口不足1000人的村委会，也应采取合并措施，以扩大村级规模，这样不仅可以从根本上减少机构和财政供养人员，还可以促进小城镇的发展。二是把县、乡机构改革结合起来，精简机构，转变职能。

五、要加强对农村税费改革工作的领导

这次农村税费改革是一项牵动全局、任务艰苦的工作。各级党委、政府要统一思想，充分认识农村税费改革的重要性、紧迫性和复杂性，充分估计实施过程中的工作难度，切实加强对农村税费改革工作的领导。要成立农村税费改革工作领导小组及其办公室，抽调得力人员，专门负责这项工作。要求广泛深入调查研究，在广泛听取基层和农民意见的情况下，总结试点成功的经

验，精心组织，周密安排，协调各方，形成合力，制定详尽严密、切实可行的实施方案，分步实施，稳抓稳打，坚定不移地把农村税费改革推向前进，确保取得实效。

（《内部论坛》总第 438 期）

六、组织人事工作

对进城务工青年的服务及引导工作应当加强

自20世纪90年代以来，随着市场经济的发展和市场机制作用的发挥，农村剩余劳动力不断向城市特别是发达的沿海城市转移，而且规模、速度呈现逐年增强、加速发展之势。据统计，吉安地区目前有37万青年农民在外务工。大量青年农民外出务工，自然带来了许多社会经济效应，理当引起各级党政组织、共青团组织的关注和重视。

一、充分认识青年农民进城务工所产生的社会意义

毫无疑问，“民工潮”的兴起，的确产生了一定的社会问题，如增加了城市就业和治安压力，降低了农村劳动力的整体素质等。但其产生的正面效应却是巨大的。众所皆知，像我们这样的一个经济欠发达的农业大国，没有农村劳动力向非农产业的转移，就不可能实现工业化和城市化，也不可能真正走向富裕，实现现代化。而青年农民进城务工实质上是农民自发参与工业化进程的现象，不仅开辟了一条中国工业化和城市化的途径，而且调节了劳动力就业结构，为城市引入了大量的廉价劳动力，弥补了

这些地区某些行业劳动力的不足，这必将为我国创造统一开放的劳动力市场带来深远的积极影响。特别是这些务工人员，由于在经济发达地区接受了市场经济的“洗礼”，价值观念、工作技能、社交能力、生活方式、生存状况等不断变化、进步、改善，许多青年已经成为思想解放、见多识广、有资金、懂技术的能人，通过他们直接和间接的影响，也促进了农村多方面的变革，必将推动农村经济的发展和社会的进步。

二、各级组织应为进城务工青年农民提供优质服务

面对为数众多的进城务工青年农民，不能采取简单的禁锢措施，强迫他们重新回乡和回到土地上。一方面应从理顺体制，调整产业结构入手，使农民流动有序化、合理化；另一方面应积极主动地为他们排忧解难、提供优质服务。在外出务工人数较多的县、乡应在当地党政统一领导下，由团组织牵头，组建务工青年协会，协会通过多种渠道，采取多种形式，努力提高务工青年的整体素质，为返乡兴业的务工青年牵线、提供服务，做好务工青年的维权工作，使务工青年能够健康成长和成才。应加强在务工青年中党建团建工作，以县或乡为单位，在务工青年相对比较集中的区域设立临时党支部、团支部，组织党（团）员过组织生活，收缴党（团）费，强化党（团）员意识；同时注意在务工青年中积极发展新党（团）员，切实改变部分地方以往党（团）组织与务工青年脱节、分离的现象。与此同时，各地应在节庆、农忙特别是春节期间务工青年返乡的有利时机，通过组织务工青

年代表召开座谈会，向务工青年寄送慰问信等方式，积极有效地开展一些活动，以体现组织的关怀。

三、积极动员和引导在外务工青年返乡兴业

大部分外出务工的青年农民最后要回归家园，这是当下的规律。在外出人员较多的地方，应把如何发挥这支队伍在发展当地经济中应起的作用作为一件大事来对待。应对外出务工青年进行分类登记、归档，设立务工青年人才库，全面掌握、了解务工青年的各种类型和有关情况，有针对性地引导那些有资金有技术的务工青年带资带技返乡创办领办乡镇企业、民营企业及发展“三高”农业，动员他们利用各自优势，积极宣传家乡经济发展政策，做好招商引资工作，通过他们的介绍，吸引一批企业主与本地开展经济合作。对那些有投资办厂意向的务工青年应提供方便和优惠，尽力为他们创造良好的投资和工作环境，努力把青年外出打工潮逐步转变为回乡推动乡镇企业、民营经济和特色农业发展的创业潮。此外，还应加强对农村人口流动管理，做到流动规模适度，通过中介性职业介绍机构，对农民打工进行正确引导，避免盲目外流。

（《井冈山报》1996 年 8 月 4 日）

关于加强农村基层团组织建设的思考

农村基层团组织是共青团建设的基石和前沿阵地之一，担负着组织、带领广大农村青年发展农村经济，搞好精神文明建设的重任。最近，我们就吉安地区农村基层团组织的现状进行了一次全面调查。调查结果表明：农村基层团组织松散瘫痪面较大，使许多团的工作与活动难以得到落实；一些农村团组织缺乏凝聚力，团员流失严重；农村团组织对广大农村青年的影响力与它所承担的教育青年、培养青年的重大任务相比显得不足，团组织带领团员青年推动农村经济和社会发展所作的贡献与青年的先锋队地位显得不够。

调查表明，上述问题产生的原因是多方面的。要改变这种状况，既需要团组织自身努力，也需要各级党委加强领导和大力支持。要根据新的形势加大改革力度，大胆探索团建工作新方法、新路子。从吉安地区的实际情况出发，加强农村基层团组织建设，应当从以下几个方面着手。

一是进一步认识共青团组织建设在农村基层组织建设中的地位和作用，增强抓农村基层团组织建设的紧迫感。农村共青团组织是农村基层组织重要组成部分。我区农村共有 8392 个基层团组织，担负着按照党的要求，培养教育广大青年农民，团结带领广大青年为实现党在农村的中心任务而奋斗的重要职责。共青团在农村的基层组织状况如何，工作水平如何，直接决定着中心任务完成的情况。团的基层组织健全，工作活跃，青年在团组织的带领下发挥作用，锻炼成长，农村党员队伍、基层干部队伍就有了生气勃勃的后备力量。所以说，农村基层团组织建设不仅仅是共青团自身的工作，而且是整个农民基层组织建设中重要的组成部分。各地需要增强紧迫感，应当在加强以党支部为核心的村级组织建设中，高度重视共青团农村基层组织的建设，经常抓、反复抓，使我区农民基层团组织的面貌有一个较为明显的改观。

二是依靠党建带团建，为团的工作创造一个良好的工作环境。中国共产党是执政党，是领导我们事业的核心力量，农村基层党组织在各种社会组织中起着关键、核心的作用。共青团组织要建设好，单靠自身力量还不够，需要党组织充分发挥核心领导作用。从现实来看，党的基层组织作用发挥较好的地方，共青团就有较好的工作环境和外部条件。党组织软弱涣散甚至处于瘫痪状态，团的组织也不会健全，团的工作就很难有所作为。因此，各地在搞好党支部建设的同时，要加强对团组织建设的领导，在工作中要体现配套抓的思想，要自觉地把团支部的建设纳入农村基层组织建设的总体规划，一并整顿建设，一并部署安排，一并检查验收，注意发现、推广一批好的典型，及时解决工作中出现的问题。

当前，尤其需要关心农村基层团干部的培养、配备、管理以及团的活动经费来源、青年活动阵地建设等。支持团组织在农村实施的“共青团服务万村脱贫致富奔小康行动”，使之扎实有效地深入下去。重视和发挥农村基层团组织在发展农村青年党员中的作用。进一步支持和指导农村基层团组织做好“推优”作用，应把乡（镇）团委书记、村团支部书记纳入乡（镇）、村级后备干部进行培养和管理，给他们压担子，促使他们早成才。

三是适应农村青年价值观念的多样性和就业分散且流动性大的特点，适当调整农村基层团组织的设置。针对农村青年不断向第二、第三产业转移，从农村流向城镇，流向经济发达地区的现状，农村基层团组织应在稳定乡镇团委的基础上，对团支部的设置方式放开搞活，按照团员在经济改革中所形成的新的劳动组合方式设置团支部。只要是有利于正常地开展团的各项活动，有利于加强对团员的教育和管理，有利于团员在经济建设中发挥作用，有利于团的积极分子的培养和团员发展，有利于密切团组织、团员与青年的联系就是允许的，可以打破以行政区划组合方式为基础，与党组织设置简单对应的设置团支部的单一模式。可以在团员数量较多的农村经济组织和自然村中建立团总支和团支部，也可以按市场、社区设立团支部，努力推广“组织随人走，团在实体建”的经验。要加强对流动团员青年的管理，每年团员必须持证到自己主要工作所在地团组织注册登记，成批外出团员要成立临时团支部。县、乡（镇）团组织要按照当地青年从业的情况，通过成立诸如行业协会、文体团体、兴趣小组等青年社团，作为团组织延伸的手臂，把各行各业的青年都组织起来。

四是建立较完善的团内激励机制，强化农村团组织服务青年的功能。共青团作为群众团体，必须建立起自身强有力的激励机制，才能调动各方面的积极性，将团内的力量集中到关键环节中，从而增强内在活力。应层层建立团内的评选表彰机制，团的县以下各级团组织以评选表彰先进团支部和优秀团员为主。应完善团的基层民主选举制度，引导广大团员树立正确的选人标准，将那些热心为团员青年服务，致富本领强的优秀团员选拔到团支部的领导岗位上来。要及时将那些在群众中威信高、致富本领强的适龄青年吸收到团内来，积极将团员中的优秀分子向党组织推荐作为党员发展对象，积极推荐优秀青年走上合适的工作岗位，带领团员积极兴办公益事业，做好人好事，让团支部以及全体团员在本村或本单位成为当之无愧的榜样群体。在实际工作中，农村基层团组织应把帮助农村青年脱贫致富奔小康作为根本任务，想方设法从信息、技术、项目、资金等方面为他们发展经济提供实实在在的服务，并利用各种形式组织便于青年广泛参与的文体活动。逐步建立起团内为农村青年服务的网络体系。

（《江西青年报》1997 年 5 月 23 日）

适应形势　提高素质

——对当好乡镇长的几点看法

乡镇是最基层的国家行政机关，乡镇长处于乡镇行政一把手这个重要工作岗位，既要牢牢抓住农村经济建设这个中心，又要保一方平安，促进各项社会事业的全面进步。在当前新旧体制转换、社会主义市场经济建设的新形势下，怎样才能当好乡镇长？笔者试从乡镇长岗位的特点和乡镇长应具备的素质方面作一些探讨。

一、乡镇长岗位具有的特点

概括地讲，乡镇长岗位具有五个方面的特点。一是岗位的显露性。乡镇长是乡镇党委决策的参与者，又是执行者，而且更多的是执行。在处理棘手问题时，乡镇长往往要一针见血，站在最前边，面对面地工作，尤其农村实行家庭联产承包责任制后，村级建设未能及时跟上，把乡镇工作进一步推向了前沿。二是权力的可塑性。乡镇长到底有多大权力，有哪些权力，目前很难准确界定，尚不够规范化、清晰化。从某种程度上来说，乡镇长的权力能大则大，能小则小，权力尺度伸缩性较大。三是责任的繁重性。乡镇长是“芝麻大的官，巴掌大的权，天大的责任。”“不过年，不过节，一年四季无气歇。”农业生产、乡镇企业、财政收入、计划生育和社会稳定，事无巨细，乡镇长都应履行职责，承担责任。随着经济建设的发展，乡镇长责任的繁重性将会越来越突出。四是协调的复杂性。乡镇长是最基层的国家行政机关的管理者。“上面千根线，下边一根针。”上下左右，方方面面，都需要理顺、协调。协调的复杂性，进一步加大了乡镇长高效工作的难度。五是绩效的模糊性。在实际工作中，乡镇长必须进行更多的实质性操作，付出几倍于人的艰辛，但有时其政绩与岗位职责难以相统一。乡镇长在较多的时候期望得到理解、支持与肯定。

二、乡镇长为履行其职责应具备的特殊素质

由于乡镇长岗位的特殊性、重要性，决定了乡镇长不但应具备一般领导者所应具备的素质，还应当具备履行好自身职责所应有的一些特殊素质。

第一，要有准确理解和把握上级方针政策的能力和多学科的知识。面对工作中出现的局部利益与整体利益、长远利益与眼前利益、上级要求与当地实际等诸多矛盾，要求乡镇长特别能够领悟上级的一系列方针政策，吃透政策精神，并具备多方面的知识。否则，就不能有效开展工作，贯彻落实上级的各项方针政策。如在当前进一步推进农村改革的形势下，乡镇长尤其要努力学习市场经济、工业项目、成本核算、农业种植、农时气象、文

化教育、法律、金融等方面的知识，虽然不可能门门精通，但都得能讲出道道儿，指导操作。

第二，要有高尚的品行。管理一个区域、一个单位，就意味着对其尽职尽责。领导就是服务，领导就是责任。很难想象，一个乡镇长没有好品行，思想意识不好，能够担当起为群众谋利益的重任。因此，乡镇长必须忠诚于党的事业，说实话，办实事，把对党的忠诚和对人民的负责精神统一起来，把社会主义事业的长远利益与人民群众的眼前利益统一起来，公正廉洁，从善如流，将个人荣辱置之身外，做到“为官一任，造福一方”。

第三，要有宏观管好和微观搞活的能力。乡镇长不仅要从宏观上把握本地经济发展的思路和规划，而且还要将决策后的规划分解到各班子成员的工作当中去，并指导、督促他们在不同时期、不同季节、不同情况下有所侧重地抓好工作，使班子发挥出最佳的整体效应。

第四，要有现场发挥的语言表达能力。在日常工作中，乡镇长要具备一定的文字表达能力，但与之相比，口头表达能力，即现场发挥的语言表达能力更为重要。这是因为乡镇长经常要深入基层第一线，既当“战斗员”，又当“指挥员”。组织、指挥工作靠的是即席讲话。这就要求乡镇长必须具有即席讲话的能力和水平，把上级精神、当地实际与领导班子意图有机地结合起来，做好临场发挥。

第五，要有处理好与乡镇党委书记的关系、与其他同事的关系的觉悟。领导班子是否团结，步调是否一致，直接影响着乡镇班子的战斗力。乡镇长对乡镇党委必须有服从意识，摆正自己是乡里二把手的位置，摆正自己在工作上是第一线的位置。在正确处理与乡镇党委书记等同事的关系时，乡镇长要有较强的党性原则和较高的思想觉悟，应遵循三个原则。一是通气原则。遇事多商量，沟通情况，主动通气。二是合力原则。对个人提出的意见和建议，应尽可能从全局、整体的角度去分析、考虑。三是互相支持原则。对乡镇党委书记要多一分理解、多一分尊重，对其工作中出现的失误尽可能多“补台”，严以律己，宽以待人。

总之，乡镇长在自己的岗位上要有所作为，必须尽快适应新形势的要求，不断提高自身能力和素质，提高领导和管理水平，努力达到三种境界：一是使群众不忍不服，即“德服”；二是使群众不得不服，即“才服”；三是使群众不敢不服，即“力服”。

（《井冈山报》1998 年 11 月 9 日）

县长最该忙什么

县长如何在千头万绪的工作中，忙而不乱、忙中有序，达到“身在事之中，心在事之上”的境界？笔者根据工作实践，深深体会到县长最该忙在四个方面。

第一，理清思路。作为县长，必须有明确的工作思路，并要使之起到贯彻执行上级的指示精神、创造性推动和促进县域经济发展和社会全面进步的作用。近年来，国家为扩大内需、启动市场，采取了积极的财政政策，并进一步加大了对贫困地区的扶持力度。对井冈山革命老区宁冈这个国家级贫困县来说，更具有现实意义。对此，笔者与县几套班子几经调查研究和综合分析，适时提出了“扩总量、盘存量、辟财源、重管理、促改革、保稳定”的工作思路，并着力在招商引资、财源建设、小城镇建设和个体私营经济等方面找准“抓手”，一以贯之。通过努力，全县实现了农民增收、财政增长、脱贫致富步伐加快的工作目标。实践证明，只有在吃透上情和摸透下情的基础上，形成符合实际的工作思路，县长开展工作时方能“四两拨千斤”，抓出特色、抓出成效，避免事倍功半、劳而无功。

第二，凝聚人心。县长在实际工作中，能否调动上下左右、方方面面的积极性，拢住“一班人”，使之心情舒畅、同心协力地工作，直接影响着工作效率。凝聚人心的方法、途径很多，最为直接有效的有两条。其一，以精神力量聚人心。由于受区域环境因素的影响，宁冈部分群众的“等、靠、要”意识仍然存在，“小则穷”“小则落后”的旧观念束缚着干部群众干事创业的手脚。笔者认为，应进一步解放思想，树立“小县也能大作为”“小县也能大发展”的新观念，大力倡导并积极培育“不等、不靠、不怨”和“自力更生、自我加压、自我发展、自我提高”的“三不四自”宁冈精神，以此来鼓舞和激励宁冈老区人民加快发展步伐，力争早日摆脱贫困。其二，以影响力聚人心。在具体工作中可体现在以下几个方面。一是政治信仰的号召力。县长要以坚定的政治立场、远大的政治抱负和对党对人民事业负责的精神影响一班人，使大家同心同德干大事、创大业。二是才华出众的吸引力。即以高度的工作责任感和高超的领导才能，以及勇于开拓、锐意创新的精神感染人、吸引人。三是优良品德的归服力。要切实树立“为民掌权、掌权为民”的观念，真心实意为群众办实事、办好事、解难事。四是情感交融的感化力。只要县长具有宽容、真诚待人的作风，就能够把各种人才聚集到自己的周围，使自己成为大家精神上的依托和感情上的汇聚中心，并能激发大家极大的工作热情。

第三，把握大局。首先，要全局在胸。要善于运用系统分析的方法，着眼于创造整体效益，发挥综合效应，从而推动全局。其次，要审时度势。县长要把握局势发展变化的临界点、转折点，把握加速或延缓工作进程的时机和“火候”，善于“顺势”“借势”“造势”，通过努力使局势朝着预想的、有利的方向健康发展。最后，要把握关键。一定要分清大事与小事，重点与一般，区分轻重缓急，抓住牵一发而动全身的主要矛盾，把握好事关全局的关键环节。如在财政方面，就是要千方百计地增收节支，力争少花钱多办事，把有限的资金用在刀刃上；在工业方面，应着重考虑如何推进改革、激活企业的内在发展动力，而不能亲自去抓产值、抓产销率；在农业方面，主要是围绕高产高效和增加农民收入，抓产业化经营；在城建方面，抓住涉及全局的规划问题不放，注重相关政策出台和配套，不能偏重抓具体工程。

第四，树立形象。古人云：“诚于中而形于外。”要树立廉洁、高效、求真、务实的政府形象，县长必须在方方面面带好头。一要带头刻苦学习。无志不能怀远，无才不能博见，志与才相结合，才能工于谋略，长于预见，带好班子。二要带头坚持原则。任何时候都要坚持党和人民的利益高于一切的原则，公开、公正地处理政务，努力在班子中树立正气凛然的形象。三要带头搞好团结。工作中要争挑重担，出了问题主动承担责任。要自觉做到大事讲原则，小事讲风格，要谦虚谨慎，诚恳相待，多理解，多支持。四要带头勤政廉政善政，生活上廉洁自律，工作上精益求精，作风上实事求是。这几个方面做好了，领导的形象、政府的形象也就树起来了。

（《领导科学》1999 年第 5 期）

加强对党政人才的培养

“为政之道，要在得人。”全面建设小康社会，需要加强人才队伍建设，形成一支门类齐全、梯次合理、素质优良、新老衔接、充分满足经济社会发展需要的宏大人才队伍。其中，培养和造就大批能够担当改革与发展重任的党政人才，是一项重大而紧迫的战略任务。

确立明确的战略目标。这个战略目标应该是：以党的干部路线、干部政策为依据，树立科学的人才观，既立足现实需要，又面向未来，培养和造就大批立场坚定、公正廉洁、思想敏锐、业务精通、富有开拓创新精神和组织领导能力的党政人才。具体说，就是把培养政治立场坚定、懂得治党治国的政治家，作为培养的根本目标；把培养既懂政治又懂经济和管理的复合型领导者，作为培养的战略重点；把全面提高党政人才的领导水平，作为培养的重要任务；把优化党政干部队伍结构和领导班子结构，作为培养的重要措施。

营造良好的成长环境。一是用好党政人才。用人是一种导向，也是人才成长环境好坏的重要标志。要杜绝以个人的亲疏好恶来选拔任用干部的现象，形成辩证看待人才的良好习惯；杜绝干部考察中不切实际的做法，形成科学的考察机制和有效的考察方法，打破旧习惯，确立新观念。二是根据党政人才的成长规律，为其提供良好的成长条件。一般来说，党政人才的成长走的是一条组织培养、实践锻炼、自我修养的道路，其成长周期包括知识准备期、素质磨砺期、成熟发展期、优势发挥期。党组织在培养党政人才过程中，需要抓早，早发现苗子早培养；需要抓重点，对重点对象重点培养；需要抓实，根据不同情况，采取学习培训、实践锻炼、竞争激励等综合措施进行系统培养。

探索全新的培养方法。一是改革培训方式。培训内容应由单一的政治理论向全方位、系统化的方向转变，在提高理论素养、培养战略思维、树立世界眼光和加强党性修养等多方面下功夫，全面提高党政人才的领导水平；培训方式应由课堂“填鸭式”教学向现场体验式、案例式、模拟式、研讨式等教学方式转变，不断提高培训的实际效果。二是强化实践锻炼。实践出真知。只有让党政人才投身于建设中国特色社会主义的伟大实践，才能提高运用理论指导实践的能力。应为党政人才的成长提供更多的实践舞台，将其放到艰苦环境中去磨砺，放到基层去锻炼。三是培养与使用相结合。要按照党管干部、党管人才的原则，在党政人才培养的各个环节都建立严格的管理和考核制度。与此同时，根据党政人才成长的特点，通过对党政人才的合理使用，促进党政人才的培养工作。

构建成才的体制机制。培养党政人才，需要通过制定完善政策、深化体制改革、提供优质服务等综合措施，消除各种制约党政人才成长的体制性和制度性因素，创新适应党政人才成长规律的体制和机制。一是建立竞争择优的党政人才选拔机制。切实贯彻公开、平等、竞争、择优的原则，深化干部人事制度改革，构建能上能下、能进能出、人尽其才、充满活力的党政人才选拔机制，促进大批党政人才脱颖而出。二是建立与党政人才贡献相适应的激励机制。既要看到物质激励的必要性，也要看到成就激励、精神鼓励等的作用，支持党政人才的工作，关心他们的生活，保护他们的积极性和创造精神，使他们充分享有实现自身价值的自豪感、贡献社会的成就感、赢得尊重的荣誉感。三是建立管理监督机制。党政人才的成长不仅需要自己严格自律，更需要组织严格管理。因此，一方面应建立对党政人才的管理监督体系，使管理监督工作规范化、制度化；另一方面应实行人本管理，尤其要处理好用人之长与避人之短的关系，做到人尽其才、才尽其用。

（《人民日报》2004 年 4 月 19 日）

提高干部素质　加强队伍建设

政治路线确定以后，干部就是决定因素。加强党的执政能力建设，关键是要建设一支善于治国理政的高素质干部队伍。当前，我们党的干部队伍素质总体上是比较高的，但也有一些干部的素质和能力同全面建设小康社会的要求不适应。这就需要从制度、学习、作风和廉洁等方面入手，努力建设一支高素质的干部队伍。

深化干部人事制度改革，优化干部培养选拔机制。制度建设是做好一切工作的重要保证。建设一支高素质的干部队伍，必须在坚持党管干部原则，全面贯彻革命化、年轻化、知识化、专业化方针的基础上，加快干部人事制度改革步伐，努力推进干部工作的科学化、民主化、制度化。当前，应进一步扩大干部工作中的民主，落实群众对干部选拔任用的知情权；坚持公开、平等、竞争、择优的原则，坚持德才兼备、注重实绩、群众公认；继续推行和完善民主推荐、民主测评、差额考察、任前公示、全委会投票表决、党政领导干部引咎辞职等制度。努力实施人才强国战略，贯彻党管人才原则，坚持党政人才、企业经营管理人才和专业技术人才三支队伍一起抓，把各方面优秀人才集聚到党和国家的各项事业中来；坚持用好的作风选作风好的人，坚决反对以人划线、以地域划线、凭个人好恶选人的错误做法，杜绝跑官要官、买官卖官等消极腐败现象，真正把那些“政治上靠得住、工作上有本事、作风上过得硬”的优秀人才选拔出来。

坚持学习和实践相统一，切实提高干部队伍素质。当今社会，知识更新和科技进步的速度日胜一日，但不少党员干部的知识准备并不充分，既缺少理论却又轻视理论，满足于已有知识，甚至对自己所从事工作的理论和知识也不甚了解，这势必影响工作的正常开展。因此，党员干部一定要学习、学习、再学习，学习理论、渴求新知。同时，经济、科技、历史、哲学、法律、文学等知识也应尽可能多地去了解和掌握。在学习中，应坚持理论联系实际，切实处理好学习与实践的关系，把理论知识的学习和实践经验的积累统一起来。对于那些基本素质好、有发展潜力的干部，除了搞好培训、鼓励学习，还要通过有计划地组织和安排他们到艰苦地区、复杂环境和基层一线经受锻炼和考验，使其开阔视野、积累经验，提高领导水平。

大兴求真务实之风，密切党群、干群关系。通过加强党的宗旨教育，使党员干部充分认识到，人心向背是关系党的生死存亡的重大问题，党的生命力和执政基础就在于始终保持同人民群众的血肉联系，始终成为人民群众根本利益的忠实代表。无论环境和条件怎样变化，为人民服务的宗旨不能变，群众观点和群众路线不能忘。要教育各级领导干部树立科学的世界观、人生观、价值观，坚持正确的权力观、地位观、利益观，始终与人民群众同呼吸、共命运、心连心，坚决反对脱离群众、以权谋私；坚持正确的政绩观，重实际、说实话、办实事、求实效；坚决反对形式主义、官僚主义和弄虚作假；坚持谦虚谨慎、艰苦奋斗，坚决反对骄傲自满、铺张浪费。把群众冷暖时刻放在心上，坚持不懈地为群众办实事、办好事，及时为群众排忧解难，不断保持和密切同人民群众的血肉联系，树立干部队伍的良好形象。

加强党风廉政建设，确保干部队伍的纯洁性。党风廉政建设和反腐败斗争关系党的生死存亡。因此，必须把党风廉政建设和反腐败斗争作为提高党的执政能力、巩固党的执政地位的一项重大政治任务抓紧抓实。着眼于建立有效的监督机制，建立一种行之有效的，以正面教育为主、以预防为主、以事前监督管理为主，将干部的培养、选拔、任用、管理融为一体的干部监督管理机制，形成多层次、全方位、强有力的干部监督体系，努力走出一条德治与法治相结合的干部监督工作的新路子。进一步健全和落实相关制度，包括推荐责任制、用人失察追究责任制、离任审计制等，将那些争名夺利、不守纪律、弄虚作假、跑官要官、贪赃枉法的人坚决淘汰出干部队伍，以确保干部队伍的纯洁性。

（《人民日报》2005 年 4 月 22 日）

创新型领导人才队伍建设

党的十六大报告指出："创新是一个民族进步的灵魂，是一个国家兴旺发达的不竭动力，也是一个政党永葆生机的源泉。"党的十六届五中全会把提高自主创新能力、建设创新型国家作为"十一五"时期的主要任务之一。建设创新型国家，关键在人，必须依靠千千万万个创新型人才自觉地开展创造性活动。而领导创新是一个领域创新的"领头雁"，没有领导创新，就不会有该领域的其他创新，因此，能否建设培养一支创新型的领导人才队伍至关重要。

一、创新型领导人才的内涵

创新型领导人才，就是指具有强烈创新意识和卓越创新才能的领导干部。创新型领导人才是一种积极务实、严谨有序、开放光大、不断进取创新的领导，能带来幸福和尊严，惠及广大而长远，能使社会生活各领域得到较为全面、健康、充分和持续的发展。其实质，就是能始终坚持与时俱进，科学判断形势，敏锐发现理论和实践中出现的新情况、新问题，创造性地解决矛盾，破解难题，开创工作的新局面，推动理论和实践的发展。

创新型领导人才与一般意义上的领导人才相比，具有以下特点。

1. 强烈的创新意识和创新激情。创造的动机表现出来的意向和愿望，就是创新意识。思想和观念是行动的先导，所以创新意识，在创造性领导活动中居于影响全局的关键地位。创新意识就其本质来说，是批判的、革命的，不迷信崇拜任何偶像、教条和一切不适应现实情况变化的旧观点、老经验。创造性思维是以发现新思想、新观点、新理论为目标的，新颖性、独特性和求异性是它的显著特征。创新意识就是创造的激情，探索新领域的思想和观念。创新激情是热爱科学、迷恋事业、追求真理、力争贡献的强烈情感。创新激情具有巨大的推动力，是勤奋好学、勇于探索的内驱力。强烈的创新意识和创新激情，是各类领导干部应具有的基本素质，也是取得事业上成功的重要内在因素之一。

2. 强烈的事业心和责任感。创新意识来之于强烈的事业心和对工作的热爱，来之于对自己事业的成就感、危机感。创新既是一个思想观念问题，一个能力素质问题，更是一个精神状态问题。一个得过且过、不求上进、对工作无所用心的人，必然流于平庸，而不可能有什么创新动机和创新实践。强烈的事业心和责任感必然激发领导者的工作激情和创新意识，不断追寻新的事业目标，开展创新活动。

3. 卓越的创新才能和创新实践。创新型领导人才必须具备很强的创新能力，并积极开展创造性活动。领导者的创新主要表现在以下几个方面。一是创见。创见是对问题的独特见解或新的认识。创见的升华和系统化，可以上升为理论创新。创见是创新实践的前提和指导，是领导工作创新的首要条件。二是创办。创办是一种实践中的创新活动。领导者准确把握形势和时机，充分发挥自身的创新能力，制定创新目标，采用新的思路和新的举措，推动新的工作实践。三是创举。创举是创造一定时空范围内从来没有过的举动，它既是创新的完成，也是人们对创新成果的评价。衡量一个领导者是否是创新型领导人才的重要标准，就是看能否用自己的创造性劳动，为经济和社会发展作出突出贡献。创见、创办、创举，包括了从提出新思想、新观点，到采取新方法、新举措，作出新成绩、产生新成果的全过程，它既是领导者创新的三种基本形式，同时又是创新型领导人才创新能力的全面展开。

二、创新型领导人才在建设创新型国家中的地位和作用

党中央、国务院作出的建设创新型国家的决策，是事关社会主义现代化建设全局的重大战略决策，需要全党和全社会的共同努力。作为社会主义现代化建设的组织者和领导者，创新型领导人才在国家创新体系中占据重要的领导地位，发挥主导作用。具体来说，可以表现在如下四个方面。

1. 引领作用。建设创新型国家，核心就是把增强自主创新能力作为发展科学技术的战略基点，走出中国特色的自主创新道路；就是把增强自主创新能力作为调整产业结构、转变增长方式的中心环节，建设资源节约型、环境友好型社会，推动国民经济

又快又好发展。这必然要求国家的科技政策、教育政策、投资政策、产业政策、税收政策等必须符合建设创新型国家的总体部署和发展方向。领导者的首要职责就是决策，就是要科学把握经济社会发展的客观规律和前进方向，制定符合经济社会发展需求的政策，引导创新的方向、重点和突破口。目前，急需各级领导者根据国家创新的总体部署，拿出各部门、各地区的创新思路，确定创新的重点和步骤，引领本地区、本部门的创新工作正确健康发展。

2. 推动作用。作为领导者，必须身体力行，做创新的典范。要敢为天下先，结合自己的工作实际，及时发现新情况，提出新问题，形成新思路，出台新举措，率先开展创新活动，开创工作的新局面，在实际工作中为本地区、本部门创新树立榜样，带动干部群众投入到创新实践中去。创新型领导人才除了自己自觉开展创新活动外，还要尊重群众的首创精神，广泛开展群众性创新活动，善于发现群众中的创新成果，抓住新典型，总结新经验，进一步推广创新成果，使创新成果更好地发挥作用，扩大影响。

3. 凝聚作用。创新离不开创新的文化，离不开浓厚的创新氛围，离不开一个个的创新团队。领导者要通过建立良好的竞争激励机制，通过营造鼓励创新的社会环境，通过正确的舆论导向等方式形成创新文化，激发广大干部群众的创新激情，使创新成为一种自觉的价值追求，成为一种习惯，成为一种性格。要在全社会形成尊重劳动、尊重知识、尊重人才、尊重创造的良好氛围，以价值取向来引导创新。领导者还要运用正确的用人导向，加快培养高水平创新人才，多方凝聚各类创新人才，大胆使用各类创新人才，充分调动他们的积极性和创造性，形成创新团队，形成创新的合力。

4. 保障作用。建设创新型国家，必须形成有利于自主创新的体制和机制。因此，各级领导者必须大力推进制度创新和机制创新，为创新提供一个良好的制度环境。从国家层面来说，要进一步创新科技投入体制、财政税收体制、金融信贷体制、知识产权保护，等等。从各地区、各部门来看，要进一步转变政府工作职能，改进工作作风，不断优化法制环境、经济环境、社会环境，为促进创新提供制度和机制保障。要通过制度和机制创新，使人人都愿干事，都能干事，都能干成事，而不必把宝贵的时间和精力用在无谓的内耗中。

三、如何培养创新型领导人才

在构建创新型国家的历史进程中，特别需要培养造就千百万富有创造才能，善于从事创造性领导活动的领导人才。实践没有止境，创新也没有止境。领导者的创新意识和创新能力不是与生俱来的，主要来自于后天的培养和锻炼。要成为合格的创新型领导人才，首先要消除诸如墨守成规，不想创新；消极畏难，不肯创新；只说不做，空喊创新；生怕失败，回避创新；盲目蛮干，歪曲创新；骄傲自满，不思创新；嫉贤妒能，不容创新等思想障碍和阻力，与此同时，还应从以下五个方面着手。

1. 创新需要更新思维。要实现创新，光有创新愿望、创新意识远远不够，必须具备创新思维和创新方法。有了创新思维的方法，才可能想人之所未想，做人之所未做。因为行动以思想为指导，思想决定行动。要学会逆向思维。逆向思维是最典型的创新性思维，简单地说，就是要善于“倒过来想”。要学会发散思维。发散思维是从一个信息源中导出多种不同结果的思维方法。也就是说，应当“大胆地设想”。与此同时，还要学会转向思维。转向思维是指人们在思考问题时，其思路在一个方向上受阻时，便马上转向另一个方向。这就是“换个角度想想”。有的问题经过一次转向就能解决问题，有的要经过多次转向才能获得新方法、新方案。创新思维能力是领导干部进行创新的重要环节。如果在思维方式上做不到破旧立新，做不到准确应对各种变化，所谓创新就会成为一句空话。因此，领导干部必须尽力摆脱单向思维和习惯性思维。

2. 创新需要坚持真理。创新是对传统的扬弃。如果把传统视为绝对完善和神圣不可违反的东西，不敢越雷池半步，那就永远不会有创新。在现实中，传统往往是与“权威”“上级”“书本”“经验”等联系在一起的。要创新，就要解放思想、实事求是，就要有怀疑精神和批判精神，做到不迷信权威、不固守经验、不拘泥框框，“不唯上、不唯书、只唯实”。创新，往往伴随着对原有利益格局的调整，经常会受到误解，遭到抵触，甚至是各种威胁。因此，领导者要进行创造性工作，必须具有“苟利国家生死以，岂因祸福避趋之”的大无畏精神，敢破敢立。正是这种无私无畏，为真理而献身的精神，使领导者能够了解和掌握实际情况，从本地区、本部门、本单位的实际出发，去探索开拓、扫雷攻关，以创新的眼光审视和评价一切事物，引出正确的结论，创造出非同凡响的成果。坚持真理，还要有自我否定的精神。创新不但要敢于否定他人，而且要勇于否定自己。否定他人易，否定自己难。那些已经有过成功经历的干部尤其要注意这一点。创新不可能一劳永逸，创新是永不停止的使命，要与时俱进，不故步自封，不断超越自我。

3. 创新需要不断加强学习。学习是创造的前提和基础，只有加强学习，提高自身的素质，才有创新的愿望和追求，才有创新的智慧和本领，创新才能达到一个比较自由的境界。领导者要创新，必须要有扎实的知识基础。这就需要领导干部树立“学习为本”“终身学习”“带头学习”的理念，使学习成为自觉行为，从而不断更新知识，超越自我。要认真学习理论，学习现代文化科学技术知识，学习现代管理知识，学习现代领导科学知识等。同时，要注重学习创造学方面的知识，掌握创造原理，了解创造技术和方法。机遇偏爱那些有知识准备的头脑。一个领导干部如果心浮气躁，不注重学习和涉猎各方面的知识，那就只能停留在照搬照抄照转的水平上，根本达不到创新的目标。因此，每个领导者都应该把学习当作人生的一大需要，当作一种生活习惯和修养，生命不息，学习不止，不断地积累知识，提高理论思维能力。领导者的学习，不能仅仅理解为学习书本知识，还应包括向实践学习。学习是领导干部提高其综合素质的基本功，实践是领导干部提高其综合素质的大课堂。各级领导者只有不断地实践，积极从群众中吸取营养，才能将别人的经验为我所用，不走或少走弯路，增加创新的成功率。

4. 创新需要求真务实。求真务实，关键是要做到“实”。要实事求是，不能脱离实际；要脚踏实地，不能华而不实；要重在落实，不能光说不做，成为语言的巨人、行动的矮子。要一切从实际出发，以我们正在做的事情为中心，出实招、办实事、务实效，一件事情一件事情抓落实，不断地出成果、见实效。创新还要注重从小事、从细节入手，宏观思路的创新很有意义，但微观突破的操作能力也同样重要。事物的整体是由部分组成的。事物部分的创新，都有助于整个事物的创新。任何一项大的发明创造，都是不断创新改进的结果。细节决定成败，有时一个小小的创新，就改变了整个事件的发展进程。创新既要目标高远，又要切实可行；既要立足宏观，把握大局，又要各个突破，整体推进。创新既要有激情，更要有理性；既要有勇气，又要讲究方法，善于分清和把握主要矛盾和次要矛盾，善于从解决主要矛盾、要害问题入手。

5. 创新需要营造宽松环境。要注意破除那种只防出错、不求出新，只求保险、不担风险，只循陈规、不探新路的思维定式；注意克服那种唯书唯上、崇洋崇古、照搬照套的行为惯性。要推崇探索、宽容失败，鼓励冒尖、包容个性，提倡竞争、倡导合作，让一切有利于事业发展的创新愿望得到尊重、创新活动得到鼓励，创新才能得到发挥、创新成果得到肯定，营造一个宽松的创新氛围，使更多的创新得以迸发。只有具有创新意识、创新精神和创新能力的领导者，才能容忍创新、支持创新、鼓励创新、带头创新和推动创新，担负起时代和事业赋予自己的领导责任。

（《江西社会科学》2006 年第 4 期）

切实加强领导干部学风建设

重点抓好领导干部作风建设，就是抓住了新形势下推进党的建设新的伟大工程的重要环节，抓住了提高党的领导水平和执政水平、提高拒腐防变和抵御风险能力的一个十分重要的切入点，是提高党的执政能力、保持和发展党的先进性的必然要求，具有重要的现实意义和深远的历史意义。加强和改进领导干部作风建设，首先要加强领导干部的学风建设。

一、充分认识加强领导干部学风建设的重要性和紧迫性

学风，一般地说就是对待理论与实际关系的立场和态度，是有关思想方法和思想感情的现实表现。马克思主义学风，是指马克思主义政党以马克思主义的科学世界观作指导，为掌握运用认识世界和改造世界的一般规律而形成的风气。它包括认真学习的风气，民主讨论的风气，积极探索的风气，求真务实的风气。其实质和核心是理论联系实际，基本要求是坚持学习理论和指导实践相结合，坚持运用理论和发展理论相结合。它的哲学基础是辩证唯物主义和历史唯物主义。务实创新、学用结合、实事求是、

与时俱进，是理论联系实际的马克思主义学风的基本特征。

党的学风建设是党的作风建设的重要组成部分，是党风建设的思想理论基础，是一个关系党的形象和战斗力、关系党的兴衰和事业成败的重大政治问题。我们党历来重视学风问题，把它看作是关系党的形象优劣、事业成败的大事。毛泽东曾在《整顿党的作风》中指出："学风问题是领导机关、全体干部、全体党员的思想方法问题，是我们对待马克思列宁主义的态度问题，是全党同志的工作态度问题。既然是这样，学风问题就是一个非常重要的问题，就是第一个重要的问题。"

重视学风建设是马克思主义政党的鲜明特征，只有端正学风，才能系统地而不是零碎地，实际地而不是空洞地进行学习，真正掌握理论的科学体系、基本原理和精神实质，真正学懂弄通、融会贯通；只有端正学风，才能用马克思主义的立场、观点和方法解决实践中遇到的矛盾和问题，使科学理论转化为为党和人民的事业不懈奋斗的坚定信念，转化为观察和解决问题的科学方法，转化为指导改造客观世界和主观世界的行为准则；只有端正学风，才能用发展的观点对待马克思主义，在坚持中发展，在发展中创新，把马克思主义中国化推向前进，真正做到在思想上不断有新解放，理论上不断有新发展，实践上不断有新创造；只有端正学风，才能使我们党坚持用发展的眼光审视和评估自己，以改革的精神，加强和完善自己，不断解决思想作风、工作作风、领导作风、生活作风等方面存在的问题，始终保持强大的生机和活力，永葆马克思主义政党的先进性。重视学风建设是建设高素质干部队伍的迫切要求，领导干部只有树立良好的学风，才能提高自身素质，履行好工作职责，才能真正提高贯彻落实科学发展观的能力、驾驭全局的能力、处理利益关系的能力、务实创新的能力。

当前，各级领导干部的学风总体上是好的。但学风不正的现象在一些领导干部身上仍然不同程度地存在着。一是缺少学习的兴趣和热情，认为学不学无所谓，整天忙于不必要的应酬，甚至沉迷于灯红酒绿；二是学习不刻苦、不钻研，敷衍了事，浅尝辄止，满足于一知半解；三是理论与实际脱节，照本宣科，做表面文章，不去用或者不会用科学理论解决面临的实际问题，甚至言行不一；四是奉行“有用即真理”，任意裁剪理论，搞断章取义，各取所需，甚至把自己不正确的理论说成是科学理论的原意和中央精神。所以，切实端正学风，是全面加强领导干部作风建设面临的重要课题。我们必须充分认识加强领导干部学风建设的重要性和紧迫性，采取有力措施，教育广大党员干部特别是领导干部进一步重视学习、刻苦学习、善于学习，努力做勤奋学习、学以致用的表率，不断提高自身的马克思主义理论水平和工作本领，更好地担负起推进科学发展、促进社会和谐的重要使命。

二、采取多种措施加强学风建设，切实提高干部教育培训实效

在新的形势下，各级领导干部要深入学习马克思列宁主义、毛泽东思想、中国特色社会主义理论体系，掌握精神实质，不断加强工作中的理论自觉和理论指导；要自觉学习现代科学文化知

识，加快知识更新，优化知识结构，自觉成为学以致用、学有所成的表率，着眼于解决改革发展稳定中的实际问题，把学习的体会和成果转化为谋划工作的思路、改进工作的措施、提高领导水平的本领。作为我们党培养、培训干部重要基地的各级党校、行政学院、干部学院，在学风建设上承担着重要的职责。因此，必须把弘扬马克思主义学风贯穿到干部教育培训的各个方面，切实形成"勤奋好学、学以致用"的良好学风，进一步提高干部教育培训成效。

（一）端正对待马克思主义的态度，坚持理论联系实际，用发展着的马克思主义指导干部教育培训工作、武装学员头脑

1. 与时俱进地对待马克思主义。学好马克思主义首先要端正对待马克思主义的态度，这是学风建设首先要解决的问题。对待马克思主义的态度，简单地说就是两条：一条是坚持马克思主义；另一条是发展马克思主义。坚持马克思主义，这是我们党的基本经验，也是世界社会主义的一条重要经验。坚持马克思主义，并不是抱着马克思主义的本本不放。在实践中发展马克思主义，才是真正坚持马克思主义。坚持和发展是统一的。发展马克思主义，必须反对教条主义、本本主义。科学地对待马克思主义，就是把它看作是发展的科学、实践的科学、行动的指南，而不是离开世界文明发展大道、故步自封、僵化不变的学说。端正对待马克思主义的态度，在干部教育培训中要注意克服两种倾向。一是轻视马克思主义的作用，不想讲、不想学马克思主义。个别同志受"过时论""无用论"的影响，对马克思主义，有的教师不愿讲，有的学员不想学，这种思想倾向必须注意克服。二是对待马克思主义采取教条主义、本本主义。在教学中的表现就是照本宣科，照抄照搬。对此更应注意克服和解决，更新教学内容，丰富教学手段，提高教学的吸引力和影响力。

2. 坚持从实际出发。弘扬马克思主义学风，就要坚持理论联系实际，把马克思主义基本原理同中国具体实际相结合，这也是我们党的一贯思想原则。坚持理论联系实际，对于党的各级干部教育培训机构来说，是培训工作必须遵循的一条重要指导思想和原则，是衡量教学科研质量高低的一条重要标准。教学科研没有理论不行，脱离实际就更不行。学员评价培训机构的教学科研水平，往往从有无理论高度、能否联系实际出发。能否理论联系实际，这也是各级培训机构教风、文风是否端正的重要标志。因此，必须在理论联系实际上下苦功夫。在教学科研中要努力提高理论含量，牢牢把握解放思想、实事求是这个精髓，完整准确地掌握马克思主义理论的科学体系和精神实质，同时要紧密联系国际国内实际、本地区本部门实际、个人思想工作实际。应大力在“结合”上做文章，在“结合”上下功夫，努力提高正确理解和把握理论的能力，提高运用理论分析和解决现实问题的能力，提高正确认识自己、不断改造主客观世界的能力。

3. 坚持用发展着的马克思主义指导培训工作、武装学员头脑。党中央着眼于国际国内环境的新变化，坚持与时俱进，不断总结实践经验，不断推进理论创新，开辟了马克思主义理论发展的新境界。这为我们应对更加复杂的国内外环境和各种挑战，全面建设小康社会、开创中国特色社会主义事业新局面，提供了强大的思想武器和科学的行动指南，也为做好新形势下的干部教育培训工作指明了方向。因此，要切实把这些重要战略思想贯彻到培训机构的教学、科研和管理的各项工作中，引导广大学员深刻认识党中央着眼于新的实践和新的发展推进理论创新的历史背景和重大意义，深刻认识这些重大战略思想的科学内涵和精神实质，不断提高学员的思想政治素质。

（二）立足根本，从制度建设上下功夫，建立健全学风建设的保障机制

加强领导干部的学风建设，必须立足根本，标本兼治，逐步建立健全科学合理的制度，形成一整套促进学风建设的考评考核办法，努力用完善的机制促进良好学风的形成。

1. 建立健全学风建设的激励机制。《干部教育培训工作条例（试行）》第四十一条规定："建立干部教育培训的考核和激励机制。将干部的教育培训情况作为干部考核的内容和任职、晋升的重要依据之一。"要把学风好坏作为使用干部的重要依据，在《党政领导干部选拔任用工作暂行条例》的"任职条件和资格"中，应充实有关学风建设的内容和要求并加以细化，把学风条件硬化。在干部考察中，要把学风是否端正，是否系统掌握理论并运用理论指导实践作为重要内容，写进考察材料，为使用干部提供学风是否端正的准确依据，从而形成"学风端正受重用，学风不正不使用"的正确用人导向。

2. 建立健全学风建设的监督机制。要在健全组织监督、强化班子内部监督、疏通群众监督渠道、重视舆论监督等方面下功夫。坚持并改进现有的"查学"办法，每年组织的集中检查不仅要查读书笔记、心得体会、理论文章等学习情况，还要通过其工作业绩、遵守党纪政纪等工作、生活的现实表现，分析其学风状况，让那些风气不正、搞形式主义的人过不了检查关，得不到好处。把领导班子和领导干部学风建设纳入干部任前公示内容，倾听群众反映，接受群众监督。对群众反映强烈的问题，通过新闻媒体曝光，予以批评鞭策，以教育警示党员干部端正学风。

3. 建立健全学风建设的考评机制。在抓领导干部学风建设上，各级党委普遍建立了“述、评、考”以及学习档案等制度，应当坚持并加以完善，要在讲求实效上增添新措施，提出新要求。在组织干部理论学习的考试、考核中，除把是否熟悉基本理论作为一项重要内容外，主要应看其运用理论解决实际问题的水平。对干部教育培训情况实行登记管理，建立和完善干部教育培训档案，以考评促进学风建设。

（三）根据培训需求改进培训内容和培训方式，加强教学管理和学员管理，切实加强学风建设

领导干部存在的学风问题，除个人的主观因素外，干部教育培训运行机制不规范，教学内容更新不快，培训方式陈旧单调等客观因素也影响了学习的积极性，影响了良好学风的形成。因此，要加强领导干部的学风建设，必须贯彻党的干部教育培训方针政策，深化教学改革，创新培训内容，改进培训方式，搞好教学管理，提高教学水平。

1. 按照“联系实际，学以致用”的原则开展培训工作。理论联系实际，就是要联系国际形势的新变化，联系我国改革开放和社会主义现代化建设的新进展，联系干部的思想和工作实际，引导干部在改造主观世界的同时，运用所学理论和知识指导实践，提高解决实际问题的能力。学以致用，就是积极引导干部运用所学的理论和知识指导实践，切实把干部教育培训工作的着眼点放在提高干部运用理论指导实践、解决实际问题的能力上，帮助广大干部在改造主观世界的同时，改造客观世界。要引导干部带着问题学，带着思考学，真正做到学以致用，用以促学，学用相长。

2. 切实加强教学管理。坚持从严治教，用马克思主义占领培训机构的教学科研阵地，切实提高教师的思想政治素质，严格把好教学政治纪律关。严格教学管理制度，规范教学计划的制定和执行过程，建立学员评教与专家评教相结合的教学质量评估体系。加强训前需求调研，根据各类干部的成长规律、行业特点和培训需求，科学设置培训内容，增强培训内容的针对性。注意改进教学方法，积极借鉴国外先进的培训方法，大力实施研究式、案例式、模拟式、体验式等教学方法，丰富教学手段，增强教育培训的吸引力。

3. 切实严格学员管理。不断改进学员管理的方式方法，努力提高学员管理水平。抓好学员管理制度的建设与执行，要求学员认真遵守考勤制度、请假制度、生活管理制度、考试考核制度和廉政建设的各项规定，以高度的自觉性完成学习任务。要特别抓好学习管理，组织好学员的听课、自学、研讨、交流以及考察、调研等活动；严格考试考核，考试考核成绩要记入学籍档案，并向组织部门和学员所在单位反馈，促进良好学风的形成。

（《江西社会科学》2008 年第 1 期）

树立和弘扬良好作风 切实加强领导干部党性修养

加强领导干部党性修养，使各级领导干部始终保持共产党人的政治本色，发扬党的光荣传统和优良作风，树立和坚持正确的事业观、工作观、政绩观，对于深入开展党风廉政建设和反腐败斗争，全面推进党的建设新的伟大工程，具有重大而深远的意义。

一、充分认识树立和弘扬良好作风、切实加强领导干部党性修养的极端重要性和紧迫性

当前，一些领导干部在作风方面问题依然突出，从内在原因讲，就是在党性修养上出了问题。领导干部作风的好坏是检验其世界观、人生观、价值观和权力观、地位观、利益观的“试金石”，而领导干部的党性修养则从根本上决定着其作风的好坏。因此，必须充分认识树立和弘扬良好作风、切实加强领导干部党性修养的极端重要性和紧迫性。

树立和弘扬良好作风、切实加强领导干部党性修养是党的执政能力建设和先进性建设的重要内容。党的作风亦即党风，是一个政党在思想、政治、组织、生活等各个方面一贯表现出来的态

度和行为；党性，是一个政党所固有的区别于其他政党的内在属性，是一个政党阶级性的集中表现。党性与党风密切联系、相互影响。党性是魂，党风是形；党性决定党风，党风体现党性；党性是党风的内在根据，党风是党性的外在表现。领导干部作风问题，说到底是党性问题。党性纯洁则作风端正，党性不纯则作风不正。各级领导干部是党和国家的骨干，加强党的作风建设首先要抓好领导干部的党性修养和作风建设。领导干部讲党性、重品行、作表率，就会上行下效，必收“其身正，不令而行”之功效；领导干部党性不纯、作风不正甚至违纪违法，群众就会纷纷效尤，必酿“上梁不正下梁歪”之恶果。从抓党性修养这一“根本”入手，从抓领导干部作风建设这一“关键”突破，形成领导干部的“龙头”示范带动效应，对于从整体上加强党的作风建设乃至推进政风、行风建设和社会风气建设，无疑都具有特别重大的意义。只有切实转变作风，真正做到为民、务实、清廉，才能真正有效防止和减少腐败现象的发生，才能永葆先进性，实现党和国家长治久安。

树立和弘扬良好作风、切实加强领导干部党性修养是提高领导干部素质、实现党所肩负的历史使命的迫切需要。在新的历史条件下，党和人民对领导干部的素质要求越来越高。领导干部必须具有良好的素质，包括思想素质、政治素质、文化素质等，才能发挥领导作用。提高领导干部素质的根本途径就是树立和弘扬良好作风、切实加强党性修养。我们党要实现历史和时代赋予自己的庄严使命，必须建设一支党性强、素质高的党员干部队伍，始终保持“两个先锋队”的性质，不断提高领导水平和执政水平，不断提高拒腐防变和抵御风险的能力，从而不断增强党的创造力、凝聚力和战斗力。加强领导干部的党性修养，提高领导干部的素质，发挥党员干部的先锋模范作用，是实现党的历史使命的前提和保证。领导干部的作风问题，不仅关系本部门本单位的工作开展，而且关系广大人民群众的切身利益，关系党和国家事业的兴旺发达。在我国改革发展的关键阶段，在复杂多变的国内外形势下，领导干部必须高度重视树立和弘扬良好作风，切实加强党性修养，增强干事创业的责任感和紧迫感，真正把心思和精力用到工作上，努力创造经得起实践、人民、历史检验的政绩。

树立和弘扬良好作风、切实加强领导干部党性修养是领导干部全面履行职责、推进科学发展的重要保证。领导干部的作风，影响科学发展实践能力、决定科学发展推进水平。2008 年以来，一些地方发生的重特大安全事故、重大食品安全事件、较大规模群体性事件，造成严重后果，教训极为深刻，进一步暴露出一些领导干部作风漂浮、工作不扎实、对群众漠不关心等突出问题。作风决定精神状态，作风决定执行力。抓住了作风就抓住了从谋划到落实的中枢环节，转变了作风就转变了工作徘徊不前的被动局面。事实说明，加强领导干部作风建设已是一项刻不容缓的重要任务。只有不断教育和引导各级领导干部按照科学发展的要求切实转变作风，自觉纠正违背科学发展的观念和做法，才能推动经济社会又好又快发展。只有以扎实的作风抓落实，才能切实化解发展面临的问题，才能敏锐地把握和转化危中之机，也才能把我们的发展思路变为科学发展的实践。在当前经济发展相对困难的情况下，一些群众的生产生活问题更加突出，一些群众的利益诉求更加强烈，一些潜在的社会矛盾会更集中地引发出来，解决这些问题必须改进作风。

二、多管齐下，促使广大干部不断增强树立和弘扬良好作风、切实加强领导干部党性修养的自觉性和坚定性

作风建设是一个永恒的课题。领导干部作风建设具有长期性、艰巨性。当前，要树立和弘扬良好作风、切实加强领导干部党性修养，必须采取有效措施，建立长效机制，努力增强自觉性和坚定性。

树立和弘扬良好作风、切实加强领导干部党性修养，首先必须努力学习，用科学理论武装头脑。没有先进理论武装的党，不可能是先进的党；没有先进理论武装的共产党员，不可能发挥先锋战士的作用。中国共产党以马克思列宁主义、毛泽东思想、中国特色社会主义理论体系作为自己的行动指南。党要保持先进性，就必须不断加强理论建设，加强共产党员的理论修养。加强理论修养，对于领导干部尤为重要。只有加强理论修养，加强理论学习，用马克思列宁主义、毛泽东思想、中国特色社会主义理论体系武装头脑，善于运用马克思主义的立场、观点、方法去观察世界、认识世界、改造世界，才能正确认识共产党执政规律、社会主义建设规律和人类社会发展规律，牢固树立共产主义理想，坚定社会主义信念；才能提高认识世界和改造世界的能力，更好地为人民服务；才能坚持马克思主义，发展马克思主义。理

论上清醒是政治上清醒的前提，理论上坚定是政治上坚定的保证。没有正确的理论指导，就不可能有坚定的理想信念，不可能有正确的政治观点，不可能有良好的作风和坚强的党性。一些党员干部对理论学习认识不足，理论素养和水平不高，不能运用科学的世界观和方法论观察、分析和解决实际问题，以致出现种种偏差和错误，无法在思想上政治上与党中央保持高度一致。理论上的贫乏必然导致思想上的落伍，一些领导干部的精神状态不能适应新形势新任务的需要，政治意识日渐淡薄，革命意志日渐衰退，忘记了共产党员的政治责任和历史使命，如何还能发挥好领导和表率作用？这些现象与共产党员先进性的要求是格格不入的。领导干部要把学习和掌握科学理论作为人生的不懈追求，真正做到系统地而不是零碎地、深刻地而不是肤浅地、全面地而不是片面地学习理论。通过学习和教育提高思想政治素质，是增强党性，保证全党统一意志、统一行动的最根本、最重要的前提。

树立和弘扬良好作风、切实加强领导干部党性修养，还需要加强教育，自觉强化党的观念。加强宣传教育，是推动作风建设深入落实，形成良好的党风政风的基础环节。各级领导干部要牢固树立马克思主义的世界观、人生观、价值观和正确的权力观、地位观、利益观、政绩观，进一步增强政治意识、大局意识、责任意识、安全意识。要充分利用红色革命教育基地等教育资源，开展优良革命传统教育。要把继承和发扬优良革命传统同培育和树立新风正气结合起来，大力宣传当代楷模和优秀领导干部先进事迹，从时代精神如伟大的抗震救灾精神中汲取养分，在领导干部中弘扬科学求实、亲民为民、清正廉明等新风尚。还要利用反面典型开展警示教育，使各级领导干部引以为戒，警钟长鸣，未雨绸缪，防微杜渐，做到自重、自省、自警、自励，保持优良的作风和高尚的品质。要坚持以人为本，时刻摆正自己和人民群众的位置，经常掂量掂量“我是谁，为了谁”，想问题、作决策、办事情要把满足人民群众日益增长的物质文化需要作为根本目标。要坚持群众为先，想基层之所想，急群众之所急，凡是损害群众利益的政策就不出台，群众不支持的措施就不实施，群众不满意的干部就不重用。要坚持民生为重，把改善民生作为保增长的出发点和落脚点，下大气力解决好群众反映强烈的突出问题，下大气力做好关心困难群众生产生活的工作。

树立和弘扬良好作风、切实加强领导干部党性修养，关键要加强机制建设，形成促进作风建设的长效机制。好的作风要有内在的信念来支撑，也需要外在的机制来引导。要着重建立健全四个机制。

一是联系服务群众机制。密切联系群众、真心服务群众是作风建设的出发点和落脚点。要通过联系和服务群众机制的建设，不断增强广大党员干部尤其是领导干部的宗旨观念和服务意识；要继续推进固本强基工程，坚持领导干部蹲点调研和新提拔领导干部任信访督察专员制度，促进机关融入基层、干部融入群众；要充分发挥各级信访、政风行风热线、投诉中心等载体的作用，建立和完善政风行风的民意调查制度；要进一步完善决策民主程序，对事关群众利益的重大事项实行公示、听证、咨询制度。要健全为民办事、便民服务、结对帮扶、领导督办等各项服务群众制度；要着力解决最广大人民群众最关心、最直接、最现实的利益问题，着力纠正群众反映强烈的各种不正之风。

二是监督考核机制。严格监督考核，加强奖惩激励，是推动党员干部作风建设深入开展的有效途径。要严格执行领导干部个人重大事项报告、述职述廉、民主评议、诫勉谈话、民主生活会、经济责任审计和质询制、问责制等制度，切实加强对党员干部特别是领导干部作风状况的监督。要推进党务公开、政务公开，积极拓宽监督渠道，发挥党内监督、专门机关监督与人民群众监督、民主监督、舆论监督的合力。要完善领导干部综合考核评价办法。在考核干部实绩时，既要看发展的速度，也要看发展的质量，更要看解决民生问题的效果。要注意两个延伸，即向下延伸，让服务对象有更多的发言权；向过去延伸，让曾经工作过的地方有更多的发言权。要做到公正科学地评价政绩、严格公平地给予奖惩，以引导领导干部树立正确的政绩观。

三是选人用人机制。坚持正确用人导向，把干部作风状况作为干部选拔任用的重要因素，作为衡量干部德才素质的重要方面，真正把作风好、工作实、靠得住、有本事的干部选拔到各级领导岗位上来。对那些做表面文章、掺水分、造虚假政绩的，一经发现就要严厉惩处，不仅不能提拔重用，还要追究责任，调整职务，直至给予处分。

四是机关效能建设机制。提升行政效能是改进机关作风的必由之路。要进一步推进机关工作和机关事务的规范化、科学化和流程化管理。加强各种要素交易监管力度，特别是要增强各项预算管理的透明度，完善政府投资、政府采购制度和监管办法；加强节约型机关建设，规范公务接待，简化公务礼仪，进一步精简文件和会议；加强对公务用车使用的监管，继续推进公务用车改革；加快推进综合型电子监察系统建设，降低行政成本，提高审批效率。

当前，世界正在经历一场历史罕见的金融危机，我国经济社会发展也面临十分严峻和困难的形势。各级领导干部一定要牢固树立马克思主义的实践观点，把党的科学理论与改革发展稳定实践紧密结合起来，认真研究解决影响改革发展稳定的深层次矛盾和问题、影响群众生产生活的突出矛盾和问题，不断增强能力，不断改进作风，创造性地贯彻落实中央的决策部署。

（《今日中国论坛》2009 年第 7 期）

学习毛泽东等老一辈无产阶级革命家的世界观和方法论

世界观是人们对世界的总体看法和根本观点。方法论，就是人们认识世界、改造世界的一般方法，是人们用什么样的方式、方法来观察事物和处理问题。概括地说，世界观主要解决世界“是什么”的问题；方法论主要解决“怎么办”的问题。马克思主义世界观，是马克思主义创始人对人类社会的总体的和根本的看法，包括价值取向或基本态度和立场，对世界本原和规律的基本认识或观点，获得这些基本认识或观点的基本方法，对人类社会的终极关怀或人类世界发展所应该具有的最终方向和目标等四个基本方面，是马克思和恩格斯在长期学习和社会实践中总结的科学理论，是马克思主义的核心和最主要的部分，是认识人类历史发展的科学理论指导，无论是过去现在还是将来，都具有深远的影响和伟大的意义。毛泽东在《矛盾论》中说：“辩证法的宇宙观，主要地就是教导人们要善于去观察和分析各种事物的矛盾的运动，并根据这种分析，指出解决矛盾的方法。”由此可见，马克思主义方法论，就是研究人们在实践和认识中怎样运用世界观作指导来规定达到目的的方式或手段，是关于如何应用世界观的理论，是世界观的体现，是世界观的具体应用。正如恩格斯所说："马克思的整个世界观不是教义，而是方法。它提供的不是现成的教条，而是进一步研究的出发点和供这种研究使用的方法。"中国共产党从创立之初就努力把马克思主义与中国革命实践相结合，但由于当时党在思想上的准备、理论上的修养比较幼稚，导致了大革命的失败。大革命失败后，毛泽东等老一辈无产阶级革命家根据中国国情，先后建立了井冈山革命根据地和中央革命根据地，从此开始了建党、建军、建政的伟大尝试，开辟出了以农村包围城市、武装夺取政权的中国革命的新道路，孕育了伟大的井冈山精神，开始了马克思主义中国化的开篇之作，闪耀着马克思主义世界观和方法论的光芒。

众所周知，马克思主义世界观和方法论具有革命的实践性。马克思主义与各国革命的具体实践相结合是一个历史的过程，这种结合在不同的时代、不同的国家和民族，表现出不同的深度、广度和民族特点。以毛泽东为代表的中国共产党人从中国的实际出发，运用马克思主义的立场、观点和方法，依靠对中国革命性质的深刻分析，坚持理论与实践相结合，敏锐地看到半殖民地半封建的中国，小块红色政权区域存在的可能性和必然性，提出了"工农武装割据"的思想，创造性地解决了为坚持和发展"工农武装割据"所必须解决的一系列根本问题，成功地创建了第一个农村革命根据地，开辟出了一条具有中国特色的革命道路。毛泽东等老一辈无产阶级革命家提出的建立农村根据地、以农村包围城市、最后夺取城市的中国革命新道路理论，创造性地发展了马克思主义革命学说，充分体现了马克思主义世界观和方法论，是马克思主义中国化的最突出表现。

马克思主义哲学是无产阶级的世界观和方法论，是代表无产阶级的利益，适应无产阶级革命斗争需要而产生的，具有鲜明的阶级性。在井冈山斗争时期，以毛泽东为首的边界党组织充分依靠群众，相信群众，部队每到一处，都要求红军战士把这个地方的阶级、经济、生产、群众斗争及生活等情况调查清楚。抓住土地这个农民最关心的问题，经反复调研和多次分田试点，制定了基本正确的土地革命政策，得到了群众的真心拥护。以毛泽东为代表的共产党人在井冈山斗争时期，自始至终地把千百万人民群众组织和团结在自己的周围，并为千百万劳苦人民的利益而奋斗，充分体现了马克思主义世界观和方法论的阶级性。

井冈山精神的世界观和方法论给我们的启示就是要把马克思主义普遍真理与中国具体实际相结合，坚持尊重实践的科学态度和在实践中发展马克思主义的创新精神，在新的历史条件下树立忠于理想的坚定信念，始终坚持党的正确领导，坚持实事求是、依靠群众、艰苦奋斗，全面推进中国特色社会主义事业。

一、必须牢固树立忠于理想的坚定信念

信念如灯塔，对于任何一个政党、一个组织和个人，在任何时候都非常重要。大革命失败后，中国革命进入了低潮，以毛泽东为代表的中国共产党人，怀着对共产主义的理想信念的执着追求，引兵井冈山，开始了“工农武装割据”的伟大尝试，创建了中国革命的第一个农村根据地。他们当中有许多人是留学生、大学生，还有的出身于大地主大官僚的家庭，他们为了实现理想信

念，放弃优越的生活条件，甚至背叛自己的家庭，来到井冈山这个穷乡僻壤闹革命。在井冈山斗争时期，缺衣少被，粮食、食盐、药材等日需品匮乏，有时真是“苦到了极点”，但广大指战员靠理想信念的支撑，做到“艰难奋战而不溃散”，实现了“边界的红旗始终不倒”。毛泽东针对有人提出“红旗到底打得多久”的疑问，先后撰写了《中国的红色政权为什么能够存在?》《井冈山的斗争》《星星之火，可以燎原》等著作，指出中国红色根据地必将成为取得全国政权重要力量的发展前景，极大地坚定了军民革命到底的信念，对于全党、全军和全国人民坚定信念，从土地革命战争走向抗日战争、解放战争，直至建立新中国，都具有极其重大而深远的指导意义。

崇高的理想、坚定的信念，是推动党和人民事业前进的强大精神力量。学习革命先辈树立坚定的理想信念，就是要坚定不移地高举中国特色社会主义伟大旗帜，坚定中国特色社会主义信念不动摇，用中国特色社会主义共同理想统一思想、凝聚力量、化解矛盾，形成万众一心、共创和谐的强大精神力量，团结一切可以团结的力量、调动一切可以调动的积极因素，引导人民为实现全面建设小康社会宏伟目标而奋斗。

二、必须始终坚持中国共产党的正确领导

坚持党的正确领导，注重思想建设，是井冈山斗争时期我党实行的重大建党原则。建立在农村的井冈山根据地，党组织、军队、政权机关中农民成分占多数，因而出现的问题也确实很多。

为克服这些不良现象，除了在各级领导机构中增加工人成分外，着重从思想上加强建设，用无产阶级思想去克服和改造各种非无产阶级思想，保证了党组织、军队和政权机关的无产阶级性质。在军队建立党的各级组织和党代表制度，确保党对军队的领导。在边界党组织中开展“厉行洗党”，加强了党组织建设，纯洁了党员队伍，通过“洗党”活动，“党员数量大为减少，战斗力反而增加”。古田会议的决议是从解决“红军第四军的共产党内存在各种非无产阶级的思想”入手的，也就是毛泽东到井冈山开创的从思想上建党理论的运用和发展。可以这样说，井冈山革命根据地的创建和发展，是坚持党的领导的结果。

我们党坚持把马克思主义基本原理同中国具体实际和时代特征相结合，承前启后、继往开来，团结带领全国各族人民战胜各种困难和风险，不断取得革命、建设、改革的伟大胜利，从根本上改变了中国人民的命运、中国历史的方向和中国社会的面貌。实践证明，中国共产党的领导地位是在长期实践中形成的，是历史的选择、人民的选择，任何时候任何情况下只能坚持而不能动摇，只能在不断改善中加强而不能削弱。要按照“八个坚持、八个反对”的要求，着力解决党的思想作风、学风、工作作风、领导作风和干部生活作风的突出问题，提高党的执政能力和拒腐防变能力。加强党的先进性建设，始终代表中国先进生产力的发展要求，始终代表中国先进文化的前进方向，始终代表中国最广大人民的根本利益，坚持不懈地抓好发展这个党执政兴国的第一要务，不断提高驾驭复杂局面、解决复杂问题的能力，成为战胜各种困难挑战的中流砥柱，成为中国特色社会主义事业的坚强领导核心。

三、必须始终坚持实事求是的思想路线

实事求是是毛泽东思想的精髓，也是我们制定正确的路线、方针、政策的基本保证。是否坚持实事求是的思想路线是关系到革命和建设成败的根本问题。1927 年大革命失败后，中国革命正面临着向何处去的艰难选择，在国际共运史上无产阶级成功夺取政权也仅有巴黎公社和俄国十月革命两种道路模式。中国共产党曾尝试过巴黎公社模式，在上海组织城市工人武装起义没有成功。以毛泽东为代表的中国共产党人遵循“实事求是”的思想路线，坚持把马克思主义的普遍原理与中国实际结合，经过艰苦的探索，终于找到一条适合中国国情的新道路——井冈山道路。实践已经证明，井冈山道路是当时中国革命唯一正确的道路。井冈山精神的精髓就是实事求是。

实事求是是党的思想路线的核心和实质。目前，我国正处在经济社会发展的关键时期，坚持实事求是的思想路线，就是要坚持一切从实际出发，深入到群众中去开展调查研究，了解实情，尊重客观规律，立足当前、着眼长远，积极进取、量力而行，不搞主观臆断的“拍脑袋”决策和劳民伤财的“形象工程”。要坚持理论联系实际，勇于创新。把中央的精神与当地实际结合起来，发挥主观能动性，从实际情况入手，不断创新发展理念、发展思路、发展模式和发展方法，提高发展的效益。要坚持在实践中检验真理和发展真理。在工作中坚持做到办实事、出实招、求实效，努力做出经得起实践、人民、历史检验的实绩。

四、必须始终坚持依靠群众的路线

人民群众是历史的创造者，依靠人民群众是我们克敌制胜的力量源泉。正如毛泽东所言，党和红军“真心实意地为群众谋利益”，广大人民群众才会“把革命当作他们的生命”，为正义和革命的事业而战。“真心实意地为群众谋利益”是毛泽东的一句名言，党和军队按照这一要求，切实解决广大群众生产和生活中的实际问题，赢得了人民群众的真正拥戴。井冈山时期红军几次反击赣军的“进剿”和湘、赣两省敌人的“会剿”，正是在广大人民群众的大力协助下，军民同仇敌忾，万众一心，众志成城，才取得一次次重大胜利的。

党的十七大报告指出，全心全意为人民服务是党的根本宗旨，党的一切奋斗和工作都是为了造福人民。要始终把实现好、维护好、发展好最广大人民的根本利益作为党和国家一切工作的出发点和落脚点。要强化宗旨意识，坚持以人为本，做到权为民所用、情为民所系、利为民所谋，尊重人民主体地位，发挥人民的首创精神，保障人民的各项权益，走共同富裕的道路，促进人的全面发展，做到发展为了人民、发展依靠人民、发展成果由人民共享。树立群众观念和公仆意识，坚持问政于民、问需于民、问计于民，从解决人民最关心、最直接、最现实的利益问题出发，着力解决好教育、就业、医疗、社保、住房民生问题，努力使全体人民学有所教、劳有所得、病有所医、老有所养、住有所居。牢记人民群众是我们党的执政之基、力量之源、胜利之本，进一步把人民群众的需要放在一个历史的动态过程中，不断满足人民的需要，及时了解群众利益诉求，加强社会治安、公共卫生、生产安全等保障工作，让人民群众能安居乐业，推动建设和谐社会。

五、必须始终坚持艰苦奋斗的作风

艰苦奋斗是中华民族的传统美德，是我们党的传家宝，是凝聚人心、战胜困难的强大力量。井冈山根据地地处湘赣边陲，“人口不满两千，产谷不满万担”，基本上还是自给自足的小农经济。加上国民党军队的严密经济封锁，有时吃饭问题都很难解决，困难“有时真是到了极度”。根据地军民在党的领导下开展了一系列艰苦卓绝的生产自救和反经济封锁的斗争，不仅粉碎了国民党把红军困死、饿死、冻死在山上的企图，还使“割据地区一天一天扩大，土地革命一天一天深入，红军一天一天扩大”，革命的星星之火终于燎原于全国。

1965 年毛泽东重上井冈山时就告诫我们：“没有井冈山艰苦卓绝的奋斗，就没有中国革命今天的胜利。日子好过了，艰苦奋斗的精神不要丢了，井冈山精神不要丢了。”在当前形势下，我国经济发展取得了巨大成就、物质条件有了明显改善，但是坚持艰苦奋斗仍具有十分重要的现实意义。要牢记“两个务必”，树立过紧日子的观念，执行中央有关精简经费开支的要求，反对铺张浪费，自觉抵制享乐主义和奢靡之风，勤俭办一切事业，真正把有限的资金和资源用在刀刃上，用在发展和改善经济上。

邓小平说过："世界上的事情都是干出来的，不干，半点马克思主义也没有。"我们不仅要艰苦，更重要的是要奋斗。要始终保持积极进取、健康向上的精神状态，永葆革命青春和激情。受国际金融危机的冲击，保增长、保民生、保稳定的任务繁重，要落实好中央宏观调整政策，坚持把保增长、扩内需、调结构有机结合起来，加快发展方式转变，提高科技创新能力，由主要依靠增加物质资源消耗向主要依靠科技进步、劳动者素质提高、管理创新转变，推进经济转型升级，带领群众迎难而上、共克时艰，实现经济社会的又好又快发展。

（《党史文苑》2009 年第 10 期）

抓根本抓重点抓关键　增强年轻干部培养工作的针对性和实效性

源源不断地培养大批优秀年轻干部，是党和国家事业后继有人、不断发展的重要保证，也是我国能否在未来激烈的国际竞争中赢得主动的关键所在。培养造就大批优秀年轻干部需要以坚定理想信念为根本，以加强党性修养、保持优良作风为重点，以强化实践锻炼为关键，不断增强年轻干部培养工作的针对性和实效性，使年轻干部政治上靠得住、工作上有本事、作风上过得硬。

坚定理想信念。我们党之所以能够历经千难万险、战胜重重困难，带领人民取得革命、建设和改革的一个又一个胜利，一个重要原因就是广大党员具有坚定的理想信念。坚定的理想信念是共产党人的立身之本，也是年轻干部坚定政治立场、增强政治鉴别力和政治敏锐性的关键所在。当前，大多数年轻干部具有坚定的理想信念，但也有一部分年轻干部由于缺少严格的党内生活锻炼和重大政治风浪考验，在理想信念方面还存在不少值得注意的问题：有的对马克思主义科学真理有疑惑，对社会主义经过长期发展必然代替资本主义产生动摇；有的思想空虚、精神萎靡，缺乏崇高的精神追求；有的价值取向功利化，在各种诱惑面前随波逐流甚至腐化堕落。因此，各级党组织要以坚定年轻干部的理想信念为根本，加强年轻干部对马列主义、毛泽东思想和中国特色社会主义理论体系的学习，注重用马克思主义中国化最新成果教育和武装年轻干部，坚定他们对马克思主义的信仰、对中国特色社会主义的信念、对改革开放和社会主义现代化建设的信心。

加强党性修养。面对各种腐朽落后思想文化的侵蚀，面对形形色色的诱惑，年轻干部要想在大是大非面前旗帜鲜明、在大风大浪之中站稳脚跟，始终保持理想不变、信念不失、宗旨不忘、传统不丢，成为中国特色社会主义事业的可靠接班人，就必须坚持不懈地加强党性修养。首先，加强政治修养，增强大局意识。自觉维护中央权威，真正做到有令必行、有禁必止，绝不能口头上拥护、执行中打折，更不能搞上有政策、下有对策。其次，加强道德修养，提升道德境界。见贤思齐，见不贤而内省，自觉在改造客观世界的同时改造主观世界，牢固树立科学的世界观、人生观、价值观和正确的权力观、地位观、利益观，培养向上的生活情趣，形成良好的生活作风。最后，加强组织纪律修养，规范从政行为。特别注意严守党的纪律，尤其是在走上领导岗位后切不可自我膨胀，放松对自己的纪律约束，更不能在执行纪律时亲疏有别、内外有别、宽严有别。

保持优良作风。作风关系党和人民事业的成败。大兴密切联系群众之风、大兴求真务实之风、大兴艰苦奋斗之风、大兴批评和自我批评之风是年轻干部在作风养成中要着力下功夫的方面。应始终坚持党的群众路线，自觉摆正与人民群众的关系，不断增进对人民群众的感情，想问题、作决策、办事情要把满足人民群众日益增长的物质文化需要作为根本目标，充分调动和发挥人民群众的积极性、主动性和创造性；始终坚持求真务实，坚决克服浮躁情绪和急功近利心理，按照客观规律谋划发展，察实情、讲实话、办实事、求实效，不为私心所扰，不为名利所累，不为物欲所惑，努力创造经得起实践、人民、历史检验的实绩；始终坚持艰苦奋斗的优良作风，做到崇尚节俭、厉行节约，反对铺张浪费、奢靡享乐，不搞中看不中用的“形象工程”，杜绝花钱赚吆喝的“政绩工程”，使有限的财力物力发挥最大的效益；始终坚持批评和自我批评，克服好人主义，坚持原则、敢抓敢管，既勇于与不良现象和行为作斗争，又勇于揭露和纠正自己的缺点和错误。

强化实践锻炼。古人云：“宰相必起于州部，猛将必发于卒伍。”在基层实践中锻炼干部，始终是培养年轻干部的一条基本途径。一方面，应积极探索上挂学习、下派锻炼、岗位交流、以老带新等形式多样的实践锻炼方法，多层面为年轻干部搭建实践锻炼的平台，鼓励年轻干部到基层工作，到艰苦地区、复杂环境、关键岗位砥砺品质、锤炼作风、增长才干；另一方面，应建立来自基层一线党政领导干部培养选拔链，大力选拔经过艰苦复杂环境磨炼、重大斗争考验、实践证明优秀、有培养前途的年轻干部，真正形成干部到基层锻炼、人才从一线选拔的良性循环机制，为在实践锻炼中脱颖而出的年轻干部提供充分发挥才能的空间。

（《人民日报》2010 年 3 月 23 日）

党的建设科学化探索的历程和经验

党的建设科学化，既是马克思主义政党建设的必然要求，也是中国共产党的一贯追求。无论是在新民主主义革命时期、社会主义现代化建设时期，还是在改革开放的伟大实践中，我们党都能坚持从世情、国情、党情实际出发，正确认识、把握、运用党的建设规律，认真实践并不断推进党的建设科学化。提高党的建设科学化水平，是在科学总结党成立以来党建经验基础上提出的重大命题。科学总结党的建设科学化的历史经验，对于提高党的建设科学化水平，对于提高领导干部的执政能力和领导水平，具有重要意义。

一、提高党的建设科学化水平的探索历程

党成立以来领导革命、建设和改革开放的历程，也是把马克思主义党建原理与中国共产党自身建设的实际相结合，坚持不懈地探索科学建党的历程。

中国的特殊国情和中国革命的特殊性，决定了中国革命不可能照搬俄国革命模式，党的建设也不可能照搬俄国共产党的建设方法。以毛泽东为代表的中国共产党人，把列宁建党原则同中国半

殖民地半封建社会的基本国情结合起来，克服把马克思主义教条化、共产国际指示神圣化的错误倾向，坚持实事求是、群众路线、独立自主的原则，揭示了民主革命时期党的建设的基本规律。

在民主革命时期，党的建设首先面对的一个基本问题，就是在以农村为主要阵地、以农民为主力军、农民出身的党员占大多数的特殊历史条件下，如何有效地开展党自身的建设，保持党自身的先进性问题。以毛泽东为代表的共产党人，从实际出发，从党的事业需要出发，从党的建设科学化的要求出发，成功解决了党的建设面临的一系列问题，开创了党的建设伟大工程。思想建党的科学原则、“支部建在连上”的制度创新、以整风进行马克思主义思想教育的科学方法、以党同人民群众的血肉联系为纽带，培育形成了党的优良传统和作风等一系列对党的建设的科学认识，成功地把党建设成为一个全国范围的、广大群众性的、思想上政治上组织上完全巩固的布尔什维克化的马克思主义政党，并领导中国革命取得了最后胜利。

新中国成立后，中国共产党开始了从革命党到执政党的角色转换，在领导社会主义建设的历史进程中，围绕如何加强执政党建设，进一步提高党的建设科学化水平，从理论到实践都进行了有益的探索。

新中国成立初期，党面临的执政环境极为复杂而严峻。围绕巩固执政地位，我们党提出了中国共产党是领导我们事业的核心力量的论断，并把是否坚持党的领导作为政治生活的重大原则，极大地增强了党的执政意识。

为巩固新生的人民政权，党从实际出发，在总结和借鉴以往经验的基础上，逐步探索建立了一套适应政权建设和经济建设需要、体现民主集中制精神的干部管理体制，并加强了干部制度的配套建设，采取多渠道、多方式起用和培养新干部。如又红又专的要求，把培养和造就千百万无产阶级事业接班人提到战略高度，建立了民主选举与上级委任有机结合的多种干部选任模式等。

1956 年党的八大还提出了党的代表大会常任制的构想，这是党的建设科学化探索过程中的一个重要特色和亮点。但从 1957 年反右扩大化后，党的建设科学化探索呈现出在曲折中艰难前行的态势。在十年“文化大革命”时期，党的建设出现了较大的偏差，在党的建设科学化探索过程中留下了深刻的教训。

当然，在这个阶段，领导社会主义建设中党的建设科学化的探索，对于我们党来说是个全新的命题，因而，失误和挫折是难免的。但是，这个时期对于执政党建设科学化的探索，经验也好，教训也罢，都成为党的十一届三中全会后党的建设科学化探索的宝贵财富。

党的十一届三中全会后，围绕把我们党建设成为一个用中国特色社会主义理论体系武装起来的、全心全意为人民服务、思想上政治上组织上完全巩固、能够经受住各种风险始终走在时代前列、领导全国人民建设中国特色社会主义的马克思主义执政党，对党的建设科学化进行了不懈的探索。

首先是恢复和发展了实事求是思想路线，开创了改革开放新局面。党的十三届四中全会后，科学把握党的历史方位和历史使命，在建设中国特色社会主义的实践中，坚持解放思想、实事求是、与时俱进、开拓创新，提出党的领导和党的建设要体现时代性、把握规律性、富于创造性，要全面提高党的执政能力，不断增强党的阶级基础、扩大党的群众基础，把党建设成为中国工人阶级的先锋队、中国人民和中华民族的先锋队的科学要求。党的十六大以来，我们党以实现好、维护好、发展好最广大人民根本利益为目标，以加强党的执政能力建设和先进性建设为主线，以改革创新精神全面推进党的思想建设、组织建设、作风建设、制度建设和反腐倡廉建设，提出党要“以科学的思想、科学的制度、科学的方法领导中国特色社会主义事业”，坚持“科学执政、民主执政、依法执政”。特别是科学发展观等重大战略思想的提出，为加强党的建设科学化提供了科学的理论指南。

总之，中国共产党在不同的历史时期，始终坚持推进党的建设科学化，不断深化对党的建设规律的认识，逐渐形成了加强党的自身建设的理论体系、制度体系和成熟的工作方法。但世情、国情、党情随时都在变化，党面临的各种考验是长期的、复杂的、严峻的，落实党要管党、从严治党的任务比过去任何时候都更为繁重和紧迫。所以，推进党的建设科学化、提高党的建设科学化水平必将成为新形势下的重要命题。

二、党成立以来党的建设科学化探索的历史经验

我们党成立以来，在革命、建设和改革的实践中，围绕建设一个什么样的党、怎么样建设党的问题，进行了科学的探索，积累了丰富的经验，这些经验理应成为新形势下继续推进党的建设

科学化的重要指导原则，并在实践中不断丰富发展。

（一）必须坚持以科学理论为指导，把思想理论建设放在首位

坚持用马克思主义中国化的理论成果教育全党、指导实践，是我们党成立以来由弱到强、不断发展壮大的根本保证。坚持把思想理论建设放在首位，提高全党的马克思主义水平，凝聚组织共识，形成共同意志，是一个组织存在和发展的根本前提。这是我们党成立以来，加强自身建设经验的科学概括和总结。

毛泽东思想和中国特色社会主义理论体系的形成，遵循了党的建设的客观规律，顺应了时代发展的进步潮流，反映了我们党在思想理论建设方面的历史进程及基本经验，符合最广大人民的根本利益，是我们进一步加强和改进党的科学化建设的行动指南。党的十七届四中全会把建设学习型政党作为执政党建设的首要任务提出来，强调“必须按照科学理论武装、具有世界眼光、善于把握规律、富有创新精神的要求，把建设马克思主义学习型政党作为重大而紧迫的战略任务抓紧抓好”，这是坚持用科学理论指导党的建设的重要举措。

对于中国共产党这样一个拥有379万个基层党组织、7800万党员的超大规模的马克思主义政党来说，思想理论建设是党的建设的根本。只有坚持把党的思想理论建设放在首位，坚持解放思想、实事求是、与时俱进，不断推进马克思主义中国化、时代化、大众化，提高运用科学理论改造主观世界和客观世界能力，党的理论和实践才能始终体现时代性、把握规律性、富于创造性。

坚持把思想理论建设放在首位，提高全党马克思主义水平，这条基本经验表明，我们党具有善于坚持、运用马克思主义立党兴国的强大优势。只有把思想理论建设放在首位，才能保证党在理论上的清醒和政治上的成熟，即使出现失误，也能运用科学的思想理论依靠党和人民的智慧力量，加以纠正，从而提高全党的马克思主义水平。因此，党的思想理论建设最根本的任务，是引导全党把马克思主义基本原理同中国具体实际和时代特征结合起来，坚持以马列主义、毛泽东思想和中国特色社会主义理论体系为指导，提高运用科学理论改造主观世界和客观世界的能力，用发展着的马克思主义武装全党、教育干部和人民，指导新的实践，推动党的全部工作。只有这样，才能真正提高党的建设的科学化水平。

（二）党的建设必须服从和服务于党的政治路线、党的事业

政党是承载着特定历史使命、肩负着艰巨社会责任的政治组织，党的建设必须也只能为党所承担的历史任务服务。从党的建设历史上看，我们党首先按照实事求是的原则制定正确的政治路线，确定党的中心任务，然后，围绕党的政治路线推进党的建设科学化。而今天，由于我们已经制定了正确的政治路线，所以我们着重强调“党的建设必须紧紧围绕和服务党领导的伟大事业，按照党的政治路线来进行，围绕党的中心任务来展开，朝着党的建设总目标来加强”。只有这样才能保证党始终成为社会主义事业的坚强领导核心；才能把推进党的建设伟大工程同推进党领导的伟大事业紧密结合起来，做到伟大事业依靠伟大工程来支撑、伟大工程围绕伟大事业来推进。因此，我们要坚定不移地贯彻执行党在社会主义初级阶段的基本路线，坚持以经济建设为中心，抓好发展这个兴国之要，坚持四项基本原则这个立国之本，坚持改革开放这个强国之路，坚持自觉地走中国特色社会主义道路，为建设富强民主文明和谐的社会主义现代化国家提供根本保证，从而更卓有成效地保证党始终成为社会主义事业的坚强领导核心。

（三）必须坚持立党为公、执政为民

立党为公、执政为民是党的根本宗旨的体现。党的根基在人民，血脉在人民。人民是我们党的力量之源、执政之基、生命之本。坚持立党为公、执政为民就是要求全党做到“权为民所用、情为民所系、利为民所谋”，实现好、维护好、发展好最广大人民的根本利益。这既是长期实践经验的总结，也是新形势新任务对党提出的新要求。能不能做到这一点，关系到人心向背，关系到党执政地位的巩固和党的生死存亡。中国共产党“自觉地认定自己是人民群众在特定的历史时期为完成特定的历史任务的一种工具”，因此，包括党的建设在内的我们党所做的一切，都是为了实现、维护和发展最广大人民群众的根本利益。只有坚持立党为公、执政为民的根本价值取向，保持党同人民群众的血肉联系，我们党才能保持根本性质、恪守根本宗旨，牢记根本使命，不断增强阶级基础和扩大群众基础，巩固党的领导地位和执政地位，始终得到人民群众的支持和拥护。只有这样，才能确保党在世界形势深刻变化的历史进程中始终走在时代前列，在应对国内外各种风险和考验的历史进程中始终成为全国人民的主心骨，在发展中国特色社会主义的历史进程中始终成为坚强的领导核心。

（四）必须坚持党要管党、从严治党

“治国必先治党，治党务必从严”，这是我们党探索自身建设历史经验的科学概括。由党的性质、党在国家和社会生活中的地位、党肩负的历史使命所决定，我们党必须始终坚持党要管党、从严治党的方针，这是执政党自身建设的根本保证。只有坚持党要管党、从严治党，提高管党治党水平，才能使我们党不断提高拒腐防变和抵御风险能力，永不变色、永不变质、永远立于不败之地。

坚持党要管党、从严治党，要坚定不移地贯彻执行《中国共产党章程》。党章是管党治党的根本大法，必须维护党章的尊严和权威。必须严格按照党章和党内的各项法规制度，在党内生活中开展批评和自我批评，坚持党性原则，严肃党的纪律。对党员特别是领导干部要坚持严格要求、严格教育、严格管理、严格监督。党员特别是领导干部要带头遵守党规党法，做遵守宪法和法律的模范。

坚持党要管党、从严治党，就要从关系人心向背和党的生死存亡的战略高度加强党风廉政建设，坚持不懈开展反腐败斗争，加强惩治和预防腐败体系建设，推进反腐倡廉建设制度创新，坚决纠正损害群众利益的不正之风，不断解决党内存在的问题。这样，执政党才能提高管党治党水平，始终保持党的先进性和纯洁性。

（五）必须发展党内民主，着力增强党的团结统一

发展党内民主是我们党在长期革命、建设和改革实践中形成的优良传统，也是长期以来达成共识的基本理念。早在民主革命

时期，毛泽东就指出："扩大党内民主，应看作是巩固党和发展党的必要的步骤，是使党在伟大斗争中生动活跃，胜任愉快，生长新的力量，突破战争难关的一个重要的武器"。邓小平在党的八大关于修改党章的报告中提出了坚持集体领导原则和反对个人崇拜，从中央到县一级党的各级代表大会实行常任制的构想。党的十二大规定了党的各级委员会实行集体领导和个人分工负责相结合的制度。党的十三大从健全党的集体领导制度、改革和完善党的选举制度等方面对加强党内民主制度建设作了阐述。党的十四大和十五大报告都提出要进一步疏通党内民主渠道，保障党员民主权利。在党的十六大报告中，明确提出要以保障党员民主权利为基础，以完善党的代表大会制度和党的委员会制度为重点，从改革体制机制入手，建立健全充分反映党员和党组织意愿的党内民主制度。党的十六大以来，党中央大力推进党内民主建设，建立了中央政治局向中央全会报告工作制度，颁布了《中国共产党党员权利保障条例》，一些地方党组织在实行党代会常任制试点、扩大干部工作中的民主、进行基层党组织领导班子成员直接选举的试点等方面进行了积极探索。我们党在长期实践中积累了党内民主建设的丰富经验，形成了优良的民主传统和作风，建立了一整套发扬党内民主的规范和机制，为不断取得革命、建设和改革的胜利提供了保证。

党内民主是党的生命，党的团结统一也是党的生命。对于我们这样一个有 7800 万党员、379 万个基层组织、正领导着建设和发展中国特色社会主义伟大事业的执政党来说，维护党的团结统一至关重要。只有维护党的团结统一，不断增强党的创造力、凝聚力、战斗力，才能保证国家统一、民族团结和社会和谐，才能保障改革开放和现代化建设的顺利进行。尤其是在我国改革发展进入关键阶段，面对错综复杂的国内外形势和艰巨繁重的改革建设任务，我们党要领导人民继续解放思想，坚持改革开放，推动科学发展，促进社会和谐，夺取全面建设小康社会新胜利，维护党的团结统一显得更为重要。

（六）必须高度重视党的作风建设，密切与人民群众的血肉联系

执政党的党风关系到党的生死存亡，关系到人心向背，关系到社会主义事业的兴衰成败，这是党自身建设规律性的重要认识。

始终保持同人民群众的血肉联系关系到党和国家的盛衰兴亡。我们党最大的政治优势是密切联系群众，执政后最大的危险是脱离群众。中央反复强调，保持党同人民群众的血肉联系，是我们党无往而不胜的法宝，也是我们党始终保持先进性的法宝。

始终代表最广大人民的根本利益是党的作风建设的价值所归。我们党的根基在人民、血脉在人民、力量在人民。视群众利益为自己的价值追求，是中国共产党人的根本宗旨使然。相信谁、依靠谁、为了谁，是否始终站在最广大人民的立场上，是判断马克思主义政党的试金石。党的作风是党的性质、宗旨和价值取向的外在表现，马克思主义执政党的作风建设，只有以密切党同人民群众的血肉联系为目标和宗旨，才能做到方向正确，目标明确。

始终保持党同人民群众的血肉联系是党的作风建设的基本内

容。党的作风建设在不同的历史时期有不同的时代内涵和不同的重点任务，但始终保持党同人民群众的血肉联系是一条不变的原则。理论联系实际、密切联系群众、批评和自我批评的三大优良作风，其共同点都是使党的一切活动都符合人民群众的根本利益，永远保持党同人民的血肉联系。

制度建设是保持党同人民群众血肉联系的保证。加强制度建设是防止脱离群众的治本之策，这是对党长期执政积累的经验教训的科学总结。早在1956年，毛泽东在《共产党人对错误必须采取分析的态度》一文中，就明确提出，我们需要建立一定的制度来保证群众路线和集体领导的贯彻实施，从而避免脱离群众的个人突出和个人英雄主义，减少工作中脱离客观实际情况的主观主义和片面性。改革开放以来，我们党制定了《关于党内政治生活的若干准则》《中国共产党党内监督条例》等党内法规，在实践中建立了民主决策制度、民主监督制度等一系列制度。实践证明，这些制度对于密切联系群众是行之有效的。党的十五届六中全会通过的《中共中央关于加强和改进党的作风建设的决定》进一步指出，健全联系群众的制度，是新形势下坚持党的群众路线的重要课题。党的十七大报告也明确指出，要以健全民主集中制为重点加强制度建设，以完善惩治和预防腐败体系为重点加强反腐倡廉建设。作风建设上的这些制度成果，既是防腐的盾牌，也是保持党同人民群众血肉联系的根本保证。

（七）必须加强基层组织建设，夯实党的组织基础

党的基层组织是党的全部工作和战斗力的基础。这既是对党的基层组织地位、作用的高度概括，是党的建设科学化探索实践经验的总结。

党员多、规模大、组织严、辐射广的基层党组织，是我们党执政的优质资源和基础。“基础不牢，地动山摇”，就是对党的基层组织重要性的形象描绘。党成立以来，着眼于从全局上把握基层党组织建设，既坚持整体谋划，又坚持分类指导，在党的基层组织建设科学化的探索上，积累了宝贵的经验，形成了在推动科学发展，促进社会和谐的大局中谋划基层党组织建设；坚持用以人为本的核心理念指导基层党组织建设；按照统筹兼顾、全面协调可持续发展的思想改进基层党组织建设等基层党组织建设的科学理念。党的十七大提出了建立健全一个体系、三个制度、四个机制的基层党组织建设新任务，即“构建党员联系和服务群众工作体系”“建立党员党性定期分析制度”“改革党内选举制度”“落实党建工作责任制”“健全让党员经常受教育、永葆先进性长效机制”“建立健全城乡一体党员动态管理机制”“建立健全城乡党的基层组织互帮互助机制”“建立健全党内激励、关怀、帮扶机制”，将进一步推动构建以城带乡、资源共享、优势互补、协调发展的城乡良性互动的基层党组织建设科学格局。

党的基层党组织建设的这些创新性成果，为遵循党的建设客观规律，科学地推进基层党的建设，充分发挥基层党组织的战斗堡垒作用和党员的先锋模范作用，奠定了理念、制度和机制方面的基础。

（八）必须把握执政能力建设和先进性建设的主线

坚持以执政能力建设和先进性建设为主线，是在中国共产党领导我国相继实现了从半殖民地半封建社会到民族独立、人民当家作主新社会的历史性转变，从新民主主义革命到社会主义革命和建设的历史性转变，从高度集中的计划经济体制到充满活力的社会主义市场经济体制、从封闭半封闭到全方位开放的历史性转变过程中的深刻的经验总结。伴随这个过程而来的是，对党的历史方位的认识越来越深刻，把握得越来越准确。把握执政能力建设和先进性建设的主线，为我们在经受长期执政和改革开放考验、拒腐防变和抵御风险的考验，为进一步提高党的建设科学化水平提供了很好的前提条件。东欧剧变和世界上一些大党老党丢掉政权的教训，更使我们党充分认识到在对外开放和发展社会主义市场经济条件下，加强党的执政能力建设和先进性建设的重要性。只有把执政能力建设和先进性建设作为主线，党的建设才能突出重点、抓住关键，集中各方面资源来提高自己，完善自己，使党的执政能力和素质始终与时代进步的要求相适应。

（九）必须以改革创新精神推进自身建设

我们党已是有近 90 年历史，全面执政 60 多年的大党，拥有自身建设的丰富经验以及用改革创新精神推进自身建设的科学态度。面对新形势下的新问题，应当把继承和创新结合起来，既要充分弘扬过去党的建设经验，更要不断创新，不断提升党的建设科学化水平。

什么是科学化？科学化就是实事求是地认识和把握客观规律；什么是创新？创新就是人的认识要不断适应发展变化了的实际，不断深化对于鲜活的实践的规律性认识。因此，科学化与创新是密切联系在一起的，创新是科学化的必然要求。在当今世界剧烈而深刻的变化面前，不创新就无所谓科学化。所以，只要是科学，就必须创新。这也是马克思主义的科学性所在。马克思和恩格斯都不断强调要从各国的实际出发，在实践中发展马克思主义。马克思指出：“正确的理论必须结合具体情况并根据现存条件加以阐明和发挥。”恩格斯说：“我们的理论是发展的理论，而不是必须背得烂熟并机械地加以重复的教条。”党的十七届四中全会《决定》也同样指出：“过去先进不等于现在先进，现在先进不等于永远先进；过去拥有不等于现在拥有，现在拥有不等于永远拥有。”因此，在新形势下，要提高党的建设科学化水平，就必须研究世情、国情、党情的深刻变化，坚持用时代发展的要求审视自己，以改革创新的精神提高和完善自己，不断推进党的建设实践创新、理论创新、制度创新，用创新的成果来指导新的实践。实践没有止境，创新也没有止境。保持改革创新精神是我们党具备生机和活力的决定性因素，坚持改革创新才可以使我们党始终走在时代前列，胜任领导和执政的使命与责任。

（《中国井冈山干部学院学报》2010 年第 6 期）

学习借鉴井冈山时期思想建党的经验切实加强党的思想建设

在思想上建党，就是用马克思主义理论和工人阶级的世界观教育、武装全体党员，统一全党的思想，不断用马克思主义思想克服和改造各种非马克思主义思想，永葆党的工人阶级先锋队性质。开创于井冈山时期的思想建党，是我们党的一个根本特点与政治优势。将思想建设摆在党的建设的首位，是中国共产党在长期的革命实践中形成的一条十分重要的宝贵经验。在新形势下，学习借鉴井冈山时期思想建党的经验，探索加强党的思想建设的思路，切实加强党的思想建设意义重大。

一、井冈山时期思想建党的特点及经验

1927 年 9 月，毛泽东同志领导秋收暴动失利后，果断率起义余部辗转来到湘赣边界的井冈山，实现大革命失败后党的工作重心转移。然而，井冈山属偏僻的农村山区，根本谈不上近代工业和产业工人。工农革命军初来乍到，完全处于农民群众的汪洋大海之中，加上部队中的党员多为农民出身以及恶劣的战争环境影响，部队与地方党内出现各种非无产阶级思想，严重影响着队伍

的行军作战和根据地各项建设的展开。面临如此复杂的阶级和社会状况，如何按照马列主义建党原则，建设好这个党，保持无产阶级先进性，这在国际共产主义运动中是从未遇到过的棘手问题。这些情况使以毛泽东同志为代表的中国共产党人认识到，由中国国情和中国共产党建设的客观实际所决定，党必须把思想建设放在首位，用马克思主义理论教育党员，不断用无产阶级思想去改造和克服各种非无产阶级思想，进而实现党在思想上、政治上、组织上的巩固和统一。基于这种认识，1928 年在《井冈山的斗争》一文中，毛泽东同志指出："我们感觉无产阶级思想领导的问题，是一个非常重要的问题。边界各县的党，几乎完全是农民成分的党，若不给以无产阶级的思想领导，其趋向是会要错误的。"概括地讲，井冈山时期，毛泽东同志思想建党的主要抓手是开展党员的无产阶级思想教育。通过教育使党员在改变成分的情况下，其思想状况发生根本变化。这一时期，教育党员的途径和方法是多种多样的，有开座谈会、举办学习班和党团训练班、召开党的代表大会，等等。为了总结两年多来根据地思想建党的经验教训，1929 年 12 月红四军召开了古田会议。在《关于纠正党内错误思想》这篇光辉著作中，毛泽东同志指出："红军第四军的共产党内存在着各种非无产阶级思想，这对于执行党的正确路线，妨碍极大。"他还明确地指出了党内各种非无产阶级思想的表现、来源及其纠正的方法。古田会议着重强调加强党员的思想政治教育，通过教育保持党的工人阶级先锋队性质。可以这样说，以古田会议为标志，以突出思想建设为特征的毛泽东同志建党思想开始形成。此后，红军和地方的党组织在抓好组织建设、作风建设的同时，大力加强思想建设，形成了一些鲜明的特点：一是灌输“星星之火，可以燎原”的理想信念，坚持用党的纲领教育党员；二是注重“无产阶级的思想领导”，强调克服各种非无产阶级思想；三是坚持“革命成功，尽在民众”的观点，要求党员“真心实意地为群众谋利益”；四是倡导“为主义而牺牲”的精神，发挥党员干部的模范带头作用。毫无疑问，思想建党原则一经提出，就有其特定的内涵。这一原则的核心是要求共产党员不但要在组织上入党，而且要在思想上入党；根本任务是用马克思主义理论及其世界观教育、武装全体党员，统一全党的思想，不断用马克思主义克服和改造各种非无产阶级思想，永葆党的工人阶级先锋队性质；根本方法是运用党内教育和党性锻炼的途径和手段来提高全体党员的思想政治素质。

事实告诉人们，以毛泽东同志为代表的中国共产党人之所以能够探索出思想建党的党建新思路，既有客观原因，也有自身因素。一是列宁建党思想的影响。加强党的思想建设是列宁建党思想中的一个重要组成部分，其思想在实践中的正确性对中共、对毛泽东同志个人都产生了极大影响。二是基于对中国社会特殊国情的准确把握。在农民和小资产阶级占绝大多数的背景下，我们党要发展自己的队伍，建设一个全国范围的广大的群众性思想上组织上完全巩固的政党，带领人民推翻三座大山，完成民族民主革命任务，就面临一个在什么人中发展党员的问题。三是党的工作重心转移到农村。随着工作重心转移，大量的农民和其他小资产阶级革命分子涌入党内，党员成分发生了变化，由此而来的各种非无产阶级思想进入党内和军队内，用无产阶级思想克服非无产阶级思想，也就成为党的一个迫切的任务。四是解决党内矛盾的需要。党内既有无产阶级和非无产阶级思想的矛盾，也有坚持实事求是思想路线与坚持教条主义和经验主义的矛盾，前者不利于保持工人阶级先锋队的性质，后者会将党的工作引向歧途，而要解决这些思想上的问题，就必须加强思想建设。五是毛泽东同志的个人特征。他真正了解农民，又非常注重调查研究，故能开创思想建党的新思路。实践证明，着重从思想上建党，是党的建设史上的伟大创举，发展了马克思主义建党学说，为在中国建立新型的马克思主义政党积累了宝贵经验。其一，坚持党的领导，是思想建党的重要保证。井冈山时期实施思想建党，是在党组织的集体领导下进行的。毛泽东同志认为，边界红旗始终不倒的一个重要原因，就在于共产党组织的有力量和它的政策不错误。其二，坚持马克思主义理论教育，是思想建党的重要任务。为了在农村游击战争环境下建设无产阶级政党，特别重视加紧政治训练，通过办教导队、办训练班、编印教材，抓紧政治教育，着力提高党员干部的理论水平，其三，坚持依靠群众，是思想建党的重要方法。井冈山时期，由于白色恐怖，党的建设工作特别强调要扎根于群众之中，要保持同人民群众的血肉联系。注意听取群众意见，修订有关政策和制度，严格纪律；在军队内部实行民主制度，发挥士兵委员会的作用，对党员干部进行有效的群众监督。也就是说，坚持依靠群众，为思想建党提供了可靠的途径。

二、在新的历史条件下仍然要突出强调在思想上建党

大家知道，重视在思想上建党是马克思主义的重要建党原则

和建党实践的科学总结。我们党自身建设的一个显著特点，就是着重从思想上建党。由各个时期特殊的国情和党情所决定，我们党把马克思主义关于思想建党的理论适用于党的建设的具体实际，始终把思想建设摆在党的建设的首位，坚持用马克思主义理论武装全党，统一全党的思想。党的建设包括思想建设、组织建设、作风建设等，把党的思想建设放在党的建设的首位，是我们党自身建设的一个优良传统和鲜明特色。而先进性是马克思主义政党的本质特征，是党的生命所系、力量所在，是党的建设的主题，也是一个严峻的时代课题。重视在思想上建党是党始终保持先进性的根本保证。

几十年来，思想建党的原则和基本经验，指导我们党的建设日益走向成熟，不断向前推进，随着信息化时代的到来，各种知识迅速更新；随着我国改革开放的不断深入和全球化的不断深入，各种观念和生活方式进入我国。国际国内环境和党的队伍发生了重大变化，给党的建设带来了许多新情况、新问题和新考验。从国际上来看，在世界多极化和经济全球化的大趋势下，党的思想建设处在一个更加开放的环境中。面对国际社会主义进入低潮的现实，一些党员干部的理想信念发生了动摇；面对西方政治观念、意识形态、生活方式的侵蚀，一些党员干部世界观、人生观、价值观发生了扭曲；互联网的广泛运用，使防止和抵御西方敌对势力西化、分化图谋的困难加大。这就要求我们必须高度重视党的思想建设，把牢固地坚持马克思主义指导地位，不断增强广大党员干部拒腐防变和抵御风险的能力作为思想建党的重要任务。从国内来看，随着改革开放的深入和社会主义市场经济的发展，国内环境发生重大变化，社会经济成分、组织形式、就业方式、利益关系和分配方式日益多样化，新事物新问题层出不穷，使党员干部的思想出现了向积极和消极两个方向变化的可能。如何通过加强思想建设引导党内思想变化的趋势往积极方向发展，克服在理想信念、价值取向、道德规范等方面的消极影响，是摆在各级党组织面前的一大课题。从党内来看，随着党和国家事业的发展，党的队伍状况发生了重大变化，新党员大幅度增加，干部队伍新老交替不断进行，一大批年轻干部走上领导岗位。党的队伍组成的这种结构性变化，既给思想建党带来了新活力，也提出了新挑战。尤其是有不少党员干部没有经历过艰苦环境的磨炼，缺乏党性锻炼，他们的思想政治素质、党性修养、革命的坚定性等，与老一辈相比有一定的差距，而且极易受到其成长时期各种不良因素的影响，不利于他们树立正确的世界观、人生观和价值观，这就要求应当加大对党员干部思想教育的力度。从党的阶级基础和群众基础来看，随着改革开放和现代化建设的发展，我国工人阶级和社会阶层构成发生了很大的变化。我们党把来自工人、农民、知识分子、军人、干部的党员，作为党的队伍最基本的组成部分和骨干力量，同时也允许符合条件的新的社会阶层成员入党，这给思想建党同样提出了新的重大课题。对新加入党的队伍中的新社会阶层的优秀分子，更应重视思想教育，以指导他们更加自觉地为实现党的纲领和任务而奋斗。

三、新形势下如何加强党的思想建设

新形势下，需要密切关注国际、国内环境和党的队伍状况变化给思想建党带来的新情况、新问题，以中国特色社会主义理论体系为指导，积极做好思想建党的各项工作，努力把思想建党提高到一个新水平。

要充分认识到新形势下党的思想建设关系到党的生死存亡，关系国家的未来和民族命运，不断增强自觉性、积极性、主动性。要高度重视学习型政党的建设，在党内形成学习的良好风气，坚持用马列主义、毛泽东思想和中国特色社会主义理论体系教育和武装全党。要把改造世界观放在十分突出的位置，紧紧围绕改造世界观这个核心来进行，使党员牢固树立对马克思主义的信仰，对中国特色社会主义的信念，对改革开放的信心，对党和政府的信任，树立全心全意为人民服务的思想。要注意从执政党的特点出发，把思想建党与其他方面的建设紧密结合起来，注意建立健全科学的领导体制和工作机制，从制度体系上保证思想建党的各项措施落到实处；重视与组织建设相结合，注意质量、从严把关、严格要求、做好管理和监督；重视与作风建设相结合，把作风建设放在更加突出的位置，坚决反对和纠正党内的不正之风，提高党的纯洁性。

（《党史文苑》2011 年第 1 期）

学习是党的事业充满生机和活力的源泉

我们党90年来领导全国各族人民完成了三件大事。简单地说，第一件大事，我们党紧紧依靠人民完成了新民主主义革命，实现了民族独立、人民解放。第二件大事，我们党紧紧依靠人民完成了社会主义革命，确立了社会主义基本制度。第三件大事，我们党紧紧依靠人民进行了改革开放新的伟大革命，开创、坚持、发展了中国特色社会主义。回顾党的历史，我们可以看到，90年来，我们党之所以能够取得这样举世瞩目的伟大成就，之所以始终具有旺盛的生命力，从根本上说就是因为始终注重马克思主义理论的学习，并努力实现马克思主义中国化。

面对新形势新任务，历史和现实告诉我们，学习是执政的支点，是我们党永葆生机和活力的重要法宝。

一、注重学习是我们党的优良传统

中国共产党是一个在马克思主义指导下建立、发展、壮大起来的政党。我们党的力量在于组织，组织的生命在于不断学习。每当大变动、大转折、大发展时期，我们党总是把学习作为加强自身建设的有力武器，不断推进党的事业蓬勃发展。

（一）中国共产党的创立离不开学习

中国共产党的诞生过程，就是中国共产党先进知识分子学习马克思主义并把它和工人运动相结合的过程。20 世纪初，各地共产党早期组织就积极通过创办刊物、出版书籍、创立工人学校等各种形式，在先进分子、工人兄弟和进步青年学生中传播马克思主义，宣讲革命道理，促成了中国共产党的成立。

从 1921 年建党到大革命失败前，我们党尽管尚处在幼年时期，但是早期领导人就已经洞悉到培养干部是革命事业成功的保障，因此十分注意加强党内同志的学习，通过创办大量干部教育简易学校，组织党员进行集中学习，有效地壮大了党组织，扩大了党的影响。

（二）中国革命的胜利离不开学习

1927 年大革命失败后，中国革命陷于低潮，面临前所未有的艰难困苦，以毛泽东同志为代表的中国共产党人把马列主义与中国革命的实践紧密结合起来，开创了农村包围城市、武装夺取政权的革命道路。但当时面临的严重问题是，在党员主要出身于农民和小资产阶级的条件下，怎样使党真正成为具有马克思主义品质的无产阶级政党。1929 年 12 月，毛泽东同志主持制定了《古田会议决议》，初步回答了这一问题，明确提出加强党员领导干部马列主义理论学习，通过“有组织的分配看书”“对不识字党员读书报”等方法，保持党的无产阶级先锋队性质。这是中国共产党加强党的建设，使之成为马克思主义学习型政党的第一个纲领性文献。

抗日战争的胜负关系中华民族的生死存亡，中国共产党勇敢地担当起救亡图存的历史重任。当时，面对战争形势的迅猛发展，我们党深刻认识到，必须把加强学习和对干部进行教育作为重要工作来抓。1939 年 5 月，毛泽东同志在延安在职干部教育动员大会上提出，“要把全党变成一个大学校”“全党的同志，研究学问，大家都要学到底，都要进这个无期大学”。毛泽东同志身体力行、以身垂范，深入研读了大量马列主义著作，并写出了《实践论》《矛盾论》和《新民主主义论》等一大批光辉论著。在毛泽东同志的号召和影响之下，广大党员干部掀起学习马列主义著作热潮，形成了建设马克思主义学习型政党的浓厚气氛，为赢得抗日战争的胜利奠定了坚实的基础。

解放战争时期是中国共产党及其领导的革命力量与国民党反动派等反革命势力进行决定中国发展前途与命运最后决战的关键时期。此时，党的工作对干部的需求对全党同志的要求提高了。毛泽东同志果断提出各解放区实行“干部教育第一”的政策，引导广大党员干部读书学习，造就了一大批优秀干部，为解放战争取得最后胜利奠定了坚实的人才基础。

（三）新中国的建设离不开学习

新中国成立后，面对全新的环境和任务，如何建设新中国是摆在中国共产党人面前一个重大课题。早在党的七届二中全会上，毛泽东同志就号召全党“必须用极大的努力去学会管理城市和建设城市”“学习生产的技术和管理生产的方法”。1955 年毛泽东同志又指出：“更多地懂得客观世界的规律，少犯主观主义错误，我们的革命工作和建设工作，是一定能够达到目的的。”

全党同志积极响应毛泽东同志号召，掀起了一场又一场学习热潮。期间，党员们认真学习了毛泽东同志推荐的《共产党宣言》等12部“干部必读”书，不仅了解了马列主义、毛泽东思想，而且掌握了科学文化知识、城市管理知识和经济建设知识，有力推动了国民经济迅速恢复、大规模经济建设迅速开展。

（四）中国特色社会主义事业发展离不开学习

进入改革开放新时期，我们党以与时俱进的态度，以只争朝夕的精神，大力开展学习。改革开放之初，邓小平同志就强调：“实现四个现代化是一场深刻的伟大的革命。在这场伟大的革命中，我们是在不断地解决新的矛盾中前进的。因此，全党同志一定要善于学习，善于重新学习。”关于学习重点，邓小平同志指出：“根本的是要学习马列主义、毛泽东思想，要努力把马克思主义的普遍原则同我国实现四个现代化的具体实践经验结合起来。当前大多数干部还要着重抓紧三个方面的学习：一个是学经济学，一个是学科学技术，一个是学管理。”正是在不断学习、努力探索的过程中，我们党领导全国人民取得了改革开放和社会主义现代化建设的巨大成就。随着改革开放和市场经济的不断推进，党和政府要面对和处理的新情况、新问题不断涌现。正是在不断地学习和实践中，我国的市场经济建设才不断得以完善和成熟。

进入新世纪新阶段以来，党中央明确提出要把中国共产党建设成“学习型政党”，并把“形成全民学习，终身学习的学习型社会，促进人的全面发展”作为全面建设小康社会的重要目标之一。全党先后开展了一系列集中学习教育活动。中央政治局把集体学习作为一项制度坚持下来，为全党树立了学习榜样，带动了全党的学习，不断提高党的领导水平和执政水平，推动了中国特色社会主义事业的蓬勃发展。

二、继续高度重视学习，永葆党的生机和活力

党中央在全党面前直言不讳地提出精神懈怠、能力不足、脱离群众、消极腐败“四个危险”，充分体现我们党敢于面对矛盾、敢于全面客观地评价自我、善于居安思危的可贵品质。加强学习，切实解决党员领导干部的能力和作风问题，是永葆党的生机和活力的必然要求，也是不断推进中国特色社会主义伟大事业的客观需要。

（一）要避免精神懈怠的危险，就必须加强学习

成绩面前容易自满、容易懈怠。90 年来，我们党领导人民取得了辉煌成就，但我们没有丝毫理由因此而自满，我们决不能也决不会躺在过去的功劳簿上。我们应该看到，党的先进性和党的执政地位都不是一劳永逸、一成不变的，过去先进不等于现在先进，现在先进不等于永远先进；过去拥有不等于现在拥有，现在拥有不等于永远拥有。并且，我们国家仍处于并将长期处于社会主义初级阶段的基本国情没有变，人民日益增长的物质文化需要同落后的社会生产之间的社会主要矛盾没有变。生产力发展水平远远落后于发达国家。巩固和发展社会主义制度，还需要一个很长的历史阶段，需要我们几代人、十几代人，甚至几十代人坚持不懈地努力奋斗。所以，不仅要创新体制机制，防止党员领导干

部精神懈怠，而且要加强学习，尤其是加强对我们党的伟大精神的学习。我们党在 90 年的奋斗历程中培育形成了一系列伟大精神，包括井冈山精神、长征精神、延安精神、大庆精神、“两弹一星”精神、雷锋精神、载人航天精神、抗震救灾精神、北京奥运精神等，党员领导干部要自觉学习这些精神，不断弘扬这些精神，始终树立共产党人的理想信念，始终保持为人民服务的激情，始终保持奋发有为的精神状态。

（二）要避免能力不足的危险，就必须加强学习

毛泽东同志在 1939 年说过“我们队伍里边有一种恐慌，不是经济恐慌，也不是政治恐慌，而是本领恐慌。”防止和克服本领恐慌，就要选择学习；选择学习，就是选择进步。知识铺子里要不断进点新货，才能不断进步。现在，尽管党员领导干部较之革命战争年代的领导干部在学历层次、文化水平方面都大幅度提高，但是当今世界发展日新月异，科学技术突飞猛进，人民群众对领导干部的期待日益提高，领导科学发展的任务十分繁重，领导干部只有在学习中开阔视野、丰富知识，在学习中把握规律、探求真理，只有深入学习和掌握马克思列宁主义、毛泽东思想，深入学习和掌握中国特色社会主义理论体系，牢固树立辩证唯物主义和历史唯物主义世界观和方法论，才能不断提高科学判断形势的能力、驾驭市场经济的能力、应对复杂局面的能力、依法执政的能力和总览全局的能力，才能提高领导科学发展、加快经济发展方式转变的能力，确保全面建设小康社会战略目标的实现。

（三）要避免脱离群众的危险，就必须加强学习

我们党最大的政治优势是密切联系群众，党执政后最大的危险是脱离群众。90 年来党的发展历程告诉我们，来自人民、植根人民、服务人民，是我们党永远立于不败之地的根本。现在有些党员干部脱离群众，其中一个很重要的原因就是缺乏政治理论学习，缺乏正确的群众观。领导干部必须认真学习马列主义基本原理，学习中国特色社会主义理论，学习我们党在各个不同历史时期涌现的先锋模范人物，认真查找思想上的不足、作风上的差距，化解矛盾、破解难题，解决影响党群、干群关系的突出问题。

（四）要避免消极腐败的危险，就必须加强学习

90 年来党的发展历程告诉我们，坚决惩治和有效预防腐败，关系人心向背和党的生死存亡，是党必须始终抓好的重大政治任务。事实证明，许多腐败分子走上犯罪道路的主要原因之一，就是由于平时忽视对党纪国法的学习，放松了对自己世界观、人生观、价值观的改造，在市场经济中经不起金钱、美色等糖衣炮弹的诱惑，思想道德防线崩溃，拜金主义、享乐主义、个人自由主义思潮泛滥。领导干部只有加强中国特色社会主义理论体系的学习，加强党纪国法的学习，才能提高自己的思想道德素质和科学文化素质，才能更好地在改造客观世界的同时更好地改造主观世界，才能使自己的内心更加强大，才能不断增强自身的免疫能力和抗腐能力。

学习是一切进步的先导，是求新求变的起点。重视学习、善于学习，是我们党的优良传统和政治优势。学习本身是一项艰苦的脑力劳动。但是，只要真正把学习当成一种生活态度、一种工作责任，就一定能够变成人生的乐趣，变成一种精神享受，从而自觉地向书本学习、向实践学习、向群众学习。要向书本学习。书籍是人类进步的阶梯。领导干部要认真读书，学习党的历史文献，学习党的基本理论，学习一切人类优秀文化成果，学习领导经济社会发展的新知识，学习做好本职工作所必需的新技能，切实提高领导能力。要向实践学习。学习是为了实践，实践又是学习的最好场所。要把基层、把实践作为砥砺品质、增长才干、提高本领的最好课堂，在实践中积累新经验，增长新本领，提高新技能。要向群众学习。群众是创造历史的英雄，是推动历史前进的最大动力。群众是我们党执政的基础，也是领导干部的衣食父母。党员领导干部一定要带着感情、带着责任深入群众当中，虚心向群众请教，真正做到问政于民、问需于民、问计于民，努力使自己成为学习型领导、知识型干部，更好地承担起党和人民所赋予的重任。

（《中国井冈山干部学院学报》2011 年第 4 期）

创先争优是中国共产党人的不懈追求

在世情、国情、党情发生深刻变化的新形势下，提高党的领导水平和执政水平、提高拒腐防变和抵御风险能力，加强党的执政能力建设和先进性建设，面临许多前所未有的新情况新问题新挑战。党的先进性的实现，既非一成不变，又非一劳永逸，而是一个循环往复、连续不断的过程。只有把创先争优作为中国共产党人的不懈追求，才能永葆党的先进性。

一、90 年来我们党一直坚持创先争优

中国共产党成立 90 年来，我们党始终保持先进的革命理想、先进的政治纲领、先进的思想路线、先进的组织纪律。中国共产党 90 年的成长发展史，就是一部创先争优的奋斗史。

在革命战争年代，中国共产党人怀着坚定的理想信念，以大无畏的革命气魄英勇战斗、不怕牺牲，用鲜血和生命彰显先进和优秀。正是因为有了这种理想和精神的支撑，几代中国共产党人才能经受住血与火、生与死的考验，战胜重重艰难险阻，换来新中国的伟大诞生。

在社会主义建设时期，中国共产党人艰苦创业、开拓进取，

与人民群众同甘共苦，带领人民冲破重重困难，克服不合时宜的思想观念、体制机制等多方面的障碍、困难和矛盾，甚至是不同程度的自然灾害与社会风险，取得一个又一个新胜利。我们党开创了中国特色社会主义道路，为全面建设小康社会、基本实现社会主义现代化开辟了广阔的前景。

中国共产党90年的光辉历程，不断锤炼和形成了许多优良作风和传统。在革命时期，主要培育形成了以坚定信念、救国救民、敢于斗争、勇于探索、实事求是、艰苦奋斗、严守纪律、维护团结等为基本内容的革命精神，如井冈山精神、长征精神、抗战精神、延安精神、西柏坡精神，等等。在社会主义革命和建设时期，主要培育形成了以建设国家、无私奉献、自力更生、艰苦创业等为基本内容的建设精神，如大庆精神、大寨精神、雷锋精神、“两弹一星”精神、红旗渠精神，等等。在改革开放新时期，主要培育形成了以解放思想、实事求是、与时俱进、求真务实、敢闯新路、开拓创新等为基本内容的新的时代精神，如抗洪精神、航天精神、抗震救灾精神、奥运精神，等等。这些作风和精神，继承和弘扬了中华民族的优良传统，成为中华民族伟大精神的重要组成部分，对未来继续保持党的先进性具有十分重要的意义。

二、党的各级组织必须始终坚持创思想建设、组织建设、作风建设和廉政建设之先

党的基层组织是党的全部工作和战斗力的基础。党的各级组

织只有始终坚持创思想建设、组织建设、作风建设和廉政建设之先，才能保证党的路线方针政策和各项工作落到实处，使党的先进性得到充分体现。

创思想建设之先。党的先进性首先表现为思想理论上的先进性，只有思想理论上先进才能保持和发展党的先进性。要加强理论学习，系统掌握中国特色社会主义理论体系。要着重加强理想信念教育，使广大党员增强贯彻党的理论路线方针政策的自觉性和坚定性，增强为党和人民事业不懈奋斗的自觉性和坚定性。

创组织建设之先。党的组织建设总是同党所处的历史方位和面临的时代环境紧密联系的。当前，我们党提出建设学习型党组织，体现了对新形势下党的建设新要求的高度自觉、对时代发展脉搏的准确把握。只有建设学习型党组织，使党员干部成为学习型党员干部，努力掌握和运用一切科学的新思想、新知识、新经验，不断提高素质、增强本领，才能不断增强党的创造力、凝聚力、战斗力，更好地肩负起领导改革开放和社会主义现代化建设的重任。

创作风建设之先。要保持和发扬党的求真务实、艰苦奋斗、密切联系群众等优良传统和作风，增强党内生活的原则性，使各项工作真正经得起实践、人民和历史的检验。要从各级党委班子和领导干部抓起，特别是从主要领导干部抓起，以领导干部过硬的思想作风带出班子的好作风、带出单位的好风气，用实实在在的业绩取信于民。

创廉政建设之先。要教育和引导广大干部讲党性、重品行、作表率，认真遵守中央关于廉洁自律的有关规定，做到自重、自省、自警、自励，时刻警惕权力、金钱、美色的诱惑，自觉防止权力滥用。要严格执行领导干部廉洁从政各项规定，认真落实中央关于严格禁止党员领导干部利用职务上的便利谋取不正当利益的规定。坚决反对铺张浪费，抵制拜金主义、享乐主义和奢靡之风。

三、每个共产党员必须争当优秀

党员是党的肌体的细胞和活动主体，党员队伍的先进性是党的先进性的重要基础。加强党的先进性建设，必须始终抓好保持和发展党员队伍的先进性这个基础工程，抓住党员队伍建设这个基本环节，调动全体党员的积极性。

必须树立崇高的理想信念。在改革开放的新时期，不管形势和任务有什么变化，不管政策、体制有什么变化，不管国际形势多么错综复杂，共产党员都应当不改革命的初衷，不丧失必胜的信心，坚定不移地走中国特色社会主义道路，高扬共产主义理想风帆勇往直前。要坚持求真务实、真情为民。坚持求真务实，根本准则在于坚持全心全意为人民服务的宗旨，始终摆正同人民群众的关系。只有对人民群众怀抱一腔真情，才能想群众所想，急群众所急，办群众所需，为群众诚心诚意办实事、尽心竭力解难事、坚持不懈做好事。要在求真务实上下功夫，在为民做事上下功夫，真正做到勤政为民甘于奉献，脚踏实地干事创业，秉公用权不谋私利。要勇于担当，迎难而上。这些年我国自然灾害频发，一些地方公共安全事件和群体性事件增多，处于发展黄金期和矛盾凸显期的特征更加突出，迫切需要党员干部增强忧患意识、责任意识。要恪尽职守、迎责而上，遇到困难和矛盾挺身而出，出现问题主动解决，面对突发事件果断处置，不做老好人，不当太平官，要加强自身修养，常修为政之德。要坚持高尚的精神追求，培养健康的生活情趣，提高境界，净化心灵，自重、自省、自警、自励，在思想道德上筑牢拒腐防变的防线，永葆共产党人的浩然正气。

四、创先争优活动必须常抓不懈

创先争优活动作为新形势下加强党的先进性建设的有效载体和有力抓手，赋予党的先进性建设以鲜明的时代特色，是党的先进性建设的一种新的实践形式，必须坚持常抓不懈。

党的先进性是由多方面要素共同构成的，包括指导思想、路线纲领、奋斗目标、方针政策，也包括组织原则、领导体制、工作机制、干部能力、党员素质等。要始终保持和不断发展党的先进性，必须通过完善制度和机制，使党的先进性要素充分发挥作用。

构建激发动力机制。创先争优无止境，最根本、最关键的是解决各级党组织和广大党员的创先争优压力不够、动力不足、活力不强的问题。全面推行基层党组织创先争优竞赛和争当优秀党员竞赛，在竞赛范围、重点、程序和方法、结果运用、激励奖惩等多方面作出明确规定，实现创先争优竞赛的经常化、制度化，为创先争优活动持续深入开展增添压力、动力和活力。

构建服务群众机制。创先争优的最终目的是服务人民群众。因此，要有服务群众的载体作支撑，有服务群众的骨干作引领，有服务群众的机制作保障，着力完善服务群众的机制体系。要采取多方式、广渠道、宽领域定期或不定期征求群众、社会的意见，建立健全咨询论证机制和磋商解释机制，全面推行重大事项听证制度，完善公开承诺和群众评议制度，等等。

构建督导落实机制。要通过定期收听汇报、下发检查通报、领导专题点评、政工例会讲评等多种形式，调度工作进展，协调解决难题，督促工作落实，以此形成检查与通报、调度与讲评相结合的全方位的工作督导落实机制。要不断查找自身差距，明确努力方向和目标，制定跟进、赶超的具体措施，使创先争优工作形成持续改进、持续赶超、奋勇争先的螺旋式上升的生动局面。

（《光明日报》2011 年 11 月 20 日）

七、干部教育培训

整合红色资源　创新培训理念

作为我党中高级干部教育培训的重要基地，中国井冈山干部学院按照“实事求是、与时俱进、艰苦奋斗、执政为民”的办学方针，围绕把“学院建设成为面向全国的革命传统教育基地、基本国情教育基地、提高领导干部队伍素质与本领的熔炉和激发广大党员干部永葆革命激情的加油站”的功能定位，积极探索新时期干部教育培训工作的规律。为进一步发挥红色资源优势，创新培训理念，我们认为，需要认真处理好以下几个关系。

一、小实体与大网络的关系

井冈山干部学院规模不大、人员精干，6 个内设机构，编制只有 135 人，以兼职教师为主，同期可培训学员 400 人，充分体现出“小实体”的特征，符合现代培训机构精简、运转高效的发展趋势。学院的“小实体”却蕴含着极大的能量，连接着众多的教育和干部培训资源，初步形成了较大的干部教育网络。学院的现场教学点分布在井冈山周边的 3 个省，点多面广，整个教学行程达几千里。学院实行理事会领导下的院务委员会负责制的管理体制。这种体制，既可以为学院发展提供政策上的引导，又能够提供学科建设和教育培训方面的经验以及必要的财力支持，为学院发展提供了制度保证。学院构筑了由北京、上海等地知名专家学者和江西省内相关学科的名家以及井冈山地方史、中央苏区史专家为主体的三级兼职教师库，初步形成了专兼结合、以兼为主的教师队伍，许多兼职教师已走上学院讲台。学院加大开放办学力度，广泛拓展国内交流渠道，与许多院校进行联合培训、合作研究、师资互聘、资讯交流，实现资源共享，优势互补。密切关注国外培训机构的发展动态，不断引进、学习、借鉴国外先进的现代培训理念和培训方法，有步骤地推进国际合作办学，开展教学、科研、咨询与管理领域的对外交流与合作，有力提高了学院的培训能力和办学水平。

二、政治素质培训与能力培训的关系

长期以来，干部教育偏重于形势与政策的宣讲，注重思想政治教育和意识形态教育，在保证干部“靠得住”方面成效显著。但对党员干部能力培训方面还很不够。因此，干部培训应当在继续加强思想政治素质培训的基础上，加强能力培训，由注重思想政治素质培训向二者相结合的培训理念转变。为此，学院结合自身以短期培训为主的实际，充分发挥在党史、党建等方面的学科优势，抓住干部在理想信念、思想作风、领导艺术、工作方法等方面存在的突出问题，有针对性地开设课程；学院重在给学员提供“钥匙”，启发他们掌握处理政务所必需的立场、观点、方法；组织学员开展“零距离”社会调查，通过社会实践了解国情，增强宗旨意识，提高群众工作的能力，进一步提高学员的从政能力和领导水平。

三、内容与形式的关系

一方面，立足特色，抓好教学内容的充实。学院紧紧依托井冈山红色革命资源，设置了一系列核心课程，开发了系列教材，形成了比较丰富的教学内容。在教学中，注重教学主题的提升，坚持理论联系实际，用事实说话，用史事论证，用鲜活的材料和丰富的课程设置来满足学员的需求，达到培训目标。另一方面，注重创新教学形式。为提高教学效果，学院在提升25个现场教学点教学主题的基础上，有针对性地设计了“重走红军路”等教学形式，使学员亲身体会其中的艰辛，得到启发和感悟。

四、革命传统教育与解决现实问题的关系

井冈山干部学院努力将培训目标与干部需求相结合，找寻革命传统与现实工作的结合点，把继承党的优良传统与弘扬时代精神结合起来，把井冈山时期的历史经验与改革开放实践中的重大理论和现实问题结合起来，增强教学的时代感和现实意义。学院为此精心编写了一系列教材，启动了“让历史告诉现在”丛书的编撰工作，结合现实对历史进行深度挖掘。也就是说，所有的教学培训工作既要立足井冈山的革命历史资源，又要跳出井冈山，

以新的视角来审视，适应时代要求为现实服务，为加强党的执政能力建设和先进性建设服务。

五、管理与服务的关系

在办学过程中，学院重视处理好管理与服务的关系，对学员坚持管理与服务并重，确立了“管理就是服务，寓管理于服务之中，在服务中加强管理，在加强管理中提供优质高效的服务”的理念。学院按照“从严治院”的原则，坚持高起点、高标准、严要求，建立健全各项规章制度，使学院工作逐步走上了科学化、制度化、规范化的轨道。学院把组织管理与自我管理相结合，促使学员自我教育，自我管理，自我约束。由于学员对象大多是中高级领导干部，因此，在管理过程中，学院注意分析学员状况，学习纪律充分适应干部教育的特点，防止管理方法简单生硬，树立“以人为本”“管理就是服务”的理念，热情周到地为学员搞好服务，为学员提供良好的学习生活环境。

六、规范与创新的关系

干部教育必须遵循教育的一般规律，首先必须在规范上下功夫。如课程建设、学科建设、教材建设、师资队伍建设的一般规范必须遵守；教学计划、教学实施、教学管理、教学评估的过程也必不可少。还要理顺各种关系，搞好协调与衔接，教学有教学流程，工作有工作流程，确保培训运行有序、运转顺畅。但是，仅有规范还远远不够。学院还应依据独特的功能定位，不断创新教学内容和教学形式。要深入挖掘历史，把历史与现实有机结合，形成独特的课程体系和教材体系；改变干部教育长期存在的单纯“灌输”方式，积极采用体验式、启发式、案例式等教学形式，提高教学效果；坚持以需求为导向，形成灵活的培训机制，构建专兼结合以兼为主的教师队伍；采用职能管理和项目管理相结合的管理模式，强化程序办事和流程管理，提高办学效益。

七、激情与理性的关系

“激发广大党员干部永葆革命激情的加油站”是学院的功能定位之一，这就要求我们要通过教学，通过现场体验，激发学员的感情，使学员心灵受到冲击，思想得到升华，达到“加油、鼓劲”的效果，从而奋发有为，开拓进取，以良好的精神状态投入到工作之中。但冲动不易持久，激情容易消退。要增强培训效果，还必须把感性认识上升到理性认识。为此，我们加强科学理论研究，通过专题讲授、专题研讨、案例分析等方式，认真总结反思历史的经验教训，指导解决现实问题，提升教学层次。同时在现场教学中，进一步深化教学主题，加强教学互动，引发学员理性思考，实现激情与理性的高度融合，从而努力做到拥有充满激情的理性和充满理性的激情。

八、教与学的关系

干部教育对象的情况决定了教学过程是一个教学相长、学学相长的过程。现在的领导干部普遍学历层次高、工作经验丰富、生活阅历广，不少是学者型官员，在许多领域，教师与学员之间不存在知识或技能上的差距。因此，教师的角色除了传统的“传道、授业、解惑”外，更多的应向教学的引导者、组织者、促进者的职能转变，教师本身也应是学习者，学员与教师都是教学活动中平等的主体。为此，学院充分利用学员资源，让学员主动参与教学，采取课题研究、学员上课等方式，充分发挥学员资源，充实教学内容，丰富教学形式。同时，采取学员论坛、小组研讨、课题组学习等方式，加强学员之间的交流，共享工作经验、人生感悟、领导艺术，形成学学相长、共同进步的局面。

（《党建研究》2006 年第 1 期）

创新是干部教育培训工作的灵魂

中国井冈山干部学院是党中央、国务院为了大规模培训干部、大幅度提高干部队伍素质、提高党的执政能力和发展能力，在21世纪创办的一所国家级干部学院。学院自2005年正式开学以来，按照“实事求是、与时俱进、艰苦奋斗、执政为民”的办学要求，紧紧围绕“把学院建设成为面向全国的革命传统教育和基本国情教育的基地、提高领导干部素质和本领的熔炉、广大党员干部保持革命激情的‘加油站’”的功能定位，以增强党性修养、提高执政能力为重点，以创新为灵魂，在培训理念、机制、形式、内容、方法和管理的创新方面进行了有益的尝试，努力走出一条既继承和发扬党的优良传统，又体现时代精神；既立足国情，又面向世界；既反映干部培训一般规律，又具有自身特点，能够满足广大干部专业化、多样化、高层次学习需求的干部教育培训工作的新路子。

一、创新培训理念

任何创新都是以思维创新为前提。干部教育培训工作创新首先是干部教育培训理念创新。干部教育培训理念是组织实施干部教育培训工作的出发点，决定着干部教育培训的方向和成效，是干部教育培训创新的基础。中国井冈山干部学院从创办开始，就树立了“创新是干部教育培训工作的灵魂”的观念，制定了“坚定信念、强化责任、提升能力、促进创新”的培训理念，确定了既能反映干部教育培训一般规律，又具有学院特色的办学思路。

树立服务大局的理念。把干部教育培训工作放到党和国家的工作大局和社会发展的大背景中去思考、去认识。加强党的执政能力建设，必须以建设高素质的干部队伍为关键，必须从推进中国特色社会主义伟大事业和党的建设新的伟大工程全局的战略高度，充分认识加强干部教育培训工作的重要意义，增强大局意识和服务意识，把中央对干部教育培训的要求落到实处。

树立学以致用的理念。把继承党的优良传统与弘扬时代精神结合起来，把井冈山时期的历史经验与改革开放实践中的重大理论和现实问题结合起来，把课堂讲授、现场体验和社会实践结合起来，使学员学以致用、用以促学、学用相长。

树立“素质与能力并重”的理念。把“素质提高”和“能力培养”共同列为学院培训工作的重点和核心。充分利用井冈山及其周边地区丰富的革命传统资源，综合运用课堂教学、互动研讨、现场教学等灵活多样的方法，在提高素质的基础上，着重对干部进行领导方法、本领的培训，提升领导干部驾驭社会主义市场经济的能力、发展社会主义民主政治的能力、建设社会主义先进文化的能力、构建社会主义和谐社会的能力、应对国际局势和处理国际事务的能力，使我们的干部真正“靠得住”和“有本事”。

树立与时俱进的理念。学会科学判断形势与任务，准确把握干部教育规律，积极推进课程设置、教学方式、教材建设、师资队伍建设等方面的改革与创新，使教学工作始终与时代的发展同步，与不断提高干部素质和能力的要求相符合。

树立按需施教的理念。适应大规模培训干部、大幅度提高干部队伍素质的需要，满足广大干部个性化、差别化学习的需求，分类、分层、分岗位开展培训，增强教学的针对性和实效性。

树立开放办学的理念。立足井冈山、依托江西、面向全国、放眼世界，积极探索对外交流与合作的有效途径和方法，有效借助社会资源壮大自己，不断为学院发展注入新的活力。

树立干部教育培训的科学化理念。重视把握人才成长和需求的规律，综合运用现代科学教育培训理论和技术，努力探索新办法、新措施、新途径，不断创新教育培训思路，丰富学习培训内容，改进教育培训方式，提高教育培训质量，提升干部教育培训工作的水平。

二、创新培训内容

中国井冈山干部学院等三所新办的干部学院的功能定位与党校和行政学院各有侧重、互为补充。在办学过程中，我们紧紧把握学院的功能定位，坚持有所为有所不为，坚持走特色发展之路，努力创新教学内容，以井冈山革命斗争历史、党的优良传统和作风、党性教育和基本国情为主要内容，把继承党的优良传统与弘扬时代精神结合起来，把井冈山时期的历史经验与改革开放和现代化建设的实践结合起来，初步形成了具有自身特色的培训内容，得到学员们的普遍欢迎和好评。

构建设计了“一个中心、三大板块”的教学布局。在办学方针和办学思路的指导下，按照学院的教学定位，设计了“一个中心、三大板块”的教学布局，即以学习“三个代表”重要思想和科学发展观为中心，加强井冈山精神教育、执政能力建设和党性分析、基本国情教育，围绕提高领导干部的党性修养、领导水平和执政能力设置培训内容，以形成特色鲜明的教学布局。

将贯穿和体现“实事求是、与时俱进、艰苦奋斗、执政为民”根本要求的教学内容作为干部教育培训的重点内容。坚持因地制宜、因人施教、按需施教、因材施教、学用一致、讲求实效的原则，根据不同层次、不同岗位干部的实际需求，以及不同时期的工作重点，合理安排教育培训内容，坚持用发展着的马克思主义指导学院工作，武装学员头脑，不断推进党中央提出的科学发展观、构建社会主义和谐社会、加强党的执政能力建设和加强党的先进性建设等重大战略思想进课堂、进教材和进头脑。

开发和储备一批精品课程，形成主线突出、特色鲜明、能满足不同培训任务需要的课程体系。重点开发了“弘扬井冈山精神，实践‘三个代表’”“井冈山斗争简史”“井冈山斗争的历史经验与启示”“从井冈山道路到中国特色社会主义道路”“今日井冈山与老区建设”“学习革命英烈，树立正确的世界观人生观价值观”等特色课程。此外，根据不同班次的培训需要，开设一批备选课程，供学员选择。

将现实问题纳入教学内容。在组织教学活动的时候，坚持

“以我们正在做的事情为中心，着眼于马克思主义理论的运用，着眼于对实际问题的理论思考，着眼于新的实践和新的发展”的原则，注意联系当前的形势和党的中心工作，组织研讨在发展中凸显的热点、难点问题，增强教育培训的说服力，激发学员发挥主观能动性，促进干部解决实际问题能力的提高。

三、创新培训方式

培训的方式、方法是提高培训质量、实现培训目标的重要手段。根据学院的功能定位，针对学员的需求，积极创新培训方式，是我们的一项重要工作。依托井冈山及周边地区教学资源丰富的优势，根据培训内容的需要，确定以体验式、研讨式教学为主的培训形式。具体地说，学院主要采用课堂讲授、现场体验、社会实践等三种培训方式，将授课、研讨与考察有机地结合起来，进行直观、生动、形象的教育。在培训时间上结合学院实际，以短期为主，注重提高培训效率。

课堂讲授以专题研究为主。改变传统的灌输式教学方法，大胆创新，大胆探索，大胆借鉴和研究开发直观、生动、形象、互动的现代教学形式，综合运用启发式、互动式、研讨式等多种教学方法，课堂教学采用专题式、研究式、启发式等教学形式，注重问题的研讨和思维的启发，每堂课都留下足够的时间，供学员提问、教师答疑，加强教学互动和双向交流，增强了教学的吸引力和感染力，体现了教学特色，着力增强培训的指导性、实效性和互动性，提升了培训效果。

现场体验是学院的主要培训形式。突出学院的特色和优势，依托井冈山及周边地区的革命旧居旧址，开辟了井冈山革命烈士陵园、朱毛会师纪念馆、红军军官教导队、大井朱毛旧居、八角楼、黄洋界哨口、小井红军医院等25个现场教学点，把革命旧居旧址转化为干部教育的新课堂，把丰富的实物史料转化为干部教育的生动教材。现场教学注重体验式，采用情景模拟方法，通过再现历史的某个场景和片断，实现感性冲击与理性思考结合，引起学员的强烈心灵体验和情感共鸣，以增强教学效果。

社会实践注重针对性，以国情教育为主要内容。在井冈山及周边地区确定一批有代表性的城镇、乡村、企业，组织学员开展社会实践、社会调查等活动，进入农户家中，与农民同吃同劳动，谈心交流，“零距离”地与中国最底层的农民接触，引导学员了解民情国情，增强立党公、执政为民的意识，提高分析和解决实际问题的能力。

另外，利用现代网络技术，采用远程教育、网络教育、电化教育等现代化教学手段以提高学员的学习效率和增强培训效果。

四、创新培训机构

中国井冈山干部学院是一个全新的干部培训机构，没有现成的模式可以遵循，这就要求学院必须注重改革创新，不断探索新形势下培训工作的新体制和新机制。

创新管理体制。中国井冈山干部学院实行的是理事会领导下的院务委员会负责制这一全新的干部教育培训管理体制，通过理事单位的高度重视和大力支持，可以充分依托各方力量，广泛调动社会资源，从而促进学院的建设和发展。

建立充满生机与活力的用人机制。坚持深化人事制度改革，构建有学院特色的用人工作制度和机制，本着“德才兼备、五湖四海、循序渐进”的原则，拓宽选人用人视野，开辟多层次、动态式的选人用人机制，全面优化人才队伍；建立和完善领导干部公开选拔和竞争上岗、领导干部政绩考核等制度；全面推行专业技术职务聘任制，加大调整和轮岗交流的力度；逐步扩大处级以上领导岗位公开选拔和竞争上岗的比例，对不称职的干部及时进行调整，形成优胜劣汰的竞争机制。

建立科学的考核评价机制。按照群众认可、注重实绩的原则，搞好行政管理人才的评价；按照业内和学术认可的原则，搞好专业技术人才的评价，量化岗位考核评价体系，逐步实现由身份管理向岗位管理过渡。

完善内部分配办法。确立“公平不是平均主义”的理念，积极推行岗位目标责任制，形成激励机制，实行向教学、科研岗位倾斜的政策，建立灵活有效的分配机制。

实行后勤社会化。建立具有干部学院特色的后勤管理机制和服务体系，落实后勤社会化管理工作的各项措施，实现后勤管理服务规范化、市场化，切实降低办学成本。

五、创新培训管理

实施科学有效的管理，是学院培训工作高效有序进行的保证。为提高管理的科学性和有效性，我们结合学院实际进行管理创新，通过制定政策和完善制度，依法规范学院各级各类组织及其事务，调节和优化资源配置，维护学院教学培训秩序，提高办学效率。

抓好制度建设，以制度管理人服务人。制度建设作为依法管理的重要环节，带有根本性、全局性、稳定性、长期性，在干部教育培训中起着重要作用。近年来，在吸收、借鉴兄弟院校管理经验的基础上，结合学院的实际与特点，我们已经建立了一套干部教育培训的规章制度基本框架，这些规章制度涵盖了教学、科研、行政、后勤管理等各个方面，对干部教育培训工作起到了积极的推动作用。但随着形势的发展变化。要在认真执行好现行的各项干部教育政策的基础上，根据制度试行情况，及时对制度进行调整和完善，使管理工作制度化、规范化、科学化，以适应干部教育培训工作新形势新要求，为做好干部教育培训工作提供制度保证。

加强学院内部管理。首先，健全和完善各项教学管理制度，加强教学活动的计划管理，规范教学计划从编制、修订到执行的全部过程，把教学计划、教学档案、教学场所、教学活动各项环节的管理纳入规范化、制度化轨道，确保学院的教学活动正常有序地进行。其次，切实加强科研管理，制定即合乎学术规范又切实可行的课题招标、成果推广、经费资助、成果鉴定等一系列制度，不断完善科研成果考核标准和指标体系；大力实施“精品战略”，重奖那些能提高教学的理论层次、直接进入党委政府决策和发表在高层次刊物上的成果；建立科研信息库、成果库、数据库和人才库，努力实现科研管理的规范化、制度化和现代化。再次，加强资产等各项管理，按照“精打细算、量入为出、保障重点、兼顾一般”的原则，重点完善学院各部门经费包干、项目资金、后勤服务的财务管理办法，严格规范学院财务运行秩序，着力提高资金使用效益。

搞好学员管理。把从严管理和优质服务结合起来，在服务中改善管理，在管理中提高服务质量。坚持“一切为了学员，为了学员的一切”，为学员创造良好的学习和生活环境。注重发挥学员党支部、班委会和学习小组的作用，促使学员自我教育、自我管理、自我约束、自我协调，将服务与管理、学校管理与学员自我管理结合起来，充分调动教师与学员的积极性、主动性，促进管理目标的实现和教育培训质量的提高。

（《中国井冈山干部学院学报》2006 年第 4 期）

把中国革命史教育作为干部培训的重要内容

只有铭记历史，特别是铭记我们党领导人民创造的中国革命史，才能深刻了解过去、全面把握现在、正确创造未来。新时期在党员干部中加强中国革命史教育具有重要意义。近年来，中国井冈山干部学院充分发挥井冈山及周边地区的红色资源优势，在干部培训中大力加强中国革命史教育，取得了较好的效果。

把中国革命史教育与坚定理想信念结合起来。理想信念是共产党人的精神支柱，也是党的事业兴旺发达的强大动力。党员干部只有坚持崇高的理想信念，才能自觉地为党和人民的事业不懈奋斗。中国井冈山干部学院充分发挥党史、党建方面的学科优势，开设了“井冈山革命道路与中国特色社会主义道路”“井冈山革命斗争的历史经验与启示”等课程，使学员们从历史和现实的比较中加深对我国国情和中国特色社会主义道路的理解和认识，进一步增强贯彻党的基本理论、基本路线、基本纲领、基本经验的自觉性和坚定性。为了增强教育的实效性，学院在认真搞好传统课堂教学的基础上，积极探索现场体验、情境模拟等新颖的教学形式，按照“一个现场教学点就是一部活教材，一次现场教学课就是一次精神洗礼”的要求，陆续开发了 34 个井冈山革命斗争时期和中央苏区时期的革命旧居旧址，作为现场教学点、体验式教学点。通过学习了解党的早期奋斗史，使学员们进一步深刻认识到我们党取得执政地位是历史的选择、人民的选择，增强了党的意识和作为党员的光荣感；进一步感受到党创业的艰辛和执政地位的来之不易，增强了忧患意识和作为党员的使命感。

把中国革命史教育与提高执政能力结合起来。执政能力建设是党执政后的一项根本建设。中国井冈山干部学院紧紧围绕新时期党对干部队伍建设的新要求开展中国革命史教育，以促进学员增强执政意识、把握执政规律、提高执政能力为重点，把井冈山革命斗争时期的历史经验与改革开放和现代化建设的实践结合起来，着力提高党员干部运用马克思主义的立场、观点和方法分析解决实际问题的能力。学院编写了《毛泽东等中共领导人在江西时期的领导方略》《毛泽东在井冈山斗争时期的著作选读》等教材，开设了“学习党的优良传统，搞好调查研究”等课程。通过这方面的革命史教育，使学员们从党的理论路线、方针政策、领导方略等方面既一脉相承又不断创新的关系中，准确把握党的十六大以来我们党所提出的一系列重大战略思想的科学内涵和精神实质，学习革命领袖在正确认识国情和科学判断形势基础上把马克思主义基本原理同中国具体实际相结合、不断进行理论创新的勇气和经验，学习我们党历史上许多行之有效的工作方法、工作机制和革命先辈的领导方法、工作作风，掌握处理新时期重大现实课题所必需的马克思主义的立场、观点、方法，提高研究和解决当前我国改革发展中面临的新情况新问题的能力。

把中国革命史教育与加强党的先进性建设结合起来。加强党的先进性建设，是加强和改进党的建设的长期任务和永恒课题。我们党从诞生之日起，就高度重视保持党的先进性。以毛泽东同志为核心的党的第一代中央领导集体在领导人民进行革命的过程中，对加强党的先进性建设进行了艰辛探索，积累了丰富经验。中国井冈山干部学院把中国革命史教育与加强党的先进性建设紧密结合起来，把课堂讲授与社会实践紧密结合起来，综合运用研讨式教学、案例式教学、启发式教学、体验式教学等方法，全面加强学员的党性锻炼，培养党员的先进性意识。学院总结党在井冈山斗争时期保持先进性的历史经验，开设了“‘九月洗党’的经验教训”等案例课程；针对党员干部在思想作风、工作作风、学风等方面存在的突出问题，开设了“学习井冈山英烈，树立正确的世界观、价值观、人生观”“学习井冈山精神、践行‘三个代表’”等课程。同时，注重把中国革命史教育与国情教育、扶贫帮困结合起来，通过组织学员到革命老区“进村入户”，开展调研和社会实践活动，使他们真正贴近实际、贴近基层、贴近群众，加深对人民群众的感情，增强立党为公、执政为民的责任感。

（《人民日报》2006 年 9 月 29 日）

以科学发展观统揽干部教育培训工作

全面贯彻落实科学发展观，实现经济社会全面协调可持续发展，关键在于各级领导干部，在于不断提高他们的综合素质和执政能力，这就对干部教育培训工作提出了新的更高的要求。干部教育培训工作必须按照中央的要求，坚持以邓小平理论和“三个代表”重要思想为指导，全面贯彻落实科学发展观，紧紧围绕党和国家工作大局，按照加强党的执政能力建设和先进性建设的要求，进一步加大创新力度，切实提高培训实效，为全面建设小康社会、加快推进社会主义现代化提供思想政治保障、人才保证和智力支持。

一、全面落实科学发展观，必须把干部教育摆在更加突出的战略地位

科学发展观是关于发展的世界观和方法论，是推进我国改革开放和社会主义现代化建设必须长期坚持的指导方针，是全面建设小康社会和构建社会主义和谐社会的强大思想武器，是加强党的执政能力建设和先进性建设的根本要求，也是我们党执政能力和执政水平提升的重要标志。科学发展观是推进社会主义经济建

设、政治建设、文化建设和社会建设全面发展的指导方针，是推动我国经济社会发展、加快推进社会主义现代化必须长期坚持的重要指导思想，也是我们做好新形势下的干部教育培训工作必须遵循的指导思想。

全面贯彻落实科学发展观，推动我国经济社会转入以人为本、全面协调可持续发展的轨道，更好地实现“十一五”规划的目标任务，是当前全党面临的一项重要战略任务。完成这一重要战略任务，最根本和最重要的是培养和造就以科学发展观武装头脑、指导工作、研究问题、善于领导科学发展的干部队伍。

贯彻落实科学发展观，首先必须加强对广大干部特别是领导干部进行教育，切实转变发展观念，提高科学发展的意识和能力。党的历史已经证明，在重大理论创新的时候，在重大战略转折时期，必须加强全党的理论学习，必须加强干部教育培训，以达到统一全党思想和意志，推动事业发展的目的。要坚持用发展着的马克思主义指导干部教育培训工作，把以科学发展观为核心的党的十六大以来的一系列重大战略思想，贯穿于干部教育的各个方面和全过程，通过集中培训、专题培训、巡回宣讲等形式继续深化广大干部对科学发展观的认识，引导广大干部进一步转变发展观念，真正使科学发展观入脑入心，变成全体干部的自觉实践。特别是要引导学员结合本地区本部门的实际，认真研究发展中的重大问题，理清发展思路、确定发展目标、转变发展模式，努力把科学发展观的要求转化为领导发展的实际能力，着力解决关系到人民群众切身利益的突出问题，坚决纠正各种违背科学发展观的做法，切实把科学发展观落实到经济社会发展的各个方面、贯穿于经济社会发展的全过程。唯有如此，才能把科学发展观真正落在实处，才能真正推进我国经济社会的全面、协调、可持续发展。

二、全面落实科学发展观，必须准确把握干部教育面临的新形势

党的十六大以来，我国干部教育培训事业进入了一个新的大发展时期。党中央从党和国家事业发展全局的高度出发，提出了大规模培训干部、大幅度提高干部素质的战略任务。在党中央的号召和领导下，各地、各部门认真贯彻落实中央的部署和要求，根据经济社会发展的需要和干部队伍建设的状况，改革创新，狠抓落实，干部教育培训工作取得了很大成绩。一是干部培训的规模不断扩大，建设学习型政党、学习型社会已形成共识，干部学习的热情不断高涨；二是培训质量不断提高，针对性、实效性和吸引力明显增强；三是以中国浦东、井冈山、延安干部学院的建成为标志，干部培训基地建设取得重大进展，全国干部教育新的格局基本形成，培训力量大大增强；四是培训资源进一步优化，培训渠道不断拓宽；五是培训改革创新力度进一步加大，干部教育培训工作的制度建设进一步加强，管理水平不断提高。总之，干部教育培训事业呈现出蓬勃发展的大好局面，有力地提高了广大干部的素质和能力，促进了经济社会的持续快速协调发展。

近年来，中央领导同志对干部教育培训工作作出了一系列重要指示。指出，“干部教育培训工作要紧紧围绕党和国家工作大

局展开，为全面建设小康社会、加快推进社会主义现代化服务”，要“以增强执政意识、把握执政规律、提高执政能力为重点，创新培训内容，改进培训方式，整合培训资源，优化培训队伍，提高培训质量”，要“联系实际创新路，加强培训求实效”。2006年1月，中央颁布了《干部教育培训工作条例（试行)》（以下简称《条例》)，《条例》系统总结了我们党在干部教育方面的历史经验和新鲜经验，明确了新时期干部教育的目标任务，集中体现了中央对于干部教育工作的基本要求，是新形势下加强干部教育培训工作的基本规章，为干部教育工作的科学化、制度化、规范化提供了制度保证。中央领导的重要指示、中央颁发的《条例》，为干部教育培训指明了方向，确定了原则，提供了发展契机，必将全面推进我们党的干部教育事业跨入新的发展阶段。

与此同时，我们也要清醒地看到，国内外政治、经济、科技的发展变化，东西方文化的不断激荡，使干部教育的环境发生了很大变化，对干部教育提出了许多新任务、新课题，干部教育的竞争态势日趋激烈，干部教育培训面临着许多挑战。特别是国内改革开放进入新阶段，进入发展的关键时期，落实科学发展观、加强党的执政能力建设和先进性建设、构建社会主义和谐社会、加强社会主义新农村建设、加强以“八荣八耻”为核心的社会主义道德建设，对干部队伍的各方面素质和能力提出了更高的标准，迫切要求干部补充新知识、接受新观念、培养新能力，迫切要求干部教育培训工作与时俱进，不断创新，提高为建设高素质干部队伍服务的能力。

毋庸讳言，与肩负的使命和责任相比，干部教育培训仍然存在一些问题和不足：一是在培训理念上，面临着从知识传授向素质教育、能力教育转型的艰巨任务；二是宏观管理体制上还不完全顺畅，培训资源整合的难度大，市场机制在培训资源配置中的作用发挥还不够；三是培训内容和培训方式与多样化的培训需求还有差距，班次设置、课程设计及培训方法的层次性、针对性、实效性还要进一步加强；四是对干部教育培训规律研究不够，对干部教育的许多重要领域如党政干部成长规律、干部教育史、教学规律、课程改革、干部教育评估等研究不够深入，干部教育培训的理论指导不足；五是对干部教育培训的检查、督促、考核、奖惩制度有待进一步完善，培训与干部任用结合不紧，学习培训的激励机制有待完善。

要解决影响和制约干部教育培训的诸多因素，必须认清干部教育培训工作面临的形势，坚持以邓小平理论、“三个代表”重要思想为指导，全面贯彻落实科学发展观，从战略的高度来认识干部教育培训工作的重要性、必要性和紧迫性，切实树立起干部教育培训的新观念，并着眼于更新培训内容、改进培训方法、优化资源配置、创新培训机制等几个工作重点，确保党的干部教育培训事业健康持续发展。

三、以科学发展观为指导，全面提高干部教育培训工作水平

用科学发展观指导教育培训工作，就必须在科学判断干部教

育形势的基础上，准确把握干部教育发展的趋势，深入研究干部教育的规律，认真学习和借鉴国外先进的培训理念和培训方式，全面推进干部教育培训工作。

（一）坚持以发展着的马克思主义为指导，牢牢把握干部教育培训工作的正确方向

必须自觉运用发展着的马克思主义的立场、观点、方法来研究、解决干部教育实践中的新问题，将科学发展观贯彻到干部教育培训工作的各个环节，紧紧围绕党和国家的工作大局，联系实际创新路，加强培训求实效，按照实事求是、与时俱进、艰苦奋斗、执政为民的办学要求，以增强执政意识、提高执政能力为重点，创新培训内容，改进培训方式，整合培训资源，优化培训队伍，提高培训质量。

（二）转变教育培训理念，实行培训取向的能力化

党的十六大指出，面对执政条件和社会环境的深刻变化，必须加强党的执政能力建设，提高党的领导水平和执政水平，对各级领导干部提出了“五种能力”的具体要求。党的十六届四中全会进一步全面阐述了加强党的执政能力建设的指导思想、总体目标，进一步强调了要不断提高驾驭社会主义市场经济的能力、发展社会主义民主政治的能力、建设社会主义先进文化的能力、构建社会主义和谐社会的能力、应对国际局势和处理国际事务的能力等五项主要任务。长期以来，干部教育偏重于形势与政策的宣讲，注重思想政治教育和意识形态教育，在保证干部“靠得住”方面成效显著。但是，对能力培训重视不够。因此，干部教育必须按照加强党的执政能力建设的要求，将政治思想教育与能力教育相结合，完成由知识传授转向人的潜能和激发创造力的转变，提高干部履行职责的素质和能力。当前，要特别重视对干部科学发展的能力、利益协调的能力、构建和谐社会的能力的培训，增强科学执政、民主执政、依法执政的意识和能力。在具体培训过程中，突出能力培训，要把培训计划、课程设置和教学内容安排与干部的实际工作相结合，根据培训对象的具体情况和培训目标的要求，尽可能多地传授对干部有用、管用的知识和能力，达到开发智力、增强能力、挖掘潜能的培训目标，切实提高培训效率。

（三）适当引入市场调节，增强培训运作的市场化

加强干部教育培训机构建设，构建分工明确、优势互补、布局合理、竞争有序的干部教育培训机构体系。坚持分层次、多渠道开展培训，按不同层次、级别、行业、类别干部的不同情况，有针对性地实施培训计划，在培训内容、培训方法、培训时间、培训要求方面体现各自特色。在强化主渠道培训的基础上，引入市场机制，提倡适度竞争，建立以需求为导向，计划调训、自主择训与竞争参训相结合，组织推动与市场拉动互相作用的充满生机与活力的干部教育培训的组织形式。在发挥干部教育培训的主渠道作用的同时，开展干部的学历教育、新知识新技能培训等提升干部个体素质的培训，建立培训项目的市场选择机制，实行公开招标、择优选择培训机构。通过建立竞争机制和淘汰机制，引导培训机构在竞争中以效益求生存，以质量求发展。

（四）不断创新培训内容，推进培训形式的多样化

要提高干部教育培训实效，在培训内容上，必须自觉围绕党和国家的工作大局，以培养造就创新型领导干部为重点，认真开展调查研究，做好培训需求调查，根据各类干部的成长规律、行业特点和培训需求，科学设置教育培训内容，及时建立、补充干部教育培训内容，逐步完善干部教育培训的课程体系，进一步增强教育培训内容的针对性。在培训模式上，把组织调训、自主选训、境外培训、在职自学、项目培训紧密结合起来，多搞短期强化培训，推广个性化、差别化培训。在培训方法上，要顺应能力教育的需要，在提高传统讲授方式水平的同时，积极借鉴国外先进的培训方法，大力实施研究式、案例式、模拟式、体验式等教学方法，提高教育培训的吸引力。积极推广网络培训、远程教育，提高干部教育培训的信息化水平。

（五）加强改革创新，实现培训体制的科学化

一是加强制度建设，把制度建设与行政手段、经济手段、法律手段结合起来，推进体制创新。以《条例》为指导，结合干部教育工作实际，不断建立健全各项干部教育培训相关制度。对已经出台的制度，要认真贯彻执行；对已经成熟的做法和经验，要及时总结转化为规章制度，进一步推进干部教育培训的规范化、法制化进程。二是积极探索建立科学的干部教育培训质量评估机制，逐步规范对干部教育培训活动的管理，规范培训秩序。按照“大教育、大培训”的目标，本着优化结构、扩大规模、集中办学、资源共享的原则，对教育培训机构、培训师资等资源进行整合，实现共享和配置最优化。三是完善激励监督机制，实现培训约束刚性化。把干部培训同干部人事管理制度改革结合起来，把培训与干部选拔、管理、监督、使用结合起来，健全任职、晋职、转岗、知识更新培训等制度，激发干部学习培训的内在动力，强化培训的外在压力。

四、按照科学发展观的要求，统筹协调，促进干部培训工作的全面协调发展

坚持以科学发展观统领干部教育培训工作全局，需要更新发展观念，创新发展模式，提高发展质量，实现干部教育培训工作全面协调可持续的发展。

（一）实施人才战略，加强队伍建设

坚持以科学发展观统领发展全局，就要坚持以人为本，深入实施人才战略。坚持科学的发展观和人才观，坚持党管人才和以人为本的原则，树立人才资源是第一资源的观念，紧紧抓住培养、吸引、用好人才三个环节，创新人才管理机制，调整优化人才结构，大力提高人才素质，创造和形成一种有利各种人才健康成长和脱颖而出的良好制度环境和文化氛围，充分调动和发挥各类人才的积极性、能动性、创造性，造就一支高素质的教育培训工作者队伍，为圆满完成干部培训任务提供强有力的人才保障。

（二）统筹教学和科研的发展，实现教学与科研良性互动

教学是中心，不断提高教学质量和水平，始终是培训机构的中心任务。教学是促进科研的动力，也是展现和验证科研的平台，科研是基础，各项工作都要围绕教学来展开。要深化教学改革，科学设置培训班次和学制，完善学科结构和课程设计，注意采用现代教学方法，提高教学水平。科研工作作为整个教学工作

的有机组成部分，要自觉为教学服务，推进教学科研一体化，做到教学出题目、科研做文章、成果进课堂。要紧紧围绕全面建设小康社会的重大理论和现实问题，紧紧围绕加强党的执政能力建设和先进性建设的重大理论和现实问题，紧紧围绕学员关心的重点、热点问题，深入开展对这些重大战略思想的理论研究，不断推出有分量、有价值的理论成果和教学课件，更好地为教学工作服务。要切实加强科研管理，制定既合乎学术规范又切实可行的课题招标、成果推广、经费资助、成果鉴定等一系列制度，不断完善科研考核标准和指标体系；大力实施“精品战略”，重奖那些能提高教学的理论层次、直接进入党委政府决策和发表在高层次刊物上的成果；建立科研信息库、成果库、数据库和人才库，努力实现科研管理的规范化、制度化和现代化。

（三）坚持开放办学，搞好横向交流与合作

干部教育培训机构要开展多方面的合作，进行联合培训、师资互聘、资讯交流，实现资源共享、优势互补。既要在教育观念、办学模式、管理体制、人才培养方式和教学手段等方面借鉴和吸收其他院校的先进思想和成功经验，也要实施全方位、多层次、宽领域的对外合作，放开视野，尽可能地利用国内外培训机构丰富的教学资源。要通过各种有效方式，广泛开展交流与合作。加快干部教育培训信息化建设，充分利用网络开展远程教育和学习培训，提高资源利用率；抓紧建立中央和地方两级师资库，实行师资联聘、动态管理，促进师资共享；还可以通过互派班次、资讯交流、合作研究、联合举办学术会议、互派访问学者等活动，实现资源共享、优势互补、共同促进、共同发展。

（四）加强和改进宏观管理，提高干部教育培训工作的整体水平

干部教育培训工作常抓常新，要坚持不懈地加强和改进对干部教育培训工作的组织领导。一要科学规划，统筹安排。开展调查研究，掌握情况，发扬民主，科学论证，广泛征求各方面的意见，深入分析干部队伍建设的现状，准确把握各级各类干部的培训需求，在此基础上明确今后工作的方向，切实增强规划的针对性、科学性、指导性和可行性。二要加强分类指导。在总体部署和工作安排上，注意区分不同地区、不同部门、不同行业，分别组织实施；针对不同层次和不同类别干部的特点，提出不同的要求；根据不同时期的工作任务，及时提出指导性意见。三要搞好服务。切实增强服务意识，改进管理方式，努力在政策指导、沟通协调、信息服务等方面下功夫，做到在服务中加强管理，在管理中体现服务，切实推动干部教育培训工作上层次、上水平。

（《中国井冈山干部学院学报》2006 年第 3 期）

联系实际创新路　加强培训求实效

中国井冈山干部学院自创办以来，认真贯彻落实中央领导同志“联系实际创新路、加强培训求实效”的指示精神，认真落实党中央提出的“大规模培训干部、大幅度提高干部素质”的战略部署，积极探索，锐意创新，初步建立起以素质与能力培养为目标，以革命传统教育和国情教育为重点，以短期培训和专题研讨为主体，以现场体验为主要形式，以流程化管理为保障的比较独特的干部教育培训模式，现已举办培训班 181 期，培训党政干部、企业干部、专业技术人员、军队干部 8000 多人，较好地发挥了干部教育培训主渠道的作用。

一、坚持素质与能力相结合，创新培训理念

提出了“坚定信念、强化责任、提升素质、促进创新”的培训理念，把理想信念教育、思想政治素质提高和能力提升融为一体，构建了“一个中心、三大板块”的教学布局，即以学习“三个代表”重要思想和科学发展观为中心，加强井冈山精神教育、加强党的执政能力建设和先进性建设、开展基本国情教育。学院紧紧依托井冈山及其周边地区的红色资源，充分发挥学院在党

建、党史等方面的学科优势，抓住干部在理想信念、思想作风、领导艺术、工作方法等方面存在的突出问题，有针对性地开设课程。通过培训，既要帮助学员找到精神的“根”和人生的“魂”，在“靠得住”上见成效；又要提升能力，在“有本事”方面有进展，特别是在科学判断形势、务实创新、调查研究、做群众工作的能力方面获得实实在在的提高。

二、坚持历史与现实相结合，创新培训内容

一是坚持把党的理论创新成果作为教学的中心内容。紧紧围绕党对干部队伍建设的新要求开展培训，及时将党中央提出的科学发展观、构建社会主义和谐社会等重大战略思想引入教材、引入课堂。二是坚持把党的路线方针政策作为教学的基本内容。先后举办了中央和国家机关“社会主义新农村建设专题研究班”、全国县委书记县长“建设社会主义新农村专题培训班”、中央和国家机关“构建社会主义和谐社会专题研究班”等班次。在各个班次中，开展了“十一五”规划、社会主义荣辱观、《江泽民文选》等专题辅导。三是坚持把党的优良传统和作风教育作为教学的重要内容。按照“一个现场教学点就是一部生动的教材”的标准，对34个现场教学点进行了必要的修缮改造和环境优化，形成了一个遍及井冈山及周边地区的现场教学链，提高了教学内容的系统性、连贯性、完整性。根据干部党性教育的要求，开设了“学习井冈山精神，践行‘三个代表’”等系列课程，使学员通过学习党的优良传统，增强宗旨意识，强化公仆意识，增强践行“两个务必”的自觉性。

三、坚持激情与理性相结合，创新培训形式

在现场教学中，按照“六个一”的模式，即“围绕一个主题、讲述一个典型（人物、故事或历史细节）、设计一个活动、营造一个氛围、达到一次震撼、受到一次启迪”，对每一次现场教学进行认真设计，努力把静止的、平面的历史资源转化为立体的、鲜活的形象，激发学员情感，启发学员思考。如选择当年朱德、毛泽东率领红军战士挑粮的小道作为场景，制作了红军服装、扁担、箩筐、米袋等教具，让学员沿着当年红军的足迹，身临其境地感悟历史，体验革命先辈艰苦奋斗的精神，培养战胜困难的坚强意志。这堂体验课已成为学员感受最深、记忆最深的课程之一，达到了“一次现场教学课就是一次精神洗礼”的效果。坚持理论联系实际，大力开展社会实践教学。在井冈山及周边地区确定一批有代表性的城镇、社区、乡村、企业，分别安排不同班次学员开展调研和社会实践活动，通过零距离接触群众，使学员加深对中部地区基本国情的认识。在着力抓好现场教学的基础上，加强课堂教学的改革，采用研究式、启发式教学。每堂课都留下足够的时间，供学员提问、教师答疑，加强教学互动和双向交流。还通过“学员论坛”“学员自讲”等多种教学形式，实现教学相长、学学相长。此外，注重课外生活与正规课程的配套和协调，开展走访红军后代、扶贫帮困等活动，增强干部党性锻炼的实践性。还探索用音乐歌舞剧、唱革命歌曲等新形式进行革命传统教育。

四、坚持管理与服务相结合，创新管理模式

充分发挥理事会领导下的院务委员会这种独特的管理体制优势，不断优化办学环境，提升办学实力。一是大力加强教学管理。积极探索现场教学流程化的教学管理模式，即把每天的教学活动制成工作流程，对所有的工作环节进行细化、量化，列出时间节点，确保教学运转顺畅，井然有序。实行教学日志和教学督导制度，强化教学评估，派出教学督导人员，现场监督和检查教学执行情况。同时，加强了预案管理，成立了教学预案协调领导小组，制定了在教学过程中天气突然变化、突发交通事故、学员身体不适、游客过多影响教学等专项工作预案，做到心中有数，处变不惊。二是大力加强学员管理。按照“从严治院”的原则，坚持高起点、高标准、严要求，建立健全各项规章制度，制定并抓实了学员管理和服务的 75 个环节，还采取学员们佩戴红军识别带、列队到教学点的准军事化管理方式对学员进行管理。坚持组织管理与学员自我管理相结合，充分发挥学员党支部的作用，积极营造良好的学习氛围。坚持管理与服务并重，确立了“管理就是服务，寓管理于服务之中，在服务中加强管理，在加强管理中提供优质高效服务”的理念，着力提高服务水平，为学员提供一个良好的学习生活环境。三是大力加强行政管理。根据工作实际，先后制定并完善了相关的规章制度，基本实现了用制度管人，用制度管事，用制度办学。行政管理、后勤保障等工作都走上了规范化的轨道。创新后勤管理体制，实行社会化管理，服务

质量不断提高。积极构建治安、消防、保卫和人防、技防相结合的立体网络式的安全防范体系，确保了办学安全运行。

五、坚持教学与科研相结合，创新科研管理

按照成为在党史、党建领域具有领先水平的科研阵地和中部地区国情研究重要基地的目标，确定了党史、党建、领导科学和国情研究四个重点学科。到目前为止，出版专著 20 部，发表学术论文 476 篇。学院注重把科研成果用于教学，使之进教材、进课堂，实现教学科研一体化。围绕教学中的热点、难点问题，以院级科研课题的形式进行应用性研究，拨出专项经费予以资助。组织院内外专家，深入研究党的早期革命史和井冈山精神，开发了《井冈山革命根据地简史》《革命传统教育经典案例》等六大类、共 9 种约 100 万字的基本教材，收集了数千万字的文献资料，建立了红色资源库。

六、坚持兼职与专职相结合，创新师资队伍建设

按照“专兼结合、以兼为主”的原则，已在国内著名高校、科研院所、中央部委、国有大中型企业等单位聘请 375 人担任兼职教师。通过面向全国进行公开招考、选调等方式，组建了一支素质较高的管理干部和专职教师队伍。在兼职教师管理上，着重把握“聘任”和“使用”两个环节。通过组织推荐、学术访查、面对面访谈等方式，从兼职教师在政治上的可靠性、学术上的影

响力、实际工作中的创造性和对干部教育的适应性等方面严把兼职教师的质量关；通过与兼职教师及时沟通培训对象的信息、审查讲课提纲等工作，提高教学的针对性，把好政治关。在专职教师管理上，建立了严格的教学准入、竞争上岗、集体备课、集中评课、教学质量评估和末位停课等制度，完善竞争激励机制，营造优秀人才脱颖而出的良好氛围。坚持用井冈山精神加强自身建设，注重对干部职工进行培训，不断拓宽视野，提高素质和能力，在院内形成了“忠诚、责任、激情、奉献”的核心价值观和“心齐、气顺、风正、劲足”的良好氛围。

（《党建研究》2007 年第 8 期）

抓共性　树个性

共性与个性，是辩证法上的一对概念。

对于干部教育培训工作而言，其共性，就是干部教育培训的宗旨、任务和规律等。其个性，就是不同时期、不同地区针对不同培训对象而采取的有自身特色的培训方式、方法和内容等。

干部教育培训工作既要抓共性，又要树个性。如果不遵循干部教育培训的普遍规律，忽视共性，就会成为无源之水、无本之木，就是瞎搞蛮干；如果一所干部培训机构没有自己的个性，没有他人不能复制和模仿的东西，没有自己的核心竞争力，就没有活力。

我们党历来重视干部教育培训工作和干部教育培训基地建设。在革命、建设、改革的各个历史时期，培养造就了一批又一批领导骨干和优秀人才，也为党的干部教育工作积累了成功的实践经验和丰富的理论。这些成功的经验和丰富的理论，是开展干部教育工作必须遵循的共性。

干部教育培训工作要“联系实际创新路，加强培训求实效”，要“不断增强教育培训工作的针对性和实效性”。“求实效”就是共性，这在各个干部培训机构是一致的：要在“大规模培训干部，大幅度提高干部素质”中，培养造就一批又一批优秀的领导干部。“创新路”，则是要求各个干部培训机构根据自身的办学特点，发挥优势，突出特色，凸显个性。

落实到具体工作中，就是要根据中央的办学要求，结合干部学院的实际情况，坚持素质与能力相结合，创新培训理念；坚持历史与现实相结合，创新培训内容；坚持激情与理性相结合，创新培训形式；坚持管理与服务相结合，创新管理模式；坚持教学与科研相结合，创新科研管理；坚持兼职与专职相结合，创新师资队伍建设。就是要不断强化党的优良传统和作风教育，在“靠得住上下功夫”；充分发挥在党史、党建、领导科学、国情研究等方面的学科优势，有针对性地开设课程，注重给学员提供“钥匙”，切实提高科学执政、民主执政、依法行政的能力，在“有本事上求突破”。同时，在搞好传统的课堂教学基础上，打造现场体验式教学特色，综合运用研讨式、案例式、启发式、体验式等新颖、直观、生动的教学方法，加强教学互动，让学员沿着革命前辈的足迹，走进历史的深处，身临其境地感悟历史，使学员从灵魂深处受到震撼与触动，在潜移默化中达到“润物细无声”的效果。

如何进一步把共性与个性相结合，积极探索新时期干部培训的新模式、新方法，将是干部培训工作永恒的主题。

（《人民日报》2007 年 8 月 28 日）

坚持科学发展　突出办学特色

中国井冈山干部学院（以下简称中井院）始终坚持科学发展观，围绕科学发展这一主题，着力解决影响和制约学院科学发展的突出问题，使学院党员干部队伍整体素质进一步增强，学院整体办学水平进一步提高，学院办学特色进一步凸显。

一、科学把握“国内独具特色、国际上有影响的新型干部学院”的内涵

学院的发展目标是建设成为“国内独具特色、国际上有影响的新型干部学院”，因此，学院要科学发展，必须首先进一步明确这个目标的内涵。

1. 学院的使命和责任必须十分鲜明。中国浦东、井冈山、延安干部学院的创办，是党中央从推进中国特色社会主义伟大事业和党的建设新的伟大工程全局出发作出的一项重大决策。学院的使命就是为党的先进性建设和执政能力建设服务，为建设高素质的干部队伍服务，为科学发展服务。我们的责任，就是按照中央的要求，把学院建设成为“面向全国的革命传统教育基地、基本国情教育基地、提高领导干部素质和能力的熔炉、激发党员干部

永葆革命青春的‘加油站’以及开展国际培训交流合作的窗口”。没有这种神圣的使命感和强烈的责任感，就不会真正产生搞好学院工作的内在动力，就不可能完成肩负的重任。

2. 学院的教学资源、教学形式、教学效果必须十分独特。学院要以自己独特资源，形成独特的教学内容、独特的教学方式，用独特的视角教育广大党员干部，取得独特的效果，发挥在干部教育中的独特作用。

从教学资源方面看，它包括不可替代的独特的红色资源和国情教育资源。井冈山及其周边地区为数众多的革命旧居、旧址，搬不走、挪不动，学院拥有一个遍及井冈山及周边地区，远达福建古田、湖南韶山的红色资源网络。红色资源还包括一些健在的老红军、老红军的后代，他们是活的教材。这些红色资源是对广大党员干部开展革命传统教育得天独厚和不可替代的红色资源。基本国情教育资源方面，井冈山地处中国中部，其乡村、企业、社区、城市为学员了解基本国情提供了丰富的社会实践基地，革命老区的变化和历史变迁本身就是一部了解中国革命史、中共党史和改革开放成就的活生生的教材。独特的资源还包括人力资源。学院拥有井冈山革命斗争史、中央苏区史专家和兼职教师已达300多名，学科专业覆盖面较宽、学术功底较深。学院经过几年的办学实践，还拥有丰富的学员资源，为教学相长提供了条件，同时也为学院在培训需求调研、教学科研、案例开发等方面提供了直接支持。学院有独特的环境，是一个学习、思考、读书、培训的好地方。

从教学内容看，学院的独特性体现在，以党史、党建、基本国情、领导科学为基本内容，以革命传统教育尤其是弘扬井冈山精神为主体，侧重干部的理想信念教育、艰苦奋斗教育、忠诚教育、世界观方法论教育。

从教学形式和方法看，学院的独特性体现在，充分利用井冈山及周边地区的革命历史资源及改革开放的实践资源，对领导干部进行生动的、富有感染力的，寓理于情、寓理于史的革命传统教育和理想信念教育，是课堂教学、现场教学、社会实践教学三位一体的教学方式。

从教学效果看，学院的独特性体现在，学员通过培训，不仅仅是知识和能力方面有收获，更重要的是感性与理性的统一，是情感冲击、心灵震撼，精神升华，从而达到“坚定信念、强化责任、提升能力、促进创新”的成效，达到毕生难忘的境地。“一次井冈行，一生井冈情”就是最好的写照。

3. 学院办学体制、机制和文化必须具有自身特色。办学体制是教学改革创新的制度环境。学院是中央直属的事业单位，由中央组织部管理，江西省委负责日常事务，实行理事会领导下的院务委员会负责制。这种管理体制既保证为学院发展重大战略问题和政策把关定向，又能提供教学、科研、人才、经费等方面的支持。学院以兼职教师为主，实行后勤管理社会化，办学经费比较充裕。另外，中央要求学院成为干部教育短期培训的“示范田”，学院的培训班，短的 5 天、7 天、10 天，长一点的 21 天、一个月。短期培训能加快培训的频率，适应党的十六大以后提出的大规模培训干部、大幅度提高干部素质的需要，也是一种国际化趋势。学院初步形成了小实体大网络的格局，为教学改革创新提供了较好的体制机制保障。

一所学院，不仅是客观物质的存在，更重要的是在于他的文化传承和精神追求。学院文化建设上，形成了以“忠诚、责任、激情、奉献”为核心的价值观；形成了“有所为、有所不为，有所学、有所不学，有所赶、有所不赶，对称式与不对称式相结合”的发展思路；提出了“坚定信念、强化责任、提升素质、促进创新”的培训理念和“科学规范、高效创新”的管理理念；以井冈论坛为载体的学习型组织建设文化；以红色基调为主，贯穿于教学、管理，学员生活中的独特的隐性教育文化，等等。学院文化的核心就是形成以“把学院办成国内独具特色，国际上有影响的新型干部学院”为发展目标的文化体系。

4. 学院必须源源不断地培养出大批德才兼备、以德为先的优秀领导干部。就像一流的企业必须有一流的名牌产品一样，一流的学校也必须不断地培养出一流的学生。世界一流的大学，如哈佛、耶鲁、西点军校、剑桥、牛津，许多学生成为政治家、军事家、科学家，引领着世界发展，推进和丰富人类的知识和文化，造福社会。我国的黄埔军校，虽然办学的历史不长，却培养了一大批国共两党的精英，在历史的舞台上叱咤风云，深刻影响了现代中国历史的走向，留下了赫赫威名。抗日军政大学，办学条件十分简陋，但培养了一大批高级党政军人才和中高级干部，为党的事业作出了巨大贡献。作为“国内独具特色、国际上有影响的新型干部学院”，只有培养了一大批人才，学院的价值、声誉才能体现出来。这种治国、治党、治军的人才，除了一般意义的知识、能力、“三宽”（眼界宽、思路宽、胸襟宽）之外，最为重要的是在理想信念、忠诚意识、责任意识、艰苦奋斗、意志品质、清正廉洁等方面体现中国井冈山干部学院的特点和烙印。

二、准确评估学院现状，找准存在问题

只有摸清现状，才能做到实事求是、一切从实际出发，为科学发展夯实基础。

1. 学院实现了从无到有、由小到大，立住了，上路了，打响了。学院 2003 年 6 月破土动工，2004 年年底基本建成，2005 年 3 月正式开学办班；至 2006 年 8 月举办各类班次达到 100 期，至 2007 年 11 月培训人数突破 1 万人，到 2008 年 10 月底共举办各类培训班次 303 期，培训学员 14141 人。这些数字说明了学院经历了一个从无到有、由小到大的过程，也说明了学院是立住了。同时，学院基本实现用制度管人、用制度管事，运行已经进入常态，这又说明学院上路了。从办学的效果来看，学员的满意程度保持较高水平。新华社内部动态清样多次反映了学院在教学培训上的新尝试，人民日报等重要媒体也报道了学院的办学经验和办学效果。上级领导对学院的办学充分肯定，习近平同志 2008 年 10 月 14 日视察学院时说，学院“一片生机勃勃”，称赞“风景这边独好”，可见学院打响了。总之，学院基本实现了办学规模、质量和效益的有机统一，基本实现了全面协调可持续发展。

2. 办学条件基本具备，办学实力不断提升。在硬件方面，整个校园实现了网络化、园林化、生态化，办学设施设备比较先进，总体上为学员提供了较好的学习生活条件。在软件方面，构

建了特色较为鲜明的教学体系（开发了 42 个现场教学点、24 个社会实践点，形成了自己独特的教学资源网络，一些精品课程初具雏形）；建立了初具规模的科研体系；形成了规范高效的行政管理和后勤保障体系；打造了一支强有力的领导班子和特别能吃苦、特别能战斗、特别守纪律、特别能奉献的干部队伍，这些为学院持续走好奠定了较好的基础。

3. 对办学特点和规律有了初步把握。学院办学呈现出这么几个特点：一是别具一格的功能定位；二是独特丰富的教学资源；三是与众不同的管理体制；四是“车轮上的学院、运动中的学院”；五是独具特色的培训模式，即培训内容、培训方法、培训管理与一般干部培训机构明显不同；六是以短期培训为主的学制；七是专兼结合、以兼职为主的教师队伍；八是小实体、大网络的办学模式。

学院的办学规律主要体现在“统筹兼顾”上。回顾这几年的办学情况，我们注意统筹好了这么几个关系：一是深刻认识学院发展与党的事业发展和党的建设要求之间的关系，坚持干部学院姓“党”，用发展着的马克思主义武装学员头脑，坚持围绕党和国家的中心任务开展培训工作，服务党和国家的工作大局；二是深刻认识教学与培训对象之间的关系，坚持以人为本，按需施教，创新培训内容、创新培训方式，提高参训干部的素质和能力，在“靠得住”方面下功夫，力求在“有本事”方面有突破；三是正确处理学院内部各要素之间的关系，坚持以教学为中心推进学院各项工作协调发展。

4. 有了一定的特色和影响。特色就是品牌；没有特色就没有品牌，也就不可能有很深的影响。从学员和社会各界的反映来看，这些方面可以算是学院的特色：一是教学内容方面，突出革命传统教育和理想信念教育，较好地体现了学院的功能定位；二是教学形式方面，以现场教学和体验式教学方式为主，综合运用其他教学培训的方式方法；三是教学管理方面，实行流程化管理、教学督导管理、教学预案管理、准军事化管理等教学组织形式。学员对这些特色是十分认可的，他们认为，在我们学院的培训，感觉耳目一新，在这里培训，不仅流了汗，而且流了泪；不仅动了心，而且动了情，效果很好。因此，要求来学院委托办班的单位越来越多。

虽然学院具有自身的优势，也取得了一定的办学成绩，但与国家级干部学院的要求比，还有差距，要克服的困难还有很多。现在最为突出的问题是：硬件方面亟待完善、资源配置不便、教学体系有待完善、精品课程还不多、名家学者比较缺乏等。学院要进一步办好，办出特色和成效，必须正视这些问题，找到解决的办法。

三、进一步明确努力方向，凸显办学特色

面对干部教育的新形势、新任务，学院必须坚持又好又快发展，即科学发展。我们的近期目标是用5—10年的时间把学院办成对党的领导干部进行理想信念教育和党性教育的重要基地。要实现这个目标，就需要我们继续以科学发展观为指导，努力形成具有不可替代功能的“井冈模式”。

1. 坚持以科学发展观为指导，总体把握，分步实施。要实现发展目标，既要抓全局，从宏观上总体把握，又要抓住主要矛盾，抓住重点工作，抓住关键环节，实现重点突破。既要抓住机遇，乘势而上，又要循序渐进，分步实施。

总体把握就是指，要以邓小平理论、“三个代表”重要思想为指导，深入贯彻落实科学发展观，始终坚持特色立院、创新兴院、人才强院，不断改革创新，做干部培训体制、机制改革的探索者和先行者，形成适应竞争、充满活力的开放办学体系，不断提高教学质量与培训实效，实现规模、质量与效益的有机统一。要充分发挥教学资源优势，构建自己独特的教学内容、教学形式、教学方法和教学管理体系，最终形成独具特色的中井院教法、中井院风格、中井院风范、中井院气派，形成自己的核心竞争力，把学院建设成为国内独具特色、国际上有影响的国家级干部学院。

分步实施是指学院工作必须加强规划，明确各个阶段的工作重点。学院近期工作重点是以学习实践科学发展观活动为契机，以《学院2008—2012年发展规划》为抓手，认真总结学院开办以来好的做法和经验，进一步深化对学院自身情况的分析、研究工作，全面盘点学院现有教学资源、教学形式、教学方法、管理手段；认真研究干部教育培训工作本身面临的挑战，注重学习借鉴国内外著名的培训机构好的做法，注重从我们党干部教育史中吸取营养，以更加开放的视野、更加开放的胸襟，进一步解放思想，大胆探索新的教学方式、方法、手段，努力提高培训实效。

2. 着重解决制约学院办学的瓶颈，不断增强办学实力。一是要搞好续建工程，加强硬件建设，坚持高起点、高标准建设“网上干部学院”，搭建高水平远程教育平台。二是要大力加强核心课程建设。继续深入挖掘和不断拓展学院独特的教学资源，进一步开发新的教学点，使教学点布局按照历史的逻辑、现实的需要来配置，形成一个更丰富、更完整的现场教学体系，进一步把独特的资源优势转化为独特的教学内容，形成一批核心课程。三是要打造一批名师大师。按照“政治上靠得住、工作上有本事，作风上过得硬”的标准，继续大力实施人才强院战略，紧紧抓住吸引、培养、使用等关键环节，着力打造一支“特别能吃苦、特别能战斗、特别守纪律、特别能奉献”的干部队伍。同时，对现有的兼职教师优化组合，加大学者型领导和知名专家的聘请力度，尤其是加大对新时期模范人物、先进人物的聘请力度。

3. 坚定不移地走“特色立院、创新兴院、人才强院”之路，继续发扬传统、发挥优势、发展特色。

第一，要发扬传统。学院用井冈山革命传统教育资源教育培训学员，这些资源中最核心的东西就是井冈山精神。要用井冈山精神教育培训广大学员，学院全体工作人员必须首先是井冈山精神的积极践行者。要忠诚党的干部教育事业，进一步坚定把学院办出特色的信念和信心；要敢于创新，努力做干部教育体制机制创新的探索者；要继续发扬艰苦奋斗的优良传统，永远保持奋发有为的精神状态。在工作中找到乐趣，实现自我价值。

第二，要发挥优势。办好学院还要善于发挥优势，扬长补短，扬优成势。学院除了有政治优势、资源优势、体制优势、自然环境优势外，还具有组织自身发展阶段的优势。从组织发展的角度看，学院处于组织的初创阶段，队伍年轻，教师和干部队伍都是经过公开招聘，来自五湖四海，平均年龄 38 岁，充满朝气，具有较强的敬业精神；文化层次比较高，人际关系相对单纯，健康，充满活力。我们要善于利用好、发挥好这些优势，使我们能够在工作中更加游刃有余，更加富于成效。

第三，要发展特色。学院要着力在以下几方面打造特色：

一是以党性锻炼为核心，树立独具特色的教学理念。学院教学理念的独特性就在于它把知识能力培训与价值观的培养结合起来，以理想信念和艰苦奋斗教育为重点，既要帮助学员找到精神的“根”和人生的“魂”，在“靠得住”上见成效；又要提升能力，实现“有本事”方面的突破。

二是以专题培训为主体，打造具有自身特色的品牌班次。要认真总结现有专题培训的经验，摸索专题班的规律，使“弘扬井冈山精神与坚定理想信念”和“弘扬井冈山精神与加强干部作风建设”等专题研究班成为学院的品牌班次。

三是以独特资源为依托，构建具有自身特色的课程体系。学院的特色课程应该包括三个层面：首先，植根于井冈山独特资源的课程，如革命传统教育方面，主要包括井冈山革命斗争史、中央苏区史、井冈山精神、苏区精神等方面课程，其中最核心的是围绕“理想信念”“艰苦奋斗”等主题开发的课程；国情教育方面的社会实践教学课程，等等。其次，独特形式的课程，与传统培训方式相比新颖的、有吸引力、生动性的课程，如现场体验式课程等。最后，具有特殊效果的教师上的课程。

四是以现场体验式教学为重点，形成具有自身特色的井冈教法。要按照“寓理于史、寓理于情”的要求，在“情、理、史”的结合上下功夫，以实现理论与史实相统一、内容与形式相统一、激情与理性相统一，增强培训的生动性、吸引力、感染力。要综合运用各种现代教学方法，在九种教学形式上下功夫，即情理交融的现场教学、情景模拟的体验教学、触摸国情的实践教学、互动研讨的专题教学、“寓理于史”的案例教学、生动形象的音像教学、澎湃情感的激情教学、润物无声的隐性教学、充满挑战的拓展训练，使各种教学形式和方法互相补充、相得益彰，形成立体的全方位的中井院教法。

五是以四大重点学科为龙头，构建科研特色。围绕四大学科，组织院内外科研力量，联合攻关，深化对井冈山革命斗争史、中央苏区局部执政经验特别是对井冈山精神的研究，加强党的执政能力建设和先进性建设研究，加强对中部地区经济社会发展的研究，更好发挥“两基”的功能。建立科研转化机制，使科研成果及时进入教材、进入课堂，形成一套政治观点正确、定位准确合理、内容科学系统、特色优势明显、形式新颖灵活的教材体系。

六是坚持专兼结合、以兼职为主，形成师资队伍特色。进一步提升专职教师业务素质，加强兼职教师队伍建设和管理，多出名师。

七是以教学质量和培训实效为着力点，不断完善独具特色的教学管理体系。继续优化教学流程管理、预案管理，继续加强教学督导管理、准军事化管理，加强学风建设和学员管理，把学院管理和学员自我管理相结合，把思想教育与制度管理相结合，建立以学员为主，学员、专家、管理部门相结合的“三位一体”的教学评估体系，对学员学习表现、党性锻炼、学习成绩等方面进行考核。大力推行和认真实施精细化管理，健全工作机制，规范工作流程，优化资源配置，切实提高管理效能，真正做到保障有力，努力打造管理品牌、服务品牌。

（《江西政报》2008 年第 23 期）

深入挖掘和充分运用独特的教学资源精心打造以党性党风党纪教育为核心的“井冈模式”

为适应干部教育培训面临的新形势、新任务，中国井冈山干部学院（以下简称中井院）必须始终围绕中央赋予的功能定位，始终按照“发扬传统、发挥优势、发展特色”的要求，充分依托和利用井冈山独特的教学资源，以党性党风党纪教育为核心，不断打造办学特色，不断提高竞争力，从而在大规模培训干部、大幅度提高干部素质中发挥更大的作用，作出更大的贡献。

一、深入挖掘好井冈山独特的历史资源，全面把握井冈山斗争时期党性党风党纪的丰富内涵

井冈山及其周边地区，拥有丰富而独特的红色资源。这些史迹、史料以及纪念场所等，是井冈山斗争的历史见证，是井冈山精神的高度凝结，为开展干部培训提供了独特、丰富、鲜活的素材和场景。中央在井冈山创办国家级干部学院，就是要充分利用井冈山及周边地区的革命历史资源，形成有井冈山特色的独特教

学内容和独特教学方式，使之成为培养新时期共产党人的必修课程，发挥对领导干部进行革命传统教育和基本国情教育的基地作用、永葆革命青春的加油站作用、党性锻炼的熔炉作用。因此，中井院必须坚持不懈地按照中央赋予的功能定位，深入挖掘好这些独特的历史资源。

（一）以更宽广的视野拓展井冈山精神研究的维度

一是从马克思主义和世界无产阶级革命精神的视角来研究。井冈山道路是马克思主义中国化的开篇之作，它是毛泽东等老一辈无产阶级革命家把马克思主义普遍真理与中国革命具体实践相结合的产物，井冈山革命道路的开辟过程，体现了革命领袖运用马克思主义的世界观、方法论来认识和改造客观世界的深刻自觉，能给今天的领导干部在认识论、辩证法方面以深刻启迪。“以农村包围城市、武装夺取政权”的井冈山道路与俄国的“城市暴动、武装夺取政权”的道路是国际共产主义运动中交相辉映的两条革命道路，具有伟大的原创意义，井冈山精神的实质、内涵，是打破旧世界的锁链、建立一个理想的新世界的世界无产阶级革命精神的重要组成部分。

二是从中国共产党人的精神源流的视野来研究。井冈山精神是中国革命精神的重要源头，是苏区精神、长征精神、延安精神、抗战精神、西柏坡精神等精神链条的坚实基础。与大庆精神、“两弹一星”精神、焦裕禄精神等为代表的社会主义建设时期的精神传统具有内在统一性，为以小岗精神、女排精神、九八抗洪精神为代表的改革开放新时期的精神创造灌注了强大的精神动力。从这个角度去观察研究，才能越发认识到井冈山精神的伟大。

三是从中华民族精神的传承视野进行研究。中华民族精神是一座巨大的精神宝库，其内涵无比丰富，贯穿于数千年中华民族的历史发展之中。它对于中国共产党人的精神有着巨大而深远的影响，井冈山精神从多方面体现着中华民族伟大的精神传统。“天下兴亡、匹夫有责”“爱国至上、精忠报国”的家国意识与井冈山时期的“革命理想高于天”的崇高理想信念，“舍生取义、杀身成仁”与共产党人“为有牺牲多壮志、敢教日月换新天”的牺牲精神，“勤劳勇敢、自强不息”“鞠躬尽瘁、死而后已”“清正廉明、一身正气”的传统美德与井冈山时期的“艰苦奋斗、勇于胜利”等都有着深深的契合。

这三个方面的研究，中井院已经在做，成果体现为我们编著的《中国共产党人精神研究》《解读井冈山》和即将出版的《井冈山——永远的精神家园》。但这些方面的研究还是刚刚起步，还必须不断细化，不断深入，以取得高质量的研究成果。

四是从人类共同精神文明成果的视野来研究。最近几年，市场上出现了许多如《党史商鉴》《读党史、学管理》《向解放军学管理》等书籍，说明许多人已经认识到我们党的历史、我们党的精神和优良传统所蕴含的巨大价值，这个价值不仅仅指传统意义的诸如党的建设、意识形态、思想政治工作等方面，而且体现出对组织文化、组织发展、管理学诸多学科理论与实践等方面的启示作用。比如说三湾改编对组织体制的构建重组，比如说士兵委员会与组织的民主管理，比如说理想信念与组织的愿景，红军严明的纪律与组织的纪律，等等。成功的组织一定具有成功的元素，虽然历史条件、环境不同，但蕴含的原理、道理是相同的，思路、方法是可以借鉴的。

因此，我们要拓宽视野，除了从党史、党建等角度研究井冈山历史，还要注重从组织行为学、管理学、领导学、社会学、文化传播学等学科对井冈山历史和井冈山精神进行深入研究，从井冈山精神的宝库中挖掘出更多的宝藏。

（二）全面把握井冈山时期共产党人党性党风党纪的丰富内涵

中井院的一项长期任务就是要对全国的中高级领导干部进行党性党风党纪教育，所以，必须着重研究透井冈山斗争时期共产党人党性党风党纪的丰富内容，研究透井冈山英烈党性党风党纪的集中表现，为教育培训工作夯实基础。要从以下三个方面着手，深入研究和把握井冈山斗争时期共产党人党性党风党纪的丰富内涵。

第一，井冈山时期坚定的无产阶级党性。

一是矢志不渝的理想信念。毛泽东引兵井冈，“星星之火，可以燎原”，无数革命英烈用自己的生命和鲜血塑造了一座座为共产主义理想信念无私奉献的高耸丰碑。

二是真心实意为群众谋利益。“红军宗旨，民权革命”“革命成功，尽在民众”，我党历史上的第一部土地法——《井冈山土地法》。除了从根本上解决土地问题外，党和红军还注意关心群众日常生活中的疾苦，切实解决群众的衣食住行、柴米油盐等实际问题。

三是顾全大局，对党忠诚。1929 年初，朱德、毛泽东率领红四军主力转战赣南“围魏救赵”，彭德怀、滕代远率刚上山的红五军和王佐率领的红四军第三十二团留守井冈山。这个决定，在红五军官兵中引起巨大争议。在形势极为严峻的情况下，彭德怀、滕代远把个人生死和局部利益置之度外，说服了周围有不同意见的同志，勇敢地挑起了保卫井冈山的重担，表现了共产党人的崇高风范和宽广的胸襟。

第二，井冈山时期优良的革命作风。

一是实事求是，敢闯新路。以毛泽东为代表的中国共产党人，走遍整个罗霄山脉，深入根据地调查研究，实事求是，从湘赣边界的井冈山开始，将马克思主义与中国革命实际相结合，解放思想，敢闯新路，探索出了一条引导中国革命走向胜利的井冈山道路，书写了马克思主义中国化的开篇之作。

二是密切联系群众，紧紧依靠群众。井冈山斗争时期，共产党人深入群众，了解群众疾苦，与群众有福同享、有难同当，反对“衣分三色，食分五等”，反对领导干部搞特权，与群众打成一片。毛泽东大井访贫，朱德军长与老百姓“有盐同咸、无盐同淡”，彭德怀在茨坪给群众发放银圆，陈毅带病帮助大井农民割禾等，在井冈山广为流传。

三是注重发扬民主。实行军事民主、政治民主、经济民主，唤醒了井冈山军民长期被压抑的做人尊严，激发和调动了广大军民创建和保卫根据地的积极性、勇气和智慧，使井冈山军民能够与我们党一起休戚与共，以弱胜强，很快打开局面。

四是艰苦创业，率先垂范。井冈山斗争时期，面对敌人的严密经济封锁，在极端困苦的条件下，红军官兵一致，每人每天只有 5 分钱菜金，经常吃红米饭南瓜汤；为了节省用油，毛泽东晚上办公只点一根灯芯；在步云山，毛泽东带头吃野菜；朱德虽已42岁，仍坚持和战士们每天往返100多里下山挑粮；彭德怀坚持和战士们一起睡地铺、盖稻草。

第三，井冈山时期严明的组织纪律。

一是建章立制，颁布“三大纪律，六项注意”。井冈山斗争时期，我们党及其领导的工农红军严格遵守“一切行动听指挥”的政治纪律、“打土豪筹款子要归公”的经济纪律和“不拿老百姓一个红薯”的群众纪律，秋毫无犯，赢得了群众的信任和拥护。

二是领导模范带头遵守。1927年9月下旬，秋收起义部队路过江西省莲花县甘家村，用了一户没人在家的老百姓一点粮食，临走时，毛泽东要求把米钱放在米缸里，还附上一封信说明情况。1928年9月，红四军主力从湘南回师井冈山攻占遂川县城后，遂川下庄的乡亲们在乡苏维埃政府主席李耀唐组织下，送来了很多茶水、点心，招待路过的红军。部队离开时，因缺少现金，军长朱德便叫副官在每只茶桶上缠上一丈白布，折价代付现金，群众称赞不已。

三是严格监督执行。为了督促广大指战员认真执行群众纪律，工农革命军前委专门成立了纪律检查组，负责检查各部队遵守群众纪律的情况。当部队离开一个地方时，纪律检查组成员就分头到群众中去了解情况，听取意见，查漏补疏，防止部队侵害群众利益的现象发生。

在中国特色社会主义建设中，加强党性修养和党风党纪建设的具体内容虽然会有所调整，但我们党在长期历史实践中形成的优良传统必须继承和坚持，当年井冈山斗争时期共产党人的党性、党风、党纪永远值得我们学习和借鉴。

（三）按照党性党风党纪教育培训的要求，形成更完整的红色教学资源网络

进一步开发新的教学点，使教学点布局按照历史的逻辑、现实的需要来配置，形成一个以培训主题的实际需要为“纲”，以重大历史事件为“点”，以历史进程脉络为“线”，以不同的革命根据地为“面”，纵横交错、有机连接的更丰富、更完整的教学资源网络。在时间上以井冈山、中央苏区为代表的土地革命时期，向前延伸到南昌起义、秋收起义、八七会议及之前的大革命时期，向后延伸到长征时期、抗战时期、解放战争时期，涵盖党的整个革命史。在空间上以井冈山革命根据地六县一山为核心，向周边拓展到中央革命根据地、湘赣革命根据地、湘鄂赣革命根据地、闽浙赣革命根据地、鄂豫皖革命根据地等，形成独特的教学内容。结合专题培训班的办班需要，进一步开发以“保持优良传统和作风方面”为主题的教学点，并尝试开设“老区今昔——茅坪、茨坪的历史变迁”“昨天、今天与明天——毛泽东‘兴国调查’（‘寻乌调查’）的再调查”等现场教学课程。

二、充分运用好井冈山丰富的教学资源，切实提高领导干部党性党风党纪教育的实效

井冈山及其周边地区得天独厚的红色资源，为我们今天加强干部党性锻炼提供了丰富的素材、良好的载体、鲜活的场景。但历史资源不等同于教学资源，得天独厚的素材也不可能自动变为

教学特色，而必须按照教育培训的规律对这些资源进行转化，即我们经常强调的必须把独特的历史资源优势转化为教学优势，把教学优势转化为干部的素质与能力优势。要完成好这个转化工作，必须做好“四个结合”的文章。

（一）历史与现实相结合

井冈山精神是我们党的传家宝，是党性党风党纪教育的精神宝库，是新时期领导干部加强党性修养和作风建设的生动、深刻的教材。但我们的领导干部不是来中井院进行党史方面的学术研究的，而是要通过学习历史，在世界观、方法论方面得到启发、得到感悟，因此，对领导干部进行革命历史和革命传统的教育，不能就历史讲历史，而必须紧密联系现实，找准历史与现实的对接点，才能实现培训目标，实现让历史告诉现在、让历史启迪未来的目的。从井冈山斗争时期到建设中国特色社会主义历史新时期，我们党从革命党成为执政党，从领导人民夺取政权到领导人民建设国家，党的历史方位和历史任务发生了根本性变化。对领导干部进行党性党风党纪教育，既要把井冈山精神放在中国革命史的背景中去理解、把握，更要结合时代要求加以深化、实化，围绕推进党的建设新的伟大工程这个总目标，用毛泽东等老一辈革命家坚持“星星之火，可以燎原”的坚定信念，引导学员在复杂多变的国际局势和艰巨繁重的国内改革发展任务面前，坚信只有中国特色社会主义才能发展中国；加强对学员的执政意识、政权意识教育，用井冈山斗争时期我们党创建人民政权的艰难过程教育学员进一步增强忧患意识、责任意识，倍加珍惜和不断巩固党的执政地位，自觉增强公仆意识、宗旨观念，发扬不骄不躁、艰苦奋斗的作风。实现历史与现实相结合，还必须结合改革创新的时代精神开展培训。井冈山精神是中国革命精神之源，与改革创新的时代精神有着内在同一性和继承性，是我们战胜前进道路上各种困难，开创中国特色社会主义事业新局面、夺取全面建设小康社会新胜利的强大动力。加强党性、信念和作风教育，必须把井冈山精神的教育与改革创新的时代精神教育融合起来，邀请新时期英雄模范人物现身说法，引导学员继承井冈山光荣革命传统，大力弘扬改革创新精神，增强改革意识，激发创新热情，使中井院真正发挥“永葆革命青春加油站”的作用。

（二）理论与实际相结合

利用井冈山独特的教学资源对领导干部进行党性教育，必须紧密联系当前领导干部的思想和工作实际开展培训。当前，领导干部队伍作风状况总的是好的，但也有一些干部在作风上存在着宗旨意识不强、理论与实践脱节、政绩观不正确、纪律观念淡薄等问题。出现这些问题的根本原因，是世界观、人生观、价值观出了偏差。我们要用井冈山斗争时期革命先辈为了劳苦大众利益而不惜牺牲个人一切的感人事迹和崇高品德教育学员，引导学员对照井冈山精神这面“镜子”，认真思考向革命先辈学什么，自觉清扫精神灰尘，始终保持共产党人的政治本色，树立正确的世界观、人生观、价值观，树立正确的事业观、工作观、政绩观，从而沿着正确的人生道路和政治方向健康成长。只有联系学员的思想和工作实际，才能满足学员多样化、个性化的培训需求，才能真正提高教育培训的针对性，也才能在今后的自主选学中提升中井院的竞争力。

（三）内容与形式相结合

在教学过程中，必须坚持教学内容与教学形式两手抓。一方面，要通过独特历史资源向教学资源的转化，不断丰富党性党风党纪教育的内容，形成相应的课程、教材和研究成果，用事实说话，用史实论证，言而有据，言之成理，用鲜活的材料和丰富的内容来满足学员的学习需求。另一方面，要特别注重教学形式和方法的创新。革命传统教育不仅是一种知识的传授，在很大程度上更是情感态度和价值观方面的教育，采用恰当的形式显得尤为重要。要以现场教学为核心，综合运用课堂讲授、现场体验、案例分析、研讨交流等多种培训方式，实现“理从史出”“情理交融”，切实增强培训效果。中井院自创办以来，我们紧紧依托现场资源，遵循教学设计的一般理论、规律、要素和过程，把握现场教学的动态、直观、情境性等特点，抓实现场教学的主题设计、活动设计、媒体设计、管理设计、评价设计等设计环节，构建了“六个一”的模式，努力把静止的、平面的历史资源转化为立体的、鲜活的形象，激发学员情感，启发学员思考，增强教学的震撼力，很好地实现了内容与形式的统一，达到了情境交融、知情合一，“一次现场教学课就是一次精神洗礼”的效果。

（四）激情与理性相结合

中井院要真正成为激发广大党员干部革命激情的“加油站”，必须充分发挥现场教学、体验式教学、教学演出、唱革命歌曲等生动活泼的教学方式，激发学员情感，震撼学员的心灵。但仅仅停留在激情感染的阶段还不够，我们经常说“只有理论上的清醒才能有政治上的成熟”，因此，还必须在激发情感的基础上，实现由感性到理性的升华，启发学员对历史、对现实的思考，实现激情与理性的统一。为把学员的感性体验进一步上升为理性自觉，就要在开展现场体验教学的同时，及时安排相关的课堂讲授、学员论坛、自学、小组交流等教学活动，补充相关历史知识，进行必要的理论引导，让学员对自己的感悟进行梳理、归纳。比如，现场教学之后，及时在现场开展教学互动和学习分享及小组讨论，“趁热打铁”，让学员交流学习感受、认识和收获，这样效果就比单纯的现场教学要好很多。

三、以四大品牌建设为抓手，进一步打造以党性党风党纪教育为核心的“井冈模式”

近年来，我国的干部教育培训体系正在结构重组中实现新的重大转型。培训结构的调整必将带来培训理念、布局、功能、模式、内容、形式及管理的深入变革，打造教育培训品牌、深化教学改革是干部教育培训创新的关键所在，是干部培训机构提升核心竞争力的关键，是干部教育培训机构求生存、谋发展的必由之路。当前，我们要按照“发扬传统、发挥优势、发展特色”的要求，重点抓好“品牌班次、精品课程、名师工程、品牌管理”这四大品牌建设，全力打造以党性党风党纪教育为核心的“井冈模式”。

（一）品牌班次建设

当前，干部教育培训市场大开放、大竞争的格局正逐步形成，干部教育培训的组织形式也已由原来单一的组织调训，逐步改变为组织调训与干部选学相结合。在逐渐开放的干部教育培训体制中，干部教育培训机构要在激烈的竞争中求得生存，必须不断地提升自身的核心竞争力，以自己的教学品牌参与竞争，以自己的特色吸引学员和社会公众。干部教育培训机构品牌班次建设应根据培训机构的功能定位、培训对象、教学资源等方面综合考虑。结合中井院的实际，我们应把领导干部“加强党性修养、坚定理想信念、保持优良作风”专题培训班作为我们的品牌班次来建设。

按照中央组织部的统一部署，2009 年上半年，中井院先后举办了 13 期厅局级领导干部“加强党性修养、坚定理想信念、保持优良作风”专题培训班。从培训情况看，学员们普遍认为这种专题培训主题非常鲜明、内容较为丰富、形式新颖生动、管理严格、效果突出，受到各方面的肯定和好评。

因此，把领导干部“加强党性修养、坚定理想信念、保持优良作风”专题培训班作为我们的品牌班次，能充分体现学院的功能定位，能充分发挥学院的资源优势，能充分展示学院的办学特色，既有科学性，同时又有坚实的基础，已经有了良好的开端。现在，我们要做的是，全面深入总结已经举办班次的培训经验，对于实践证明好的做法进一步提炼、规范，形成制度，同时查找问题、分析原因、研究对策。继续加强学员培训需求调研，进一步优化和完善下半年集中专题培训的教学设计，在培训课程、培训方法、培训管理上精益求精，不断提高教学的针对性，增强培训实效。特别是要根据中央组织部的要求，做好干部教育选学的各项准备工作。根据选学的需要，认真设计课程菜单，设计好能满足不同培训需求的学制各异的培训计划，并争取尽早开设两周的专题培训班次。在总结培训实践的基础上，加强对新时期领导干部党性教育培训等方面课题的研究，进一步加强干部成长规律、干部培训需求、干部教育规律、学院办学实践及经验等方面的研究。

（二）精品课程建设

课程的质量是衡量一所学校教学质量最重要的指标。能不能给学员留下深刻的印象，最关键的应该是学院能不能有一些品牌课程。什么是品牌课程？品牌课程其实就是特色课程，就是在别的地方上不到的课程，是大家都感兴趣的课程，是在一生当中能够回想起来的课程、不会忘记的课程。品牌课程具有特殊的风格、特殊的语言、特殊的逻辑。

我们要围绕“弘扬井冈山精神，加强党性党风党纪教育”这个培训主题，充分发挥井冈山和中央苏区革命斗争时期中国共产党人加强党性党风党纪方面的革命历史资源优势，针对当前领导干部在思想政治建设上存在的突出问题，组合“井冈山革命史与井冈山精神”“中国共产党党性锤炼”“中国共产党优良作风”“中国共产党铁的纪律”“当前的形势与任务”等5个教学课程模块，打造“井冈山革命斗争史”“从井冈山道路到中国特色社会主义道路”“井冈山精神及其时代价值”“中央苏区简史与苏区干部好作风”“中国共产党的优良传统及现实启示”等一批精品专题课程。

按照“寓理于史、寓理于情”的要求，进一步加强现场体验式精品课程建设。按照“一次现场教学就是一次精神洗礼”的要求，继续完善和提升“六个一”的现场教学模式，进一步凸显现场体验式的教学特色。通过课题研究、观摩教学等方式，运用现代教育培训的有关理论，对朱毛挑粮小道、荆竹山雷打石自做红军餐、井冈山革命烈士陵园、大井朱毛旧居、小井烈士墓等初具品牌效应的现场体验教学课进行分析和提炼，把成功经验推广到其他现场教学点，每年完成3—5 个现场教学点的教学提升工作，使每次现场教学都成为学院的精品课程。

加大案例教学课程的力度。开发一系列体现学院特色、高质量的党史、党建、基本国情和领导科学方面的教学案例，如开设从毛泽东“上山”看实事求是、学习毛泽东、朱德、周恩来等老一辈革命家宽阔的眼界思路胸襟、井冈山斗争时期中央苏区时期艰苦奋斗的经典案例等案例教学课程。尝试在一些有条件的现场教学点，采用案例教学和现场教学相结合的教学方式。

要拓展新的社会实践点。认真总结当代中国特别是江西等中部省市在改革开放、科学发展、社会主义新农村建设、社会主义和谐社会建设等方面的经验，进一步开发社会实践教学点，以社会实践课程为主体，形成以现场体察和调研为特色的国情教育课程。同时，充分发挥井冈山地处湘赣边界的位置优势，利用好湖南境内广袤的红色资源，开发好“长株潭城市群”等新的社会实践点。

总之，要根据不同班次、不同教学对象拓宽教学内容，形成专题课程、现场教学课程、社会实践课程等多种形式的精品，使课程体系既保持学院自身特色，又体现鲜明的时代性，不断满足学员培训的多样化、个性化需求。

与精品课程建设相适应，还要大力加强教材建设。教材编写要根据学院的功能定位进行统筹安排，要按学科规律进行合理规划，加强教材内容的有机联系，使编写的教材形成一个有机统一的整体。根据这个要求，要尽快完成《新民主主义革命简史》《井冈山：中国共产党人永远的精神家园》《领导干部眼界宽胸襟宽思路宽研究》和《毛泽东朱德与井冈山》（与中央文献研究室合作开发）等革命传统教育教材的定稿出版工作；要抓紧编写《中部崛起与对外开放》《六县一山的历史与现实》等国情教育教材以及修订并正式出版案例教材《革命传统经典案例》；拍摄《理想信念高于天》《革命纪律要牢记》《苏区干部好作风》等音像教材，使教材类别更加均衡、特色更加明显、体系更加完备。

（三）名师工程建设

一所学校只有拥有一定数量的品牌教师，才能在社会上形成知名度和影响力。从事干部教育的培训者必须忠诚党的干部教育事业，具有强烈的责任意识和扎实的理论基础，对重大理论与现实问题有深入研究，对干部教育培训规律有深入的理解和掌握，教学效果优良，深受学员的广泛欢迎和好评，在社会上具有较大的影响。

一是加大专职教师队伍的建设力度。重点培养对井冈山斗争史、井冈山精神、基本国情、领导科学研究领域有深厚造诣、突出成就的专家学者，对他们在职务晋升、职称评定、学习进修等方面给予倾斜，通过采取政策引导、制度和待遇保障、精神和物质激励等措施，引导和鼓励他们安心教学岗位，潜心理论研究，苦练教学内功，努力成为学院的教学品牌。继续创造吸引优秀人才来院工作的条件，重点引进学科带头人，形成中井院人才效应。对专职教师开展多形式、多渠道的培训，如分期分批赴其他国家级干部院校跟班学习、到相关高校或研究机构做访问学者、下基层单位挂职锻炼、出国考察和培训进修，不断拓宽专职教研人员的业务能力、学术水平、知识视野和社会阅历。

二是优化兼职教师队伍。坚持为我所用、滚动发展的原则，进一步遴选一批政治素质高、学术功底厚、教研能力强、国内一流的学者型领导、知名专家和先进模范人物定期来院讲课；引导兼职教师和专职教师共同拟定课程开发大纲、开发计划，既提高课程质量，又锻炼专职教师。

（四）管理品牌建设

在现代干部教育培训中，教学组织管理对于办学水平与质量日益显示出至关重要的作用。在推进干部教育品牌战略过程中，教学管理的创新直接影响着精品课程的研发、教学项目的更新及教学名师的培育。

要继续优化教学流程管理、预案管理，继续加强教学督导管理、准军事化管理，通过大力推行和认真实施精细化管理，健全工作机制，规范工作流程，优化资源配置，建立健全学员的学习考核制度、教师跟班制度、教学督导和教学评估制度等各项制度，促进学风建设取得明显成效，切实提高管理效能，真正做到管理不留空白，努力打造管理品牌、服务品牌，进一步提升教学管理水平。与此同时，要全面总结行政管理、后勤管理的经验，全面实现标准化、规范化，着力提高服务水平，为教学培训提供坚强有力的制度支撑和后勤保障。

（《中国井冈山干部学院学报》2009 年第 5 期）

把井冈山精神贯穿于干部教育培训的始终

党的十七届四中全会提出，要加强思想道德建设，加强党的优良传统教育。中国井冈山干部学院按照自己的定位，发挥革命传统教育资源优势和教学优势，把井冈山精神贯穿于教学理念、教学内容、教学方式和学员管理中，引导广大学员坚定理想信念、加强党性修养，努力使每个参训干部都受到井冈山精神的洗礼。

一、深入挖掘井冈山精神的时代价值，构建独特的革命传统教育培训内容体系

构建独特的教学布局。我们既及时开设“十七大精神及三中、四中全会精神专题辅导”“科学发展观的重大意义和深刻内涵”“中国特色社会主义理论体系的形成过程”“改革开放30年的巨大成就和历史经验”等专题，又从井冈山精神教育入手，帮助学员了解马克思主义中国化的历史进程，熟悉中国共产党人早期的创业史、奋斗史，学习革命先辈的崇高风范，从而加深对马克思主义世界观、人生观、价值观的认识，进一步坚定中国特色社会主义的信念与信心。

深入挖掘和整合教学资源。艰苦卓绝的井冈山革命斗争是井冈山精神的生动表现，散布在井冈山红土地上的100多处革命旧址也蕴含着井冈山精神。努力把井冈山这个革命摇篮办成现场教学的大课堂，把革命文物和史料变成形象化的教材，是学院肩负的重要责任。因此，我们十分注重对这些历史素材的挖掘，将井冈山革命先辈崇高的共产主义理想，开辟井冈山革命道路所体现的实事求是、勇于创新的精神，“红米饭、南瓜汤”所体现的艰苦奋斗精神，“朱德的扁担”所体现的官兵平等的工作作风等作为重要教学内容。按照“一个现场教学点就是一部生动的教材”的标准，对革命旧居旧址和纪念场馆进行教学开发，形成了比较成熟的61个现场教学点和现场体验式教学点，同时将新时期弘扬井冈山精神的实例也纳入教学内容，开发了26个社会实践点。根据不同层次、不同类别的干部培训需求，设计不同的教学线路，实现了教学资源的充分利用。

构建独具特色的课程体系和教材体系。我们紧紧围绕学员的培训需求，着力进行现场教学、社会实践、专题教学等课程建设，使课程体系既保持学院自身特色和稳定性，又体现鲜明的时代性。为此，先后开设各类课程150多门，并对其中的特色课程和核心课程不断改进充实提高，形成了一系列精品课程，如“重走朱毛挑粮小道”“井冈山革命斗争史”“从井冈山道路到中国特色社会主义道路”“弘扬井冈山精神，加强党的先进性建设”“苏区干部好作风”等。同时，我们还加强教材建设，先后开发了《井冈山革命根据地简史》《中央革命根据地简史》《让历史告诉未来——毛泽东等在江西革命斗争时期的领导方略》《中国共产党人精神研究》等10多本文字教材，制作了《井冈丰碑》《瑞京奠基》两部音像教材。目前，我们还在编写《井冈山：中国共产党人永远的精神家园》等辅助教材，使学员更好地从理论上学习、理解、研究井冈山精神。

二、努力探索井冈山精神教育的有效途径，提高党性锻炼的实效

按照"寓理于史、寓理于情"的要求，做到史论结合、情理交融。在井冈山革命斗争史、中央苏区史及新民主主义革命史的教学中，着重揭示中国革命的发展规律，学习以毛泽东同志为代表的中国共产党人的立场、观点、方法和革命先辈对崇高理想矢志不渝、对党和人民无比忠诚、对革命事业锲而不舍的崇高品质。在现场教学中，既讲史的片断，更注重情的感染，使学员们的精神在"情"的感染中得到升华。如井冈山革命烈士陵园的教学，教师重点讲授革命烈士张子清对共产主义矢志不渝、为革命理想英勇献身的感人事迹，之后由学员集体敬献花圈、在哀乐中向英烈们默哀、重温入党誓词等。通过这些环节，使学员们的情感受到冲击，心灵得到净化。

精心打造现场教学模式。我们探索和完善了现场教学"六个一"模式，即"围绕一个主题、讲述一个典型、设计一个活动、营造一个氛围、受到一次震撼、得到一次启迪"，目的是为了把静止的、平面的历史资源转化为立体的、鲜活的形象，激发学员情感，启发学员思考。比如，我们选择当年毛泽东、朱德同志率

领红军战士挑粮上山的小道作为场景，制作了红军服装、扁担、箩筐、米袋等教具，组织学员沿着当年红军的足迹，走进历史的深处，身临其境地感悟历史，体验革命先辈艰苦奋斗的精神。这堂体验课给学员们的感受最深，达到了“一次现场教学课就是一次精神洗礼”的目的。

着力推进开放式办学，广泛整合优质师资。我们做了以下三方面的努力。一是广泛邀请党史方面的著名专家、学者来讲新民主主义革命史、中共党史等。二是邀请长期奋战在国家建设一线的劳模、企业家来讲授相关课程。如李国安、吴天祥、吴仁宝等一批新时期的先进模范，都曾到学院给学员现身说法，讲科学发展和新时期如何发扬党的优良传统。三是邀请老红军后代讲述前辈的英雄事迹和革命精神。

综合运用多种教学方法，增强针对性和吸引力。在现场教学中，主要采用现场体验和情景模拟；在专题教学中，广泛采用研究式和互动式；在社会实践教学中，侧重组织学员亲身感受和体察我国中部地区区情和新时期老区人民弘扬井冈山精神的实践。与此同时，我们探索和完善了互动式的课堂教学、协作性的拓展教学、形象化的音像教学、迸发式的激情教学，使各种教学形式和方法互相补充、相得益彰，不断增强培训的吸引力、感染力，激发学员的学习热情。

三、把井冈山精神教育贯穿教学组织、学员管理全过程，形成良好的学风

一是严密教学组织。我们通过举旗、列队、系识别带、晨

起吹军号等多种形式进行准军事化管理，以增强教学的严肃性和纪律性。针对学院现场教学多、教学活动动态化的特点，我们创新教学管理模式，实行流程管理，对教学资源、教学方法进行优化组合，细化教学环节，将每道程序的时间节点精确到了分钟。重点加强教学督导管理，确保教学活动运行有序、高效。

二是严格学员管理。首先是抓好入学教育。虽然学院举办的培训班学制都比较短，但每个班在进院之后、开学之前，学院都要举行一个简短、庄重的开班式，学院领导在开班式上对学员提出明确要求，要求学员实现从领导干部到普通学员的转变，要求学员联系实际、认真思考、学有所得、学有所成。其次是严肃纪律。要求学员减少应酬。不外出聚餐：严格请假和上课制度。再次是抓心得体会的撰写。要求学员结合实际，认真思考，触及灵魂的深处。最后是抓考核。根据学员学习情况，对学员进行考核，考核结果报学员所在单位。

三是营造浓厚氛围。我们坚持以弘扬井冈山精神为核心，加强学院文化建设，倡导“忠诚、责任、激情、奉献”的价值观，塑造良好的“中井院人”形象。同时，采用音乐歌舞史诗进行革命传统教育，通过校园广播、车载媒体播放红色歌曲，积极营造与学院功能定位相协调的文化氛围，使学员在潜移默化中受到感染和熏陶。

四是加强训后服务。我们建立了网上干部学院，把井冈山精神的教学内容上传到网络，学员回去之后可以继续学，使井冈山精神永伴学员工作、生活。学员们说：“一次井冈行，一生井冈情，井冈山精神是共产党人永远的精神家园。”他们纷纷表示，一定要结合时代发展要求，大力践行伟大的井冈山精神，使之放射出更加璀璨的时代光芒。

（《求是》2009 年第 23 期）

着力提高党性教育的针对性和有效性

中国井冈山干部学院创建 8 年来，根据中央确定的办学要求和赋予的功能定位，利用自身独特的教育培训资源，把干部教育的一般规律与学院办学实际相结合，进行不断地尝试和探索，努力把党性教育打造为学院的第一品牌，在增强党性教育的针对性和实效性方面取得了一定的成效。

一、教学内容“可信”

在实践中锻造是党性锻炼和修养的根本途径。毕竟，只有真实可信的东西才最有说服力。井冈山及周边地区完好地保存了 100 多处革命旧居旧址和大量珍贵史料。每一件珍贵文物、每一处革命遗址、每一个革命事件，都以无可辩驳的事实展示着中国共产党人英勇斗争的光辉历史，都以不容置疑的史实诠释着中国共产党人理想信念高于天、群众利益无小事的思想道德境界和艰苦奋斗的优良传统，诠释着人民军队忠于党、忠于国家、忠于人民、爱国奉献的价值观和人生观。可以说，关于人生观、价值观、利益观和道德观等方面的教育，都可以在这里找到真实的、有说服力的教育素材。学院正是依托这一独特的资源优势，针对当前一些党员领导干部面临各种考验时表现出来的不适应的地方，开发出60余个现场教学点，让学员在身临其境中接受教育，加强党性修养和党性锻炼。学院开展的社会实践教学同样具有“可信”这一特点。领导干部以一个普通学员的身份深入基层，深入群众，所见所闻都是真实的情况、真实的事例，更加清楚地了解群众的所想、所盼，更加真切地感受群众的所忧、所急，这些无疑会给学员以强烈的视觉冲击和情感冲击，有助于学员更好地改进工作作风，进一步加深与人民群众的血肉联系。

二、教学形式“新颖”

创新才有生命力，新颖才有吸引力。在教学实践过程中，学院努力创新教学形式，使之更好地服务于教学内容。目前已经形成了以现场教学为主，互动研讨式的专题讲授、情理交融的现场教学、触摸国情的社会实践、情景模拟的体验教学等综合运用的立体式教学形式。此外，通过组织学员与老红军后代座谈这种新颖的教学形式，使学员从这些老红军后代身上感受老红军的崇高风范，有效地实现了把静止的、平面的历史资源转化为鲜活的、立体的培训资源。教学组织过程中，通过举旗、列队、系识别带、晨起吹军号等多种形式进行准军事化管理，不仅形式新颖，而且增强了教学的庄重性和严肃性。当然，这些教学形式最大的特点是注重学员的自主参与，突出学员的主体地位。比如，社会实践中虽然教师是主导，但学员在材料的收集、调研结论的分析、对问题的看法及处理方面都充分发挥学员的主观能动作用，极大地调动他们的学习积极性。学员们普遍感到，这些教学形式与传统的教学形式相比新颖得多、独特得多、效果好得多。

三、教学过程“简洁”

俗话说“大道至简”。同样的道理，要使教学有效果，就必须在有限的时间里使表达的主题简洁、明了、突出。现场教学和体验式教学中安排了教师点评环节，在学员参观革命旧址旧居之前，学院教师就该教学点的主题先作 10—15 分钟的讲解，引发学员思考。专题讲授课同样注重简洁，教师主要讲重点难点，讲关键，讲方法，讲思路。教学过程中针对不同的培训班次、不同的培训主题、不同类型的培训学员，每场专题课重点解决几个问题，做到主题突出，逻辑分明，层次清楚，避免专题泛化现象。即使题目相同的教学专题，不同类别的班次在教学内容安排上有所区别，侧重点和针对性也有所不同，从而体现出“简洁”的要求。

四、始终富于“情感”

情感在人们认识事物的过程中起着重要的作用。革命传统、革命激情等教育在一定意义上是一种情感教育。学院的现场教学正是注重以情感为中介，注重以情动人、陶情养性，通过诉诸学员的情感领域来开展教学。如在瑞金云石山现场教学时以《长征组歌》旋律作为教学背景，营造特定的场景和意境。学唱红色革命歌曲的激情教学，观看《音乐舞蹈史诗——井冈山》等，都是在点燃学员的激情。而以情动人的最终目的是为了引导学员理性思考，让学员在情理交融中产生思想共鸣，使学员的政治思想和精神境界在“情知合一”中得到陶冶和升华。学院在此同时注意主题的凝练和理论的提升。如讲述小井红军医院烈士的事迹，就是为了突出革命先烈为了理想信念不惜抛头颅、洒热血的壮烈情怀；讲述毛委员大井访贫、“朱军长送盐”的故事，就是为了突出革命领袖的崇高风范和共产党人的宗旨观念；讲述黄洋界保卫战的史实，就是为了突出共产党人的革命英雄主义气概；讲述“红米饭、南瓜汤、秋茄子、味好香”等故事，就是为了突出共产党人的革命乐观主义精神，最终收到“寓理于情”的效果。

五、讲授注重“具体”

以小见大是认识事物的常见方法。弘扬井冈山精神，加强党性修养和锻炼，必须通过对一个个具体的历史人物、一件件具体的历史事件的感悟和思考来实现。为此，学院的现场教学设计了“六个一”模式。其中“讲述一个典型”，就是要用通过一些十分具体生动的细节来打动学员，引导他们深入学习革命先辈的崇高精神和优秀品格。学院经常邀请吴仁宝、吴天祥、李国安、张云泉等时代英模到学院授课，他们的讲授不是生硬的说教，而是以他们亲身经历的事情告诉学员，在新的历史时期如何保持坚强党性、发挥模范带头作用。他们的报告因此让学员久久不忘。案例教学同样如此，学院在开发《袁文才、王佐被杀之原因、教训及启示》等教学案例中，采取白描的方式叙述历史人物和事件的细节，且只叙不议，不作评论；教师在授课过程中，对历史也侧重讲解其具体细节，不评判史实，不臧否人物，而是组织学员进行党性分析和研讨，查找自己在党性方面的差距和不足。

六、教学管理“精细”

精细化管理是学院开展教学培训的重要保障。学院以现场体验式教学为主体，教学点遍布江西、湖南、福建、湖北四省，因此从某种意义上讲，学院是“车轮上的学院”、教学是“运动中的教学”。巨大的时空跨度和现场空间的开放性给教学管理带来了很大难度。为此，学院大力实施精细化管理。一是实行教学流程管理。根据现场教学动态化的特点，把部门职能管理与项目管理结合起来，探索出流程化的教学管理模式，制定了现场教学、专题教学、体验式教学、案例教学、学员论坛等不同教学形式的教学流程 12 种，将每天的教学工作进行任务分解，对所有的教学活动和工作环节进行量化、细化，不断对教学资源进行优化组合，精确到分钟，有力保证了教学运转流畅，井然有序。二是加强教学督导管理。突出对教学组织和监控的管理，先后制定了一系列教学管理制度，使教学组织工作有章可循。同时，为客观评价教学设计和教学组织实施的效果，设计了一整套教学质量和教学管理评估体系；组建了专门的教学督导员队伍，实行了“一人一班”的督导制度。三是加强预案管理。针对院外教学活动多等特点，成立了教学预案协调领导小组，建立和完善了突发事件协调处理机制，制定了突发事件处理预案，将每个培训环节可能出现的突变因素都尽量考虑周全，使管理人员在落实教学流程的过程中能够做到心中有数，处变不惊。

（《学习时报》2011 年 7 月 4 日）

着眼“四个全面”战略布局 抓好干部教育培训工作

党的十八大以来，以习近平同志为总书记的党中央从坚持和发展中国特色社会主义全局出发，提出并形成了全面建成小康社会、全面深化改革、全面依法治国、全面从严治党的“四个全面”战略布局，确立了新形势下党和国家各项工作的战略方向、重点领域、主攻目标。干部教育培训工作历来是为党的中心任务服务的，必须着眼“四个全面”战略布局，切实抓好干部的学习教育，为“四个全面”集聚正能量。

一、以“四个全面”战略布局为干部教育培训中心内容，推动中央战略思想变成全党干部的共识共为

“四个全面”战略布局是党中央对新形势下治国理政新的战略思考、新的战略要求、新的战略部署，是推进中国特色社会主义伟大事业和党的建设新的伟大工程的总方略、实现中华民族伟大复兴中国梦的战略指引。只有从思想上深刻认识和理解这个战略布局，才能在实践中提高贯彻落实好这个战略布局的自觉性坚

定性。要充分发挥干部教育培训的先导性、基础性作用，把“四个全面”战略布局作为教育培训的中心内容，纳入各级各类干部教育培训机构学习的重点内容，组织广大干部认真学习领会“四个全面”。组织力量深入研究“四个全面”战略布局，组织开发培训课程和教材，培养骨干教师，使“四个全面”的学习教育更有针对性地进教材、进课堂、进头脑。深化党的十八大、十八届三中、十八届四中全会精神和习近平总书记系列重要讲话精神的学习教育，组织广大干部学原文、读原著、悟原理，在学而信、学而用、学而行上下功夫。教育引导广大干部深刻理解“四个全面”战略布局的时代背景、重大意义、科学内涵、逻辑关系，深刻认识每一个“全面”的战略意义、精神实质、实践要求及其相互关系，深刻认识“四个全面”战略布局与实现“两个一百年”奋斗目标和中华民族伟大复兴中国梦的关系，切实增强贯彻中央决策部署的自觉性和坚定性。发扬理论联系实际的马克思主义学风，教育引导干部紧密联系改革发展稳定中的重大理论与现实问题、干部群众关心的热点难点问题、党的建设面临的紧迫问题进行深入思考，用“四个全面”所贯穿的马克思主义立场观点方法来分析解决实际问题，推动“四个全面”战略布局的贯彻落实。

二、紧紧围绕“四个全面”战略布局开展干部教育培训，为实现中央战略部署提供动力能力支持

着力提高干部领导科学发展能力。按照全面建成小康社会的

总体部署，结合东中西部发展战略，分区域有针对性地开展干部教育培训，重点加大对革命老区、民族地区、边疆地区、贫困地区干部教育培训支持力度，加强东部地区对口支援西部地区干部教育培训工作。围绕“五位一体”总体布局，以科学发展为主题和以加快转变经济发展方式为主线，坚持干什么学什么、缺什么补什么，分类别分领域加强干部教育培训，帮助干部完善知识结构、增长实践才干，提高领导科学发展、促进社会和谐的本领。

着力提升干部领导和推动改革能力。围绕全面深化改革总目标，组织干部深入学习习近平总书记关于改革的一系列重要论述，帮助广大干部理清改革思路，研究提出改革措施，提高领导和推动改革能力。立足实际，分级分类，将推进国家治理体系和治理能力现代化的要求具体转化为干部胜任岗位的履职能力，探索构建科学的领导干部能力标准框架，有针对性地开展干部能力培训。

着力提高干部依法办事能力。把法治教育全面纳入干部教育培训体系，努力在所有课程教学和有关学习教育活动中渗透法治教育内容，推动中国特色社会主义法治理论进教材进课堂进头脑。根据领导干部特点，组织编写法治教育读本，开发建设以宪法为核心的法治课程体系，建立法治教育实践基地，创新法治教育形式，增强法治教育效果，真正把法治精神、法治思维、法治观念熔铸到干部头脑之中，体现在日常行为之中。

着力增强干部党性净化提升能力。发挥干部教育“固根守魂”的首要功能，按照“三严三实”要求，从严抓好干部思想教育。组织部门和干部所在单位必须严格执行学习教育制度，确保每个干部都要持续不断地接受理论学习、党性锻炼、作风修养和道德教育。要以党章、宪法和社会主义核心价值观为主要内容，加强干部政治纪律、道德规范、法律法规教育，加强正反两方面典型教育，让干部真正敬法畏纪、遵规守矩。

着力增强干部干事创业的精神动力。着力培育干部担当精神，强化马克思主义群众观和党的群众路线教育，教育引导干部以党和人民为念，以完成党和人民赋予的职责使命为念，做到大是大非面前敢亮剑、歪风邪气面前敢斗争、矛盾问题面前敢攻关。着力培育干部务实精神，强化党的思想路线教育和正确的政绩观教育，教育干部弘扬真抓实干作风，多干让人民满意的好事实事。着力培育干部科学精神，强化马克思主义世界观方法论教育，引导干部统筹谋划、深入研究“四个全面”战略布局各个要素的关联性和各项举措的耦合性，使各项举措在政策取向上相互配合、在实施过程中相互促进、在改革成效上相得益彰。

三、坚持以“四个全面”战略布局为指导，全面提升干部教育培训工作科学化水平

坚持改革兴学、开放办学。以改革创新为动力，把开放办学作为激发活力的重要途径，更好地满足干部多样化高质量的培训需求。以竞争促资源盘活、以择优促质量提升，大力推进办学体制、运行机制、管理体制、师资建设等改革，努力建立更加开放、更具活力、更有实效的中国特色干部教育培训体系。坚持开放办学，整合利用一切优质教育培训资源，为全面提高干部能力

素质服务；坚持开门办学，让全社会的优秀人才为干部教育培训贡献才智。

坚持依法治教、从严治学。加快完善干部教育培训法规体系，逐步形成以《干部教育培训工作条例（试行）》为主体、与之相配套的制度体系。依法治校，干部教育培训机构要严格遵守国家法律法规，完善内部规章制度体系，依法治校、依法决策、依法管理。依法执教，教师必须带头尊法守法，负起为人师表的责任，尽到教书育人的义务。从严治学，严肃学习培训纪律，坚决整治不良学风教风校风；坚持研究无禁区、讲坛有纪律，决不允许教师发表违反党的理论和路线方针政策、违反中央决定的错误观点，决不能使干部讲坛成为不良思想渗透的平台。

坚持统筹办学、科学施教。处理好组织需要与个人需求的关系，从党的事业发展和干部履职尽责需要出发，在此基础上注意兼顾干部个性化、差异化需求，实现组织需要和个人需求有机统一。处理好理论武装、党性教育与能力培养、知识更新的关系，抓好理想信念教育，抓好干部能力培养和知识更新。处理好全员培训与重点培训的关系，面向全体干部，努力实现培训全覆盖，同时抓住关键、突出重点，抓好县处级以上领导干部和中青年干部的教育培训。处理好培训与使用的关系，坚持训用结合原则，健全相关制度，把干部培训期间的表现作为选拔使用的重要依据，同时引导干部克服浮躁心理和功利思想，心无旁骛、潜心学习。

（《求是》2015 年第 11 期）

后 记

所谓为政，是为政者主要的社会实践活动。如何为好政，关键之一在于为政者要学会和坚持在研究状态下工作。也就是说，为政者在工作中要勤学善思，运用科学的方法探求工作的本质和规律，不断总结经验。正如子产所言："政如农工，日夜思之，思之始而成其终"。唯有多些研究，少些臆断；多些思考，少些浮躁，才能科学有效地为政，努力做到善政。

笔者从政三十余年，经历了一些不同的工作岗位，结合工作实践，在县域经济、区划体制改革、区域经济、招商引资、扶贫与"三农"工作、组织人事工作、干部教育培训等方面进行了相应的探索和研究，并先后形成了系列文章，现从中选择部分文章集结成书，取名为《研究状态下工作》。希望读者能从书中得到一些有益的启示。

该书在编辑出版过程中，得到了党建读物出版社的大力支持，在此表示感谢。书中难免存在纰漏和不足之处，敬请批评指正。

晓　山

2015 年 7 月于北京

图书在版编目(CIP)数据

研究状态下工作 / 晓山著. —北京 ：党建读物出版社，2015.8（2018.4 重印）

ISBN 978-7-5099-0645-3

Ⅰ.①研… Ⅱ.①晓… Ⅲ.①社会科学—文集 Ⅳ.①C53

中国版本图书馆 CIP 数据核字(2015)第 182867 号

研究状态下工作

YANJIU ZHUANGTAI XIA GONGZUO

晓山 著

责任编辑:郝英明

责任校对:郭涛

封面设计:林胜利

出版发行:党建读物出版社

地　　址:北京市西城区西长安街 80 号南楼（邮编:100815）

网　　址:http://www.djcb71.com

电　　话:010-58587132/7166

经　　销:新华书店

印　　刷:北京盛通印刷股份有限公司

2015 年 8 月第 1 版　2018 年 4 月第 2 次印刷

710 毫米×1000 毫米　16 开本　25.75 印张　268 千字

ISBN 978-7-5099-0645-3　定价：59.00 元
